宫 辉 总主编

新时代"两路"精神传承人

——我的大学印迹

叶 勇 尹作发 王世佰 主编

人民交通出版社

北京

内 容 提 要

本书是重庆交通大学"两路"精神系列丛书的分册之一,以做新时代"两路"精神传承人为主题,讲述"我的大学·我的青春"。全书以重庆交通大学2021—2023届毕业生在校就读期间的创新创业、志愿服务、考研保研、职业规划、文体活动等为主要内容,鼓励和倡导他们基于亲身经历,讲述在大学期间的所见、所闻、所思、所感、所悟,充分展现重庆交通大学学子的良好精神面貌,具有较强的可读性和感染力。

图书在版编目(CIP)数据

新时代"两路"精神传承人:我的大学印迹／叶勇,尹作发,王世佰主编. — 北京:人民交通出版社股份有限公司, 2024. 8. — ISBN 978-7-114-19618-8

Ⅰ. K820.7

中国国家版本馆 CIP 数据核字第 202457WE95 号

Xinshidai "Liang Lu" Jingshen Chuanchengren——Wo de Daxue Yinji

书　　名:**新时代"两路"精神传承人——我的大学印迹**

著 作 者:叶　勇　尹作发　王世佰

责任编辑:陈　鹏

责任校对:赵媛媛

责任印制:刘高彤

出版发行:人民交通出版社

地　　址:(100011)北京市朝阳区安定门外外馆斜街 3 号

网　　址:http://www.ccpcl.com.cn

销售电话:(010)59757973

总 经 销:人民交通出版社发行部

经　　销:各地新华书店

印　　刷:北京市凯鑫彩色印刷有限公司

开　　本:787×1092　1/16

印　　张:16.5

字　　数:327 千

版　　次:2024 年 8 月　第 1 版

印　　次:2024 年 8 月　第 1 次印刷

书　　号:ISBN 978-7-114-19618-8

定　　价:80.00 元

编 委 会

前言 | PREFACES

　　2014 年,在川藏公路、青藏公路建成通车 60 周年之际,习近平总书记作出重要批示,对"两路"精神进行了高度概括:"一不怕苦、二不怕死,顽强拼搏,甘当路石,军民一家、民族团结。"❶

　　重庆交通大学(简称"重庆交大")因川藏公路而立,因立德树人而兴,因交通天下而强。建校先辈们在"两路"建设史上建立了不朽功勋,在筑路和办学过程中持续发扬"铺路石"精神,逐渐形成了"甘当路石,进无止境"的办学传统和人才培养特色。"两路"精神是学校立德树人的思想基石,"铺路石"精神是立德树人的文化传承,"明德行远、交通天下"的校训精神是面向未来的奋斗志向。"两路"精神、"铺路石"精神、校训精神构成了重庆交大的精神源流体系,成为全体重庆交大人奋斗不止的力量源泉。

　　七十载薪火相传、耕耘不辍,七十载根深叶茂、硕果累累。一代代重庆交大学子在祖国的大江南北,在世界的山河湖海,攻坚克难、奋勇拼搏,为交通事业无私贡献,为民族复兴添砖加瓦,创造着一项项举世瞩目的中国奇迹,在各项"超级工程"中,闪现着重庆交大人奋斗的身影。1961 级校友、中国工程院院士郑皆连,1978 级校友、港珠澳大桥总设计师、全国工程勘察设计大师孟凡超,1979 级校友、"2019—2020 年度十大桥梁人物"向中富,1984 级校友、中国工程院院士何川,1995 级校友、中马友谊大桥项目施工技术组组长林树奎,2012 级校友、全国五一劳动奖章获得者、全国技术能手彭子豪,就是各届毕业生中的杰出代表。

　　在"两路"精神诞生 70 周年之际,重庆交大 2021—2023 届毕业生积极传承弘扬"两路"精神,争做"两路"精神传承人,通过讲述自己在大学期间的所见、所闻、所感、所悟,向党、向祖国和人民汇报心声。通过本书,我们欣喜地看到,从军训场上矫健的身姿,到李子湖畔琅琅的晨读;从课堂上聚精会神地听讲,到图书馆里专心致志地学习;从自习室里的

---

　　❶ 习近平就川藏青藏公路建成通车 60 周年作出重要批示 强调要弘扬"两路"精神 助推西藏发展[N].人民日报,2014-08-07(01).

挑灯夜战,到实验室里的不知倦怠;从学术论文的奋笔疾书,到科研项目的刻苦攻关;从各级各类竞赛获奖,到考研保研喜获丰收;从运动场上的摸爬滚打,到体育比赛的奋勇争先;从抢险救灾面前的奋不顾身,到疫情防控一线的冲锋陷阵;从学生活动的积极参与,到社团工作的蓬勃开展;从寝室的和睦融洽,到晚会的欢歌笑语……重庆交大学子正在人人奋斗、人人成长。

作为教师,我们是学生成长的引路人和见证者。看到学生在不断成长,我们由衷地高兴,深深地感受到教育工作的价值和意义,更体会到"两路"精神的磅礴力量。

未来属于青年,希望寄予青年:坚决响应党中央的号召,到基层去、到边疆去、到祖国最需要的地方去建功立业,让青春之花绽放在中国式现代化建设的伟大实践中。

本书编委会
2024 年 7 月

目录 | CONTENTS

093

三　默默奉献精神篇

139

四　顽强拼搏精神篇

197 五 自强不息精神篇

252 后记

一

艰苦奋斗精神 篇

致谢

青青枯草岁又荣,掬水揽月星影重。
短梦无凭了无踪,烟雨翠微织旅匆。
西风古道几多载,窗阁低绮独徘徊。
别时盛夏春常在,他日凌云还复来。

从蹒跚学步到小有所成,一路走来,我们奔跑、努力、积蓄力量,不停地前进,奔赴着各自不同的人生,只愿有一天能拥有一份属于自己的荣光。人海浮沉,也许这世间所有的相遇,都是久别重逢。于我而言,从小学至今,初见伴随着再见往复循坏,九月总是相遇的季节,而六月则是别离的季节。人这一生,或许就是一场接着一场的相遇,最后又沉寂于人来人往的别离。漫漫长路,我们总要和一些人相遇,走完共同的路途,行至尽头然后挥手再见。

有人说,人生难得是欢聚,唯有别离多。没有无来由的欢聚,亦没有无意义的别离。在同一时间节点下的交错,没有早一步,亦没有晚一步,赶上了即是缘。正如每个城市于我们自己而言,都有着它独特的气息。千里为重、广大为庆的山水之城,有挑灯疾书的惆怅,亦有肆意年华的悠扬;有意气风发的拼搏,亦有功败垂成的痛苦。许久以后,当某一个瞬间触及熟悉的味道,那种突如其来的感觉将会席卷踏过的每一块青石,裹挟着陈年往事扑面而来。以前常听旁人说,有时间总要来一趟重庆,吹吹嘉陵江的晚风,看看洪崖洞的灯光,走走南滨路,坐坐长江索,尝尝磁器口的麻花,听听十八梯的故事,感受山城的夏天。其实待得久了才知道,原来滞留脑海的不只是九宫格的烟火气,也许更多的是纠缠在记忆背后那段烟雾缭绕的时光剪影。

俯仰间,回首来时路,离家求学十余载,已然几近而立之年。诚然,我曾一度以为,仅在孩童时才需要父母的照顾。离开家知冷暖以后,才渐渐明白,原来人这一生,都需要父母的照顾。老舍先生有言："人，即使活到八九十岁，有母亲便可以多少还有点孩子气。失了慈母便像花插在瓶子里，虽然还有色有香，却失去了根。"因而，我私下里总觉得自己是个极其幸运的人，父母一直在我生命里予以庇佑。父母从来不去定格我的人生应该书写什么样的剧本，总是默默地给予支持和鼓励，不仅让我拥有了一个在道路和田间闹腾的童年，后来的学习和择业也基本都是源自本身的兴趣和为数不多的上进心。

小学的记忆大抵是在午后阳光下，捧着一大杯母亲冲的果珍，摇头晃脑写着歪歪扭扭的铅笔字。还记得读初中时，走读的学生需要回家吃午饭，每次走过拐角，总能看见母亲立在炊烟前等候。而后则是在外念高中、大学。我与父亲说话的时候并不多，更多的是在开车送我离家时，在长久沉默里的几句叮嘱和提醒，以及塞得背包再也装不下的零食水果。记忆里，父母总是走路带风，为我遮风避雨的模样，可在疫情期间照料父母的时候，恍然发现他们已斑白了鬓角，动作反应也迟缓了不少。那一瞬间，我仿佛明白父母好像也会慢慢变老。记得有一句话是这么说的，父母是孩子前半生唯一的观众，孩子是父母后半生唯一的观众，此刻我深以为然。光阴如一支素笔，轻快却又残酷，许多事不免后知后觉，我无法阻挡父母变老，他们每天能过得开心健康便是我莫大愿望。父母子女一场，你养我长大，我陪你变老。

时间滴滴答答流走，我们亦在跌跌撞撞中悄然成长。仿佛是在昨天，我还是那个对新环境深感好奇的新同学，而今抬眼间就到了要和母校说再见的日子。此间三年求学问路，自觉算不上波澜壮阔，但也不乏披荆斩棘的沟沟壑壑，明德楼午夜的灯火阑珊，随风潜入知园，化作了头顶的星光点点。尤记得，我与恩师鲁皓教授初见时的那天上午，阳光正好，微风不燥，老师们匆忙往来于各个教室。懵懵懂懂，来去匆匆，冥冥中注定了后来三年紧张而又充实的路途。师姐在毕业论文的致谢里说，感谢导师在其求学生涯中一直不曾放弃，虽不是一个有天赋的学生，也不具备十分刻苦的毅力，是导师不停的鼓励支撑着她完成学业，走到今天。我同样也是如此，鲁教授授业时的娓娓道来、解惑时的句句斟酌，以及修订文稿时的字字谨严，无一不让我所获良多。"弟子事师，敬同于父，习其道也，学其言语。"倘若如今我习得了些许的严谨治学之风、雷厉行事之为、坚忍不拔之志，皆受之于吾师。高山巍巍，师恩长存，无论此后行至何处，这一抹温热终是漫进心田，令人感到温情满满。

知园三载，感恩相伴，无问西东，有幸遇见。当时光的轴线开始一帧帧拨弄过往经年，思绪便定格在了山城的海棠南岸。知园牧场的高谈，六姊圆桌的街角，南川山间的柴火，六十九号的药料，以及风雨球场的碰撞……个人的命运终将在时代的浪潮下涌动，而我们身如浮萍、行至岔路，即将开始奔赴各自不同的人生。朝霞茫茫，四时浩荡，愿我们都能追逐到自己的曙光。我不愿送人，亦不愿人送我。人间事，多无常，挚友念回响。正如梁实秋先生所述那般:你走,我不送你;你来,无论多大风多大雨,我要去接你。

有人说,人这一生,要见众生,见天地,见自己。见过众生,明白了众生皆苦,因而宽容;见过天地,明白了山外有山,因而谦卑;见过自己,明白了真我本我,因而豁达。或许是与东坡先生同乡,又或许是苏子一生太过坦荡,每每听到此句,总会不禁感慨。竹杖芒鞋轻胜马,宦海沉浮,遂与众生同行,一蓑烟雨纳了天下;料峭春风吹酒醒,爱恨樊笼,顺江舳舻千里,山头斜照隐了尘华;回首向来萧瑟处,吟啸徐行,归去清风扁舟,晴空澄明净了心匣。是的,每个人的心里都有一个这样浅吟低唱的江湖,阅尽世间繁华,浪迹幽怨也不过是醉了二两薄酒的豪放。

夜深人静时,我也常思考,人行一世,走走停停,步履蹒跚,跌跌撞撞,走不同的路、看不同的景、遇不同的人,最终又将去往何方?人生是场修行,苦乐全在心境。所谓见自我大抵是重拾初心,不论何时何地身处何境,都有跟随内心的勇气。正如:花开时,看花;花谢时,观云;风起时,听风;风止时,闻心。或许,这就是一种来人间一遭的方式,面对世事纷争,不妨宽容、谦卑、豁达。又或许,生命旅程本来的意义,就是去见众生、见天地、见自我,于沧海一粟中,窥见芸芸众生,天地物华,偶见自我,然后从容地走过岁月的春夏与秋冬。

天微亮,春风,留在了七公里。我背起行囊,此间理想,正如冬日暖阳。

2023 年 4 月 5 日
于南岸知园

点　评

这篇文章将三年研究生学习、生活娓娓道来,告诉了更多的师弟师妹,在母校读研,应该如何安排,能够收获什么。

研究生的学习、生活,如同一幅绚丽多彩的画卷,为很多同学带来了无尽的可能和宝贵的经历。

在这三年里,大家不仅获取了专业知识和技能,更重要的是,学会了思考、创新和解决问题的能力。正如文章所说:"走到今天。我亦未尝不是如此,鲁教授授业时的娓娓道来、解惑时的句句斟酌,以及修订文稿时的字字谨严,无一不让我所获良多。"母校的教育氛围鼓励学生们独立思考,挑战固有观念,从而培养了他们的批判性思维和创造力。

此外,研究生的学习生活也是一个丰富多彩的社交舞台。同学们会结交来自不同背景的朋友,通过交流和合作,开阔了视野,学会了理解和包容,"所以宽容、谦卑、豁达"。这种跨文化、跨专业的交流和团队合作经验,将对他们未来的职业生涯和人际关系产生深远的影响。

除了学术和社交方面的收获,研究生的学习生活还培养了学生们的自律和自主学习能力。他们需要学会管理时间、制订计划,并承担起自己的学习责任。这种自律精神将伴随他们一生,帮助他们在未来的道路上取得成功。"此间三年求学问路,自觉算不上波澜壮阔,但也不乏披荆斩棘的沟沟壑壑,明德楼午夜的灯火阑珊,随风潜入知园,化作了头顶的星光点点。"

然而,研究生的学习生活也并非一帆风顺。面对各种挑战和困难,同学们更是学会了坚韧和适应。他们从失败中吸取教训,不断调整自己的方向,逐渐变得更加坚强和自信。

三年研究生生涯是学生们成长和发展的重要阶段。它带给同学们的不仅是知识和技能,更是思维的拓展、人际关系的建立和个人品质的塑造。希望每一位重庆交大研究生都能珍惜这段宝贵的时光,充分发挥自己的潜力,"重拾初心,不论何时何地身处何境,都有跟随内心的勇气",为未来的人生奠定坚实的基础。

(作者:阙龙杰   点评:徐洁)

六年

连雨不知春去，一晴方觉夏深。从科学城到南岸，从芳华路到二塘路，从钱伟长先生的微笑到穰明德老校长的凝望，校园的银杏绿了又黄，教学楼下依旧人来人往。又到了一年一度的毕业季，回首我的大学，几多收获几分遗憾，诸多欢喜些许忧愁，万千感触几分迷茫。还未等到丹桂飘香，我便要离开，与六年的青春岁月挥手作别。

壹·相逢情便深

六年之间，我与交大结下了不解之缘。从本科四年到研究生两年，交大的一草一木承载着我的回忆。

还记得刚进入交大时，带着对大学生活的向往和憧憬，带着对彩虹南大门的惊喜，我来到了这个将梦想变为现实的地方。六年时间里，交大从"两路"走来的厚重历史深深震撼着我，提供的无数机会和平台点滴滋润着我。从学业到科研，再到课外活动，每一个领域都为我开启了新的视野和机遇。我也遇见了许多志同道合的朋友，结交了各个专业的同学，收获了很多难忘的经历。这些记忆共同组成了我的"交大式青春"，让我不论何时回想起，都会嘴角上扬。

因此，考研时我便坚定地选择了交大，很庆幸也被交大又一次录取。回忆考研时的我，每日过着"三点一线"的生活，贪婪地享受着每一次饭后清凉的晚风和夜晚数得清的星星，常常会畅想日后继续在交大的生活。听到过了初试线的消息，曾经的任课老师，也是我现在的导师对我说："加油呀！希望能在明年的开学典礼上见到你！"这份鼓励对当时的我来说，像甘霖一般，抚平了备考的焦虑和不安。直到收到录取通知书，顿起"又见老友"的喜悦与熟稔。

贰·正是少年成长时

在交大的六年，是我人生中很重要的六年。

在这里，我度过了忙碌而充实的学习生活。课堂上，老师们耐心传授知识，让我了解到一位"新传人"需要具备的专业技能和思考方法。老师们的个人魅力也无形地深深影响着我。犹记得,现代汉语课的周老师在课堂上温柔地放生一只蜘蛛;剧本创作课的唐老师帮我将天真的想法落实,指导我第一次拍摄出像模像样的微电影;还有我的导师田老师严谨的学术态度和每一次耐心的鼓励……在他们的指导下,我开始关注自己感兴趣的领域,并开展了深入研究。在这个过程中,我经历了无数的挫折和失败,正是这些经历让我掌握了更丰富的专业知识,也培养了我的研究能力和创新思维。认真学习让我也有了自己的收获——二等学业奖学金和"三好学生",这些荣誉都是对我阶段性成果的肯定,也是我往后不竭奋斗的动力。

除了学习,我也积极参加各种科研竞赛,并获得了市级和校级奖励。那些和伙伴们一起奋斗、一起"头脑风暴",为了一个项目熬夜的日子,让我体会到获取知识和进步的快乐,以及与搭档刻骨铭心的相识相知。科研竞赛,还拓宽了我的视野,增强了我对专业知识的理解和掌握。

加入社团,担任学生干部,参与志愿活动,则让我更好地认识和理解自己,也让我学会了如何与他人相处和合作。这些经历让我体验到团队协作的力量,使我更加自信和勇敢。然而,在这条成长的道路上,困难和挑战也时常存在。我曾经无数次颓废和迷茫,甚至想过放弃。但是,关键时刻得到的支持和鼓励,给了我克服困难、坚定前进的力量。感谢我的同学和朋友们,还有引导我的辅导员和老师们,在我需要帮助和支持的时候伸出援手,让我重新坚定信念,战胜眼前的挑战和困难。

叁·心怀感恩奔赴山海

还有两个多月就要毕业了,往日的经历一帧一帧地浮现在脑海里。

从人文到旅传,在这里我要感谢陪伴我成长的学院。不论是413办公室的暖心"F5天团",还是平易近人的学院领导们,都让我真切感受到了人文氛围和老师们对学生的深切关爱。感谢交大,是它为我提供了一个茁壮成长的环境,也让我看到了人生更广阔的道路。感谢这六年,是它把我塑造成了更好的自己,也让我走向更为光明的未来。

凉亭上的紫藤萝还开得正好,一教楼下的小猫还在阳光下舔着爪子,而曾经稚嫩的我们就要离开校园,奔赴新的生活。回首匆匆过往,曾经抱怨,曾经感慨,如今只剩满腔留恋。

离别是必然,离别总让人惆怅。校园里的岁月给予我的体验和感受,却是人生中最宝贵的财富,我会一直铭记在心,并将其融入未来的生活中。交大,再见!旅传,再见!亲爱的老师们,再见!

"轻轻地我走了,正如我轻轻地来。"再饮一杯酒,道声珍重。

点 评

在历史长河中,六年只是弹指一挥间。但杨世玲的这六年,却是她难以磨灭的青葱记忆。

用世俗的眼光来看杨世玲算不上多么优秀。但她的六年,是一代人共同的集体记忆,见证了"人人有责、人人成长、人人奋斗、人人出彩"的交大办学理念。她对母校的这片深情,就是学校最大的幸福、最大的成就。

和杨世玲一样,许许多多人因为一句话、一个人、一件事,就"一进交大门,永成交大人",本硕博一口气念完,甚至还留在了学校。建校元老,98 岁高龄仍然精神矍铄、声如洪钟的冉超老先生;毕业留校,66 年党龄,86 岁高龄,至今仍心系交大的高光秀老师;中科大毕业来校,从教 35 年,退休后致力于教师发展工作的周开发老师;本硕博一气呵成,留校任教的年轻教师杨俊、王利敏……以及无数个依依不舍离别交大,战斗在祖国各地,却常常梦回校园的"杨世玲"们,汇集成了交大人群像。他们,默默传承着"两路"精神,践行着"明德行远 交通天下"的责任担当和悠悠情怀,铸成了交大的脊梁,历久弥坚。

(作者:杨世玲 点评:叶勇)

描绘大学生活

　　我是一个不爱写作的人,当一张白纸摆在眼前时,我更想当一个画师。作画不能凭空捏造,庆幸,我将四年来的各种经历都清晰地记录下来,或以相片日记,或以收存物品。

　　我想画的第一个关键词——白。2019 年 8 月 26 日,在我收拾好行囊离开小县城之前,对爱我的人说的最后一句话是:"好好学习,好好生活,不要想我。"那是我第一次经历长久的别离,混杂着失落和喜悦。那种失落是离开故土时心房的空缺,那种喜悦是脱离家庭约束时对未知的憧憬。

　　初至重庆交大,我是那么的懵懂,带着孩童时代的幼稚、中学时代的幻想。我也曾在开学前为自己做好了十年的规划,甚至细致到每一个习惯的改变。但大学生活的到来,既不像想象得那么简单,也不像想象得那般精彩,它是复杂的,交织着每一个我所接触或耳闻到的人的经历与情感。我也尝试着去用自己的规划摸透这复杂与深奥,但后来发现这种尝试叫勇敢。军训期间,我第一次参加了军训记者团的面试,满怀激动,带着心里默练了几百次的"台词"前往,奈何却被其他面试同学的私人摄影装备以及一些"高高在上"的奖状压倒,不出所料地落选了。这也是我第一次把荣誉看得那么重要。也是这一次,为我后面培养写作与摄影的爱好埋下了伏笔。出于胜负心,我想从各方面强化自己,开始疯狂拓展自己的人际关系网,到处参加比赛,加入任何我能够触摸得到的群体。那年"百团",我加入了包括院学生会在内的至少 8 个学生工作部门或社团。我将时间"最大化",包括技能的学习、奖励的获取、人脉的拓展、心灵的感悟以及成绩的提升在内的一切,并一度引以为傲。那段时光,总结起来就是两点:把大家觉得好的事物全揽来,把自己真正支配的时间挥洒掉。然而这一切因为大二一次偶然的经历发生了改变。

　　我想画的第二个关键词——深邃。度过一年大学生活的我,心里有了一种自己定义的"成熟"。我那时还写了一篇文章,正是关于这种"成熟"的界定。还清晰地记得那是在上完马克思主义基本原理课关于矛盾体知识点的时候悟出的观点:"成熟是不存在的,我们每个人都只是在朝着心中界定的那个'成熟'不断成长。"

　　我在 2019 中国城市规划年会的志愿服务中结识了两位学姐。机缘巧合,在我大二那年,我们三个人去了一趟川西甘孜藏族自治州。这也是我第一次离开家庭和学校的远途旅行,还支付了半个学期的生活费作为旅费。在那里,我看到了电影《冈仁波齐》中的场景,真正让我感受到了我自身的渺小以及生命的伟大。此后,我开始以一颗虔诚之心去看清周遭事物,去对待每一件事。这样一来,我发现自己能够察觉更多细节。在别人眼里这可能是一种"反应慢",但它的确让我有了更加广阔的思考空间,从而更好地应对即将到来的问题。我渐渐爱上了看书,开始深入研究西方现代哲学思想,先是尼采的超人学说和弗洛伊德的精神分析说,再是叔本华"消极"的学习观念,再然后就是萨特的存在主义和马克思主义。那时,我陷入了迷失,不仅迷失在书海里,还迷失在了现实的课堂里。由于对书籍的痴迷以及对爱情的追求,我的成绩一度下降。好在我及时补救,没有挂科,但也由于某些不可抗拒的原因经历了一次分手。可我也并没有因此而特别难过,因为我不仅收获了一颗更加强大的心脏,还悟到了一部分人生哲学的道理。

我想画的第三个关键词——坚持。有了前面两年的快乐时光,我想跟象牙塔里的舒服日子道别的时刻也该来了。于是那时的我做了一个重要的决定——考研。准备考研,这不是一个草率的决定,而是我经过各种思想权衡之后下的决心。我也不仅仅是想要去到一个更加广阔的平台,更多的是认为我还有对学习的热情,还有对科研的好奇心。

从大三上学期开始,我就已经在谋划考研的相关事宜。起初我跟大部分人一样,对于考研完全不知如何准备,消耗了半个月才弄清自己的规划。因此大三第一个学期我并没有发力,一直在不紧不慢地学数学,竟还沾沾自喜于提早开始准备。过完年之后,其他大部分同学都已经开始准备了,我才意识到自己一学期的效率如此低下。于是,我做了一个达到自己极限的作息时间表,并且决定强制执行。于是我改掉了喜欢熬夜做事的习惯,十二点前必须睡觉,早上七点之前必须起床,然后赶到 A01129 教室背英语真题的阅读文章。差不多到八点我会吃早餐,然后有课就去上课,没课就去图书馆。去图书馆和从图书馆出来、回寝室的路上,是我一天中最轻松且快乐的时光。我会观察并用手机拍下自己觉得很有意境的照片,供我晚上发布"说说"。准备考研的这两百多天,我坚持每天都发一条"说说",来记录自己一天的感受,或诗歌,或随笔,或摘录。那时的我,中午午休一个半小时和晚上睡觉的七个小时,其他时间就都花在了图书馆和教学楼,坚持了近一个学期,现在想来仍特别佩服那时候的自己。暑假之后回学校,这是考研前的最后一个学期。这学期整个人处于一种疲倦状态,每个早上都想打瞌睡,上课也没激情,有时还会看动漫。这一阶段我学得很疲惫,有时都想要放弃,一直坚持到上考场的那一天。结果可以说有不幸与幸运,不幸的是我的第一志愿差了 4 分,以及我的第一场调剂进了复试又被刷掉;而有幸的是,我收到了燕山大学的待录取确认通知。我在第一时间就把好消息分享给了我最亲的人,因为我想让他们知道,这都是因为我不断坚持的结果。

这里我想送给自己还有打算考研和正在准备考研的同学们一句话:如果朝花要夕拾,那么它将是最美的那一朵。

点　评

读罢《描绘大学生活》一文,我深受触动。文章以清新脱俗的笔触,真实生动地描绘了白文亮同学在重庆交通大学度过的四年大学时光,不仅勾勒出了他个人的成长轨迹,更深刻体现了"顽强拼搏"的"两路"精神特质。

白文亮同学以"白""深邃"和"坚持"三个关键词,描绘了他大学生活的点滴。从最初的迷茫与探索,到后来的觉醒与成长,他用自己的经历诠释了大学生活的多彩与厚重。特别是在描述考研经历时,面对着考研的重重困难和压力,他不怕苦、不怕累,勇往直前,最终成功考取研究生,这也正是"两路"精神中"一不怕苦、二不怕死"的生动体现。

同时,白文亮同学也展现了"甘当路石"的品质。在大学生活中,他积极参与各种社会实践和志愿服务活动,用自己的行动为社会作出贡献。他深知个人的成长离不开集体的支持和帮助,因此他始终保持着谦虚谨慎的态度,不断学习、不断进步。这种精神与"两路"精神中"甘当路石"的品质相契合,展现出新时代大学生的责任与担当。

《描绘大学生活》是一篇充满正能量的佳作,它不仅展现了白文亮同学个人的成长与蜕变,更让我们看到了"两路"精神在新时代大学生身上的生动体现。我相信,这篇文章将会激励更多的同学在未来的学习和生活中不断追求卓越、勇攀高峰,为实现中华民族伟大复兴贡献自己的力量。

(作者:白文亮　点评:易虹)

手捧月光百里行，倏然回眸天已明

苍苔盈阶、落花满径，我行走在郁郁葱葱的明德林路上，脚边露水在滴，耳边榕叶正响。此刻的这位青年，像是手捧月光走了很久的孩子，回到床上却只见指尖银辉尽数流失，门帘轻掩、天色乍明……

初　　识

轻轨在青色的烟雨中呼啸着穿过一栋栋高楼，雨滴洒落在玻璃上，我身边的父母也在这一刻显得格外苍老和无助。他们最珍视的儿子从这一学期开始将离开他们，独自在相隔1600多公里的山城求学。第一次在大学食堂为父母打饭，第一次与父母合影，第一次陪父母游览校园，也是第一次生活中长时间内失去父母的陪伴。一个少年像是峭壁悬崖上试飞的雏鹰，天色破晓，扑棱着冲出枝杈，扑向晴空，坚信那里自有天地。大一的时光，我竞选并担任了班长，组织管理了班级大大小小的事务及活动，懂得了原来做好管理服务工作是一门极深的学问。不同人、不同事、不同环境……重要的是真诚待人，以耐心感化人、以真心打动人、以专心成就人。

重庆的湿热像是把我浸在温水中，转眼就到了十一假期，同学们大多旅游或回家，而这也是我第一次感受孤独，给家里打了电话。"耐得住寂寞，吃得了苦，才是真长大了。"一米八几的大男孩也会因为妈妈的一番话酸到哽咽。自此，我就养成了泡图书馆的习惯，无论事多事少，去图书馆与安静相守。于是乎，大一轻飘飘地过去了。

忙　　碌

因为喜欢材料，我从应用化学专业转到了材料学专业，当然少不了转专业的附带影响——课程增修。由于增修冲突，我不得不申请免听，压力自然增大了。大二我当选了学生会主席，平日里的学院活动和事务也渐渐多了起来。学生工作和学业压力，让我有点焦头烂额，平衡两者的关系成了最大的课题。

能力越大，责任越大。我从不自诩有多么优秀，既然责任来到了肩上，那能力自然也应该跟上来。于是我从一个不爱说话的内敛男生逐渐变得开朗，成了一个有主见、办事利索,也能在众人面前即兴演讲的人。学生会事务方面,我积极跟踪进度,迎新晚会海报改了又改,外联合同看了又看,与宣传部部长在寝室熬了无数个夜晚,边复习期末考试,边修改喷绘和海报。大大小小的活动、形形色色的人、这样那样的考试……给了我虽然艰苦,但是内心满足的珍贵回忆。

失　亲

时间来到了大三暑假,我申请了"三下乡"暑期实践活动和数学建模的暑期培训。谁也没想到,这个假期,也许是我20多年来人生的至暗时刻,我努力抓住那一丝光亮不让自己输给命运……

忙碌的大二马上结束,期末复习阶段我联合几个小伙伴组队参加了"三下乡"实践活动。作为队长,我联系了重庆市城市管理局的负责人,为我们推荐了观音桥各社区作为实践基地。由于双福校区距离主城区太远,辅导员协调了南岸校区的后勤部门为我们安排了住宿。活动第一天,我们6点多就从双福出发赶去江北,经过一天的公益服务,疲倦而又满足地回到暂时安排的寝室。终于来到南岸,我去找上一届组织部部长聊天时,爸爸一个电话打来:"孩子,你姥爷他……"我像是被定在原地,眼泪忽地溢满双眼。我连夜订好第二天的机票,晚上躺在没有床褥的竹篾床上,伴着蚊子的轰鸣,一夜无眠。第二日,飞抵山东后,我见到许久未见悲痛欲绝的家人——无言,或许泪水早就在天上流干了吧,或许麻木才是逃避悲伤最有效的方式。姥爷的悼词是我亲手写的,只记得边写边颤抖,一幕幕如海啸般涌入我的双眸。

飞机上我写下这样的文字:

他的健康一线一线地逝去,死亡像黑夜一样徐徐降临,光并不是一下子散尽,死神的镰刀有惊人的耐心。生命的城池一座座失守,守军一舍舍败退,退至膏肓之中。记忆的载体与时光对峙,曾经那映照着白墙的粉色蔷薇匆忙凋落,属于他曾仿佛永恒的一切仓皇而退。他无助地朝一片虚无伸出双手,我想伸手握紧,低下头只有手心津津的汗水。我不知道死亡的时候,凝望苍穹会有多么凄凉——一声声霁雪鸟的悲鸣,斜斜地冲天而去。我看到生命从我的头顶飞过去,投下斑驳深邃的暗影。那些天,我听到如天如地如梦如幻如云如电如泣如诉如行如风的歌,那是我黑色的挽歌。

我看到姥爷的面容渐渐浮现在苍蓝色天空上。于是我笑了,因为我看见他笑了。他告诉我,天堂没有病痛。我没哭,可我的眼泪流下来了,因为我希望有一天可以背上他看没有看过的山,走没有走过的路,蹚没有蹚过的水……

葬礼上,我看着他的遗容,是笑着的。是啊,他留给我最珍贵的东西就是笑对世界。他患有食道癌,他说是我的降生带给他前所未有抗争病魔的勇气。在日复一日的抗争里,他奇迹般痊愈了。我从未见过意志如此坚定的老人,他一生都在奉行着自己的准则。也正是在他的影响下,我决定加入中国共产党,成为一名先进模范。

回到重庆已经是夜里 11 点,拼车回到双福校区,室友已经完成期末考试回家了,寝室停水停电。我在宿管阿姨的陪伴下收拾好我的行李,在充电宝的灯光下复习了第二天考试的科目后深深睡去。忙完这一切,我的生活又回到了正轨。接下来"三下乡"持续了 5 天,数学建模暑期培训为期 15 天。我们"三下乡"小队被报道了三次,团队也获得了许多荣誉,到过的社区都对我们交口称赞,在数学建模比赛中也拿到了重庆市二等奖的成绩。

朝 花 夕 拾

认真回顾大学的四年生活,挫折占半、收获占半。此刻我坐在三教看轻轨轻轻掠过窗畔,似乎一切以前觉得沉重的、欣喜的、落寞的、满足的记忆,都在此刻化作点点星光,汇聚成现在的我。回顾大学生活,真的很感谢四年里与我擦肩而过的每一个人,是我与你们之间的点点滴滴,锻炼了这样一个人格健全、思想端正的我。手捧清清月光,天上微微亮,脚边露水在滴、耳边榕叶正响,我,像是手捧月光走了很久的孩子,回到床上却只见指尖银辉尽数流失,门帘轻掩、天色乍明。

我守着初心低头默默走了很久,抬头才发现原来我都走到了这里。人生的道路不只是大学四年的生活,还有更深厚、更持久的东西等着我去挖掘。四年时光倏尔远逝,感谢在这一片净土孕育的人格和我骨子里更为持久的东西。

点 评

很多人说,大学生活就是一本流水账,难能可贵之处是能把账算清楚、记清楚,作者就是一个善于记账的人。

在他的账本里,大学生活,挫折占半、收获占半。在这四年里,他经历过转专业之后的巨大学业压力,但从未掉队。他参与学生组织,在集体事务中发光发热。他参加学科竞赛,在磨砺中增长才干。付出与收获交织、汗水与泪水交织、喜悦与悲伤交织,这些都化作成长的催化剂。"人生的道路不只是大学四年的生活,还有更深厚、更持久的东西等着我去挖掘。四年时光倏尔远逝,感谢在这一片净土孕育的人格和我骨子里更为持久的东西。"这就是根植于交大人内心深处的"两路"精神。

(作者:李锦升 点评:李坤)

于岁月中挥手泛舟

岁月如歌，我亦泛舟而行。骄阳似火，青春酝酿而开。知行合一，点亮青春底色。挥手之间，铭刻时间烙印。真切的青春，淡然而过。热烈的情感，尽情流淌。今时此刻的风，恰似当年，粗莽而又稚气地拂过青涩的脸。必经的岁月，难忘的青春，四年之约终是如约而至。如今挥手历尽千帆过，昂首前行又一春。四年的时光，泛舟而行，平淡的波涛，道不尽思念。夜归挚友话灯前，愿与你静坐长谈。

伊始·雨过天晴驾小船

高考结束，进入大学，一切重新开始，一切是那么的新鲜。丰富的校园生活让我惊喜万分。一花一草一木，书香饭香情浓。第一次体验这样的氛围，我兴致正浓，便参加了许许多多的活动。

我在球场上肆意挥洒汗水，努力争取班级荣誉；于辩论中唇枪舌剑，提高自身表达能力；在社团里学习技术，提高专业素养，扩展业余兴趣；于兼职中感悟成长，赚得第一桶金；投身志愿活动，积极帮助他人，助人为乐。

似乎还是和高中一样，在上课，在学习，但是一切已然发生了质变。我亦未觉，只是尽力去做。在这每一日的普通生活中，灵魂逐渐有了充盈之感。撑着小船，我一步步向前驶去。

犹记得当快要进球时的心跳，进球后的喜悦，永不言弃，强身健体。在辩论中提升自己的语言表达能力，没想到在未来的某一天竟然发挥了很大的作用。在社团里的学习，不自知间，便已经悄然打开了视野。在实际的兼职中，真切地体验了生活的滋味。一件件小事，一件件做。踏实地启程，虽是小船，慢慢前行，终会抵达彼岸。

继而·掌灯夜路行孤帆

我是一个喜欢阅读的人，从《围城》到《数据结构》，自《骆驼祥子》到《十万个为什么》……书带给我与前辈交流的机会，正如古语云："书中自有黄金屋，书中自有颜如玉。"我想尝尝书中真正的滋味，想领略不同种类的书中的底蕴。当然，读书的时光是平淡的。天起薄雾，不用去幻想罗曼蒂克的花前月下；在清晨的清凉中独行，充实且恬静。一两声清脆的啼鸣,微微飘荡的荷花香,竹影之下穿梭,构成一幅简单的山水画。一年四季花相似,岁岁年年人不同。现在看来,正是这段日子让我变得越来越好。

坐下翻开一本书,一晃便是半日。读书需要静,静也是读书的魅力。

读书的过程必然是清净的。这种清净,是给自己灵魂休憩的机会,和自己对话,在不断的自我反思中纠正错误,在不断的自我革新中变得更好。

中程·乘风破浪荡船帆

山一程,水一程,又度过一年岁月。我时常想,是不是应该多参加一些比赛呢?校园生活丰富多彩,但是学习也得跟上。在老师的建议下,我开始参加比赛,体验比赛带来的魅力。很多时候,虽然比赛结果很重要,但最为重要的是过程。今后也许我不会记得比赛中获得过什么,但是熬过的那三天三夜我一定不会忘记;也许会忘却自己在能力方面提升了什么,但是当困难来临时自然会流露出历练的勇气。这些就是我在比赛中得到的无形的宝藏。

在不断奋勇向前行动的道路上,当然也有很多荆棘,如困难没有解决的苦恼、身兼数职的分身乏术、自我怀疑的忧虑。但是,青春无悔,青春的底色是燃烧,去做便是不留遗憾。遵循这个理念,有了很多的第一次:第一次获奖,第一次参加歌唱比赛,第一次实习……第一次找到了大学真正的自我。

我想说,行所当行,无问西东。

未来·直挂云帆江上行

青春是热烈的,青春是清冷的,青春有多种定义。在这段校园时光中,我觉得十分充实,虽然碰到了疑问或困难,但只要去行动,就会发现解决之道。"奋斗是青春最亮丽的底色,行动是青年最有效的磨砺。有责任有担当,青春才会闪光。"是啊,作为一名大学生,自己应该做到的,就是找好一个方向,为之努力。青春很简单,这就是青春。

我想,在这与岁月的四年之约中,我已经学会了驾舟而行。岁月如歌,我亦前行。一路走来,我已从一艘摇摆不定的小船成长为确定目标悠然而行的扬帆之舟。

未来,我会心怀感恩,带着蜕变的自我,带着我所学到的一切,继续划着我的小舟,向着前方,于岁月中挥手泛舟。

--------------------------------- 点 评 ---------------------------------

大学里的每一天都是值得期待和记录的,因为青春如诗如画,岁月如歌如流。作者深情回忆了从入校到毕业的每一个值得铭记的阶段和场景,有球场上的挥汗如雨,有辩论赛里的唇枪舌剑,有社团活动的活力四射,有图书馆里的静

心思考。大学让一个懵懂的少年看清了未来的路,哪怕是黑夜,也依然掌灯前行。这种勇气是每一名交大人都该拥有的,因为每一名交大人都是"两路"精神的传承人。在作者的笔触下,我们似乎看到了一个充满朝气的奋斗者的身影。这个身影无惧风雨挺且直、勇毅前行步履坚。

(作者:甘选嘉　点评:李坤)

走出"舒适圈"的椿
——记我与"我"的斗争

前言：于此间，总想以短句或诗歌概括我的大学生活，却感慨文笔有限，良师益友、青春志愿、保研心路等都让我无从下手。谨以此篇鉴我心，献给不忘初心的同路人。

2019年9月，在父亲的陪伴下，"椿"步入交大校园。那时，"椿"与大学志愿服务第一次相遇。志愿者的主动帮助让"椿"的第一感觉是羡慕而非感激。亲切自然、落落大方的志愿者，与想拒绝却又不知所措的自己形成鲜明对比，"椿"开始对陌生环境产生恐惧……此前，"椿"的性格是内向且孤僻的，虽不是玻璃心，但希望可以保护自己仅有的一点小期望，免受打击。无数次幻想自己站在聚光灯下的情形，却又不断地自我怀疑与自我否定，恐惧未知的前方，害怕自己在一次次的失败中被击垮。

新生军训期间，每一轮训练后休息时，教官会让同学们互动，或表演，或唱歌，或做游戏。每到主动表演环节，"椿"的内心无比挣扎，想克服恐惧，却又害怕他人的嘲笑。那时的"椿"没有意识到，自己在不断尝试着走出"舒适圈"。

"你为什么想加入青年志愿者协会（简称'青协'）？谈谈你对志愿服务的理解？"在面试现场，"椿"陷入了沉思。来到青协面试之前，"椿"已经参加过几个学生组织和社团的面试，但结果均未可知。"椿"思考着自己对志愿服务的理解，讲述起自己最真实的想法：志愿者是他心中最热情、最主动、最让人羡慕的群体。或许，那时的他是想通过志愿服务的方式，改变过去的自己，用责任去督促自己成长。

主动才会有故事。"椿"开始了忙碌却丰富多彩的大一生活。社区青少年之家、大学生创新训练计划、校园歌手大赛、金话筒主持人大赛、国际志愿者日文艺汇演……一次次体验让"椿"开始书写属于自己的大学成长故事。

然而，新冠疫情暴发，无所事事、颓废乏味的生活让"椿"开始陷入焦虑。就在"椿"即将陷入无目标、无追求且准备放弃自我时，影响"椿"四年的伙伴"桂"出现了。"桂"的优秀让"椿"有了新的目标。他们相互交流考研保研、团学工作、科创竞赛、志愿服务、社会实践等。"椿"时常将"我真的可以吗""我做不好怎么办"等说辞挂嘴边，"桂"总是以积极乐观的态度劝慰道:"试试又不吃亏,你怕啥?"这或许是"椿"从大一开始就坚持接触未知事物的原因。

"椿"与自己的斗争正式拉开帷幕。

大二期间,"椿"担任班级团支书、校青协土木分会办公室主任,开始接触志愿服务项目的设计和策划工作,积极投身志愿服务活动;多次以队员的身份参加"互联网+"大学生创新创业大赛、"创新、创意及创业"挑战赛、数学建模等学科竞赛,却均在校赛止步。"椿"发现自己总是将工作或是竞赛的成功寄托在其他同学的身上,走进了另一个"舒适圈"。"椿"开始思考,自己这样同时做多项工作却一件都没圆满完成,意义何在?

2021年4月,"椿"坚定了自己以保研方式读研的想法,同时向学业导师寻求帮助,尝试以负责人的身份申报大学生创新创业训练项目和竞赛。那时的"椿"更加忙碌,时常无法兼顾好班级和社团的工作,开始为各种竞赛奖项加分而焦虑,出现了急功近利的状况,甚至一度怀疑志愿服务工作是在浪费时间。"椿"向"桂"讲述了自己的烦恼,并表示自己对志愿服务工作的热爱没有改变,却又控制不住自己的焦虑。"如果你真的热爱,那就选择留下吧,至少不会有遗憾的。""椿"接受了这个建议。

至此,"椿"与自己的斗争仍在继续。

……

我本想通过第三人称客观讲述故事的方式,将我所见所闻所想还原成最真实的内容记录下来,但考虑再三,还是想在接下来的内容中从主观角度表达自己所感,以供读者参考。

在接触过的同学中,我看到了许多自己过去的影子。有的学弟学妹总是会问我"做某某事情的意义在哪儿"或是"这件事情你觉得我真的可以吗",包括我自己的表弟近日也在疑惑"人生的意义是什么"。我时常会反问他们:"你怎么知道这件事情没有意义,你怎么知道自己不行,试试又不吃亏?"很多时候我们太关注结果,过去的我也认为某件事情不太可能实现或是没有结果,那么我所做的就没有意义。我们不愿相信自己的努力能够实现,不断在自我否定和怀疑中选择放弃。当再次遇到新的问题就轻易地选择放弃,并找到一个说服自己的理由宽慰内心。在尝试的过程中,哪怕是收获一个简单的道理、一个微不足道的成就、一个志同道合的朋友,待果实成熟那天,我们才知道过去的不放弃是我们最正确的抉择。

愿所有同我有一样烦恼的朋友,能够保持初心,脚踏实地,书写属于自己的青春故事。谨以此篇鉴我心,献给不忘初心的同路人。

点　评

《走出"舒适圈"的椿——记我与"我"的斗争》这篇文章以第三人称的视角，描绘了一个名叫"椿"的大学生在面对新环境、新挑战时的心路历程。通过"椿"的经历，我们不仅能感受到一个青年在成长过程中的迷茫与挣扎，也能体会到他在遇到困难挫折时的坚持与勇毅，在他身上更是折射出了新时代青年传承"两路"精神的使命和担当。

"椿"是一个内向且孤僻的新生，刚入大学时对未知的环境充满恐惧。但正是这种恐惧，推动着他开始尝试走出自己的"舒适圈"。在新生军训期间的表演环节，"椿"虽然内心挣扎，但始终没有放弃，而是不断尝试克服自己的恐惧。在加入青协后，"椿"开始接触到志愿服务，并逐渐发现这是改变过去、锻炼自我的契机。他积极投身于各项志愿服务活动中，在志愿服务中找到了属于自己的价值，也逐渐变得自信、开朗。这种勇于面对困难和挑战的精神，正是顽强拼搏的"两路"精神的体现。

然而，新冠疫情的暴发让"椿"再次陷入了焦虑和迷茫。但幸运的是，他遇到了影响自己四年的伙伴"桂"。"桂"的优秀让"椿"有了新的目标，而"桂"的积极乐观态度也激励着"椿"不断尝试、不断进步。在"桂"的影响下，"椿"开始了与自己的斗争，努力克服内心的恐惧和怀疑。在斗争的过程中，"椿"经历了许多挫折和失败，但他始终没有放弃，而是不断反思、总结经验，努力提升自己的能力和素质。这种坚持不懈、勇往直前的精神，正是"两路"精神在新时代青年中的生动写照。

文章通过"椿"的故事告诉我们：只要保持初心、脚踏实地、勇于尝试，就一定能够书写属于自己的青春故事。这种积极向上的态度和对未来的坚定信念，不仅激励着"椿"继续前行，也给予了每一位读者无尽的勇气和力量。愿每一位正在成长中的青年都能像"椿"一样勇敢地走出自己的"舒适圈"，迎接挑战，拥抱未来。

（作者：郑洪椿　点评：李世辉）

拔节成长向晴空

四年前,我背起行囊,远离家乡来到重庆。四年后,我褪去青涩,满腔热血,梦想着闯出一片天地。四年间,学校的一草一木都见证着我的成长。2019 年的初秋,巴山之麓,渝水之滨,启程交大,筑梦人生。回望过往的点滴,老师真切的教诲、同学间深厚的情谊,乃至于校园的一花一叶,皆刻印在我的脑海中挥之不去,仿如昨日,历历在目。2023 年的今天,日升月转,物华菁菁,书山有路,梦圆于此。我独家的毕业季,是所有青春电影都无法复刻的专属记忆。

梦想启航:人生万事须自为,跬步江山即寥廓

还记得初到交大的第一晚,我在床上辗转反侧,想象着大四毕业的自己会是什么样子,想象着自己会取得怎样的成绩。那时的我心潮澎湃,攒着一股向上的劲头,宛若将破土的嫩苗,迫切寻求着阳光和水分。于是,在刚入学的第一年,"闯"成了我生活的主旋律。科学城校区出现了一名莽撞的大男孩,参加了学校里能看到的几乎所有比赛,参加了多个学生组织和社团,在不同的晚会上作为主持人大放异彩。在这段时光里,学校丰富的活动为我提供了大量锻炼的平台,我开始肆意地"野蛮生长",为后来的硕果累累奠定了基础。

我大学道路的选择发生在大一上学期的末尾。那时,校园里面陈列了"明德奖学金"获奖者履历的展牌,而我在展牌前久久驻足,无比向往。幸运的是,在那个时候,我还有幸通过学生社团认识了数位保研的优秀前辈,他们为我解答了许多学习、生活上的疑惑。这些学长学姐身体力行地为我呈现了理想中大学生应有的模样,我的大学从此有了努力的方向:成长为一名学习成绩突出、科研素养齐备、学生工作出色的综合素质过硬的学生骨干。

劈波斩浪:得意失意莫在意,顺境逆境莫止境

后来的三年,我会在宿舍通宵准备第一次演讲比赛,会在延安的窑洞和伙伴们工作到半夜一点多,会在广播台为了打磨好一件播音作品通宵达旦,会在校团委组织部的办公室为了高质量完成青马班培训手册而笔耕不辍,在家隔离的日子里整个团队会为了参加比

赛而伏案在电脑前从早上开视频一起连麦工作到凌晨。归结起来,这段奋斗历程中,我走好了两条路。

(一)学业科创之路

我钟爱冰心老人的一句话:"成功的花,人们只惊慕她现时的明艳!然而当初她的芽儿,浸透了奋斗的泪泉,洒遍了牺牲的血雨。"保研这条路我走得异常崎岖,那时我连续多次因为考试准备不充分出现失误,参加学科竞赛堪称屡战屡败,就连准备了许久、最有把握的一次,也只获得了校级三等奖。这让我一度不断怀疑自己,在无数个努力的夜晚一边珍惜着每一秒,一边又产生着巨大的精神内耗无法自拔,开始用暴饮暴食麻痹自我,在闷头乱撞中产生了深深的无力感。

2020年初,新冠疫情暴发,整整一学期都是在家度过。这段时间,我终于有机会复盘自己前期的工作,意识到如果再不做些改变,最终势必折戟沉沙,于是我选择堵住耳边自我否定的声音,继续勇敢尝试。这一次,我开始重视团队的选择,付出了远超以往的精力,投入了所有的空闲时间。一轮又一轮的线上讨论是那段时间生活的主题,6—8小时的会议是家常便饭,想法在思想的激烈碰撞中愈发成熟,计划书在一遍遍的打磨中愈臻完善。连续几个月高强度的工作,疲惫在所难免,但更多感受到的,却是和大家一起为心之所向而努力所带来的充实与满足感。长时间的坚持与努力无疑是值得的,作品最终成功斩获第十二届"挑战杯"中国大学生创业计划竞赛全国总决赛铜奖。

不经一番寒彻骨,怎得梅花扑鼻香。这份成绩给予我极大的自信。我开始继续勇敢地在学业和科创上"野蛮生长"。从低年级中唯一一个立项的大学生创新创业项目,到各类学科竞赛成绩斐然,再到学业成绩稳步提升,我逐渐步入正轨,找到了自己的节奏,并最终依靠优异成绩,在优秀大学生夏令营中斩获哈尔滨工业大学、北京航空航天大学、中南大学、山东大学、重庆大学等12所重点高校的优秀营员。

(二)团学工作之路

最初入学时,我对学生组织颇有偏见,因此几乎没有加入的想法。当时一位老乡学长劝导我,"大学生活短暂,应该在拥抱无限可能中发掘自我",并邀请我加入校学生会。这给了我很大触动。于是我加入团学工作的行列,办成了一系列活动,结交了一大批朋友,直到现在仍在团学工作岗位上奉献青春,不断成长。

从校学生会组织部培训办公室负责人、校学生会实践部负责人到校学生会主席团成员、团中央重点志愿服务团队负责人,我在团学工作岗位上不断成长。校院两级学生代表大会的胜利召开、常任代表会议制度的开展、学生提案工作的推进、学生会组织新媒体平台建设、劳动实践基地建设、学校"青马工程"的开展、团支书培训班组织……最辛苦的是建设劳动实践基地,前后忙碌了近两周时间,我连续两天中暑,几乎都处于说不出话的状态,最终在无数兄弟组织和志愿者的支持下,终于按时胜利揭牌。还记得大二末尾时,同学问我为什么如此热衷做一件"低性价比"的事情,我回答说:因为我将这份工作视为自己的第一份事业。

回忆起这四年团学工作的收获,真正有价值的绝不是几个名头,而是在这个过程中收获的才干、增长的见识和建立的友谊。会永远怀念这段时光。

四年来,我用勤勉搭建向上阶梯,用付出诠释责任担当,用双脚丈量神州大地,秉持热忱之心与全校青年才俊共成长,怀着进取之意为学校建设工作添光彩。在这段沐光而行的路上,我终于成长为自己在入学时想要成为的样子。

芳华绽放:不驰于空想,不骛于虚声

时代正好,年华正好,奋斗正好。从延安的革命旧址到太原的街道社区,从学生会组织改革的一线到为同学服务的生动实践,从强者云集的学科竞赛到聚光灯闪耀的文艺晚会,是功成不必在我、功成必定有我的使命与担当。回首四年,我见过日升前的初昼,也见过黎明前的星斗。四年下来,我斩获"中国大学生自强之星"等国家级奖励3项、重庆市普通高校学生创新能力提升先进个人等省部级奖励9项,以及来自不同领域的奖励及称号49项。

饮水思源,在交大的四年,是我幸福的四年,父母骄傲、领导支持、同学信赖、个人成长。要感谢的人有许多,校团委的数位领导老师、历任辅导员老师、科研竞赛指导老师、学生工作同事、学长学姐、竞赛队友……他们都十分尊重我的想法,让我的想法抱负能够在学校这个平台得以实现。我无比感激他们出现在我的生命中。

行文至此,落笔为终,一切过往,皆为序章。未来,我将肩负使命与期待继续前行,用知识攻克难题,用行动服务社会,用精神引领朋辈,带着交大的"铺路石"精神走向人生大舞台,将人生之路走得铿锵热烈。

$$点\quad评$$

《拔节生长向晴空》这篇文章,描绘了一个大学生在四年间如何从一个青涩的新生蜕变为满怀热血、勇于追逐梦想的青年。初入交大,作者充满了对未知世界的好奇和渴望。他积极参加各种比赛和学生组织,努力在各个平台上锻炼自己。在这个过程中,作者也经历了失败和挫折,但他并没有放弃,而是不断总结经验、继续努力。这种坚持不懈、永不言败的态度,让我们看到了"两路"精神在新时代青年身上的传承和发扬光大。

在学业科创之路上,作者一开始并不顺利。然而,他并没有因此消沉下去,而是选择继续勇敢尝试。他重视团队的选择,付出了远超以往的精力,最终取得了骄人的成绩。这些成绩的取得,不仅是对作者个人努力的肯定,更是对"两路"精神中顽强拼搏品质的最好诠释。

在团学工作之路上,他积极参加学生组织工作,在团学工作岗位上不断成长。他视这份工作为自己的第一份事业,用勤勉搭建向上的阶梯,用付出诠释责任与担当。这种对工作认真负责、对事业执着追求的精神,正是"两路"精神在新时代青年中的生动体现。

四年的大学生活,作者始终坚持用勤勉搭建阶梯,用知识攻克难题,用行动服务社会,用精神引领朋辈,通过自己的不懈努力,终于成长为自己在入学时想要成为的样子。这种不畏困难、顽强拼搏、敢于作为的精神,不仅让作者个人得到了成长和提升,也让我们看到了新时代青年的担当和力量。

(作者:桂钰杰　点评:李世辉)

繁花似锦，青春如故

　　山城的四月，温暖中渗透着丝丝凉意，春雨中焕发着勃勃生机。春日犹如一曲奔流不息的进行曲，激烈、浪漫且充实，但也悄无声息地带走了我的年华与美梦，带走了大学四年寒窗落下的最后一片花瓣、最后一缕春风。四个寒暑，不长不短，却承载着成功、失败、收获与感动。我想应该把它们写下来，讲一讲我和交大的故事，讲一讲我在交大的四个春夏秋冬。

旧梦·与交大的相识相知

　　西北的夏天总是雷厉风行，不像重庆的拖泥带水。可 2018 年的夏天异常燥热，我想我一辈子都不会忘记等待录取的那一段煎熬的日子。刚刚高中毕业的我，感觉自己就像一只离群的雁，紧张、焦虑、踌躇同时涌上心头。而这一切都在"录取学校——重庆交通大学""录取专业——水利类"的字样出现的时候烟消云散。我感受到了一种归属感，离群的雁又重新找到了雁群。尽管素未谋面，尽管互不相识，但不妨碍我们建立了一种很奇妙的名为归属、接纳与认可的联系。就这样，我与交大的故事开始了。

　　入校以后，我在课余时间总是想借助各种资料去了解我所在的城市、我所学习的学校。当我看到抗日战争期间面对日军轰炸重庆人民写下的"愈炸愈强""还我河山"的时候，当我看到中共中央南方局纪念馆和曾家岩 50 号内矗立的周总理像、看到周总理在敌人的"心脏"开展敌后工作的时候，当我看到歌乐山渣滓洞内江姐和其他革命先烈在狱中绣着红旗的时候，当我看到百万三峡移民为了国家和民族利益搬离世世代代居住的土地而毫无怨言的时候，我就知道，重庆是一个有血性、有担当、有精神、有民族之脊梁的英雄之城！

　　英雄的城市会催生出英雄的学校。当我看到修筑青藏、川藏公路的大军没有条件创造条件也要上的时候，当我看到学校在国家利益面前不畏艰险、勇往直前的时候，当我看到一代又一代的交大人在祖国的大江南北、世界的山河湖海发光发热的时候，我明白了什么是"明德行远 交通天下"，明白了身为交大人应当肩负起的职责和使命——需要我用余生去践行的职责和使命。

耕耘·在交大的播种收获

每个人的四年总会有多多少少的收获,或是成功,或是失败,都不失为一份宝贵的收获。回望我的四年,成功略少,更多的是失败和感悟,但我并不沮丧,相反觉得很满足,因为我经历了别人未曾经历的风雨,看到了别人未曾欣赏的美景,踏足了别人未曾体验的领域。这些或成功或失败的经历,都将会是我最宝贵、最珍视的财富。

这四年来我最引以为傲的收获,不是一张张证书,也不是一次次比赛的成绩单,而是在胸前闪闪发亮的党徽。是的,这四年来,最值得我骄傲的事情就是我通过了党组织的考验,成为一名光荣的中国共产党党员。四年来,从辅导员助理到班长,从党建协会秘书长到主席,从重庆马拉松赛场上的志愿者到深入脱贫一线的"三下乡"社会实践服务团的成员,不论在哪个岗位、哪种场合,我都以我是一名党员的身份来要求自己,践行着自己的初心。这是我最珍视、最引以为傲的收获。

回首这四年,我其实并不出彩,成绩不出彩、竞赛成果不出彩、荣誉不出彩……不论是学习、科研,还是竞赛,一路走来并不是很顺利,面临过很多的阻碍和困难,大多数的结果也是不尽人意。一心打磨两年的竞赛成果最终止步于市级银奖;满怀热情参加的数学建模竞赛,由于意外也只能和获奖失之交臂;努力准备的研究生考试,却也因为成绩而落榜。可我并没有觉得我一无所有,因为失败也未尝不是一种收获和成果。

在交大的四年,我明白了一个道理:真正的成功总是少数,而更多的其实是不尽如人意的遗憾,但哪怕有遗憾,也不应该成为我们放弃的理由和原因。因为我坚信,一切的磨砺、一切的艰难险阻都会成为我最重要的经历和财富。我登上过别人未曾踏足的险峰,欣赏过别人未曾欣赏的绮丽景色。我也曾经向挚友抱怨,外面阳光明媚,春色正好,而我却没有时间享受。他告诉我,最美的风景永远都在奋斗的路上。

我也总是思索,自己因何存在,难道是为这一日三餐?为这看起来华丽的成绩?存在不为温饱,而温饱造就存在。我想能被夕阳照亮而存在,能被凉风拂面而存在,为这一米阳光、一尘一埃、一枝一叶,为这世间万物而存在;为实现他人无法实现的目标而存在;为看到他人不曾看到的风景而存在;为达到前辈未能完成的夙愿而存在;为天下苍生、为金瓯永固、为家国兴旺、为青春之我、为崛起之中华而存在。所以我告诫自己,不能仅仅因为纸面上的成绩,因为每日重复而机械的生活,而忘记自己因何而存在。大学生活的多彩,绝不仅仅是优异的成绩、完美的荣誉,更重要的是那些独一无二的经历和感受,它们会是你我最重要的收获。

大学最珍贵的收获,莫过于我的良师、我的益友。其实我一直对我认识的每一个人心怀感激。我不会忘记这一路走来,帮助过我的所有老师,他们带我走进科研的大门,带我攻克一个又一个的难题。面对笨拙的我,他们并没有放弃,而是选择循循善诱,不断引导那个迷失了自己的我。我明白自己没有很讨人喜欢的性格,但很幸运有一群小伙伴能够接纳这个不完美的我。他们在困难时鼓励我,在比赛时和我并肩作战,在开心时与我分享。是他们教会了我要直面失败,是他们善意的提醒和帮助让我跨过了一个又一个难关,翻越了一座又一座大山。感谢相遇,感谢相知。

回首这四年,是交大让我收获了作为党员的责任与担当,是交大让我收获了不同于以往的成功与不可复制的经历,是交大让我收获了良师益友,收获了最真挚的师生情谊和最纯洁的友谊。

远方·对交大的拳拳之心

转眼就到了大四,我们即将面对不同的选择,而我坚信,每一个人的选择都会有光明的未来。青春气贯长虹,勇锐盖过怯弱,进取压倒苟安。"奋斗"两个字,写在每一个交大人的基因里。

为人垂一范,为学报国恩。不论在哪里,我相信我们都可以作为一名交大学子,为自我价值的实现、为国家未来的繁荣、为中华民族的复兴发光发热。在此,祝愿每一个即将离开交大去向远方的朋友有一个灿烂的前程,在不远的未来获得属于自己的幸福。愿我们在看不见彼此的岁月里,熠熠生辉。

愿每一位交大人,鹏程万里,未来可期。

------------------------------- **点 评** -------------------------------

本文作者讲述了从遥远的大西北来到交大四年求学的难忘历程。

通过对英雄的城市、英雄的学校的了解,当看到当年筑青藏、川藏公路的大军没有条件创造条件也要上的历史的时候,当看到学校在国家利益面前不畏艰险、勇往直前的时候,当看到一代又一代的交大人在祖国的大江南北、世界的山河湖海发光发热的时候,作者明白了什么是"明德行远 交通天下",明白了作为交大人终生应当肩负起的职责和使命。

正是明白了肩负的重任,作者才能够在交大四年火热的大学生活中,刻苦学习,积极追求进步,主动参加公益活动,全方位锻炼自己,取得了优异成绩,收获了成功与不可复制的经历,更加明白了最美的风景永远都在奋斗的路上。作者这四年来最引以为傲的收获,不是一张张证书,也不是一次次比赛的成绩单,而是在胸前闪闪发亮的党徽。

愿我们都像本文作者一样:"为人垂一范,为学报国恩。不论在哪里,我相信我们都可以作为一名交大学子,为自我价值的实现、为国家未来的繁荣、为中华民族的复兴发光发热。"

(作者:赵树正   点评:漆振羽)

感恩相遇，感谢有你

高考正常发挥，我稳妥地报考了重庆交通大学。来这所学校并不是意外，更多的是一种缘分。因为父辈们大多毕业于重庆交通大学的前身——重庆交通学院，我来到这个学校，更多的是感到一种责任感与使命感。"优秀"二字深深地定格在了我的脑中。

2018年学校实施"英才计划"，实行通识教育与专业教育、"2+2"两阶段全程化个性化培养模式。经过选拔后，29名学生组成了重庆交大2018级英才计划试验班。而我，有幸成为其中的一分子。

四年的大学记忆，从这里开始了。

两年，二十九个人的专属记忆

和我在书香的街上走一走　喔哦

直到漫天的银杏散落了也不回头

你会拉着我的衣袖　我会望着你的眼眸

走到香樟路的尽头　坐在老马店的门口

分别总是在六月　回首是青涩的愁

李子湖中的水流　带走青春的风流

在重庆交大的校园里　我从未离开你

重交　带不走的只有你

至今每次唱到《成都》，都会想起我们的歌词、我们的那段回忆。2018级英才班改编了重庆交大版《成都》，作为迎新晚会的节目。近两个月的排练，歌词和曲调已深深地印刻在我的脑海中。

回忆要是有香味的话，那就是樟脑的香，甜而稳妥，甜而惆怅，像忘却了的愁。

在数学与统计学院的前两年，特别感谢学院领导以及各位老师对我们的关心。我们时刻牢记宋乾坤教授对我们的教导："做人一定要有格局"。"格局广大"成了同学口中常常提起的词语，也植入了我的心中。

从第一天的自我介绍开始，我就感受到了班级特别活跃的气氛。班上的每个同学都被安排了职位,大家一起管理班级事务,其乐融融。每位英才学子高度的集体感与荣誉感,是我读书生涯中从未见过的。那时候,除了学习,我心中只有一件事,如何让我们的英才班变得更好。而且,不止我一个人有这样的想法。于是,我们开展了很多集体进步的项目。早晚自习、每周一次的夜跑、每周末的球类运动、每月生日会等,都是我们自发提出来并且每位同学已经养成的习惯。

我是幸运的,因为想要成为优秀的人,恰好身边有很多优秀的人。我们秉承着"优秀"的观念,制定了英才班的班规、设计了英才班的徽章、布置专业教室的内外景、经营着英才班的公众号——"英小官"、参加迎新晚会、参加团风赛、组织趣味运动会……虽然我们来自不同的专业,但物理和数学是我们的必修课。还记得大二上学期,平均每天四节大课,很感谢那时候的小班教学,也感谢同学之间的无私解答。那段时间,我们班级群相册里,上传的大多是学习笔记、老师板书和整理的习题。

那两年,我们一起成长了很多。在学习方面,通过大学英语四、六级考试是我们的基本要求。我们参加创新创业比赛、结构设计大赛等各种大赛,参加科研项目,并获得多项团体奖和个人奖。

落笔写下这篇文章时,我离开双福校区已接近两年,原谅我忘记了很多关于英才班的记忆,因为这两年里我们的交集太多,故事太多。过去的时光里,在与每位同学的相处中,在每位老师的教导中,我无法细说他们给我带来了什么,可是我很清楚地知道,现在的我一定离不开曾经的他们。英才班是我人生中难忘的、独有的经历。我想,可能今后难以再遇见这样的集体。

向所有美好的旧日时光致谢,感谢赋予了我一个难以忘怀的曾经。原来,有那么多的回忆是关于英才班的,有那么多的故事是发生在 A 教 430 教室的。

两年,四个人的回忆

英才班女生的四人寝室,有一个清晨铃声,也有一个晚安提醒。3 床的室友每天早上六点就会起床,而我们也会伴随着她的脚步声陆陆续续起来。2 床的室友在熄灯前就上床做好了入睡准备。随着她的床帘拉动,我们就互道晚安。早起早睡对我而言,已经是多年的习惯。寝室早晨一般会放《朝闻天下》。每当我们四个人出门,夏天的时候刚好能看见日出,冬天的时候可能天还没有亮。但是始终没有改变的,是路上依旧没有多少人,也总是能吃食堂新鲜出炉的早点。食堂阿姨每天都问我:"妹妹,你吃米线吗?"我很惊讶阿姨的记忆力,她说因为每天我们来得最早。疫情返校后,大家都很默契地更抓紧每一秒的学习时间。最后我们走向共同的目的地——A 教 430 教室,开启一天的学习之路。

这种规律的生活让我们共同成长、共同进步。我们相互成为彼此的人生导师，每个人都可能会有感情问题、家庭问题、学业问题。我们最困惑、最困难的时候相互陪伴，并用自己的方式努力让对方走出阴霾。

大一第二学期全寝室备战英语六级，是一段难以忘怀的时光。我们全员六点起床，六点半出门，去李子湖畔读一个小时的英语，就这样两个月过去了。英语六级考试的结果也不出所料，全员通过，而且是远远超出大家的预期。怀念参加数学建模竞赛的那段日子，四个人分别和其他人组成不同的队伍，六十四分之一的概率发生了，我们同时选择了 A 题。在那十四天中，我们虽然是竞争对手，但却依旧是良友，大方地拿出自己的想法相互交流，最终四支队伍都成功入围。此外，两年 380 公里的跑步数据，是我们在李子湖畔的共同回忆。

女生之间或许不容易产生感情，但是一旦产生感情便真的很难分离。两年的时光已让我们成为彼此的一部分，一个充满爱与包容的整体。我们相互习惯了大家的生活作息，相互包容大家的性格，相互爱着、呵护着彼此。两年时间，我们早已对彼此的喜好了如指掌，一起上课、下课、复习、参加活动，在无数次寝室夜聊中探讨着对未来人生、职业方向的规划与想象，见证彼此的成长。我很幸运有双向奔赴的真挚友情，而正是这些友情的温暖存在，给了我自信的底气与对这个世界的善意，让我可以勇敢地爱与被爱。

两年，一个人的回忆

到南岸校区后，我来到了经管学院，生活的圈子发生了极大变化。因为和身边同学对未来规划不一致，以前的同学也都在不同的专业忙碌着，于是我有了很多一个人的回忆，也有了很多第一次的记录。曾经，一个人的生活跟我毫无关系。一个人外出，我会不自在，甚至很害怕。我没有选择新环境的权利，是新的环境选择了我。我花了很长时间，慢慢适应一个人的生活。一个人去食堂吃饭、一个人去教室上课、一个人去健身房、一个人去短途旅行……到现在，我已经很享受一个人的生活。我想，也许我离一个"合格"的成年人更近一步了吧。

四年前我希望自己成为一个优秀的人，可到如今，我都无法定义什么叫"优秀"，因为，优秀本来就是无法被定义的。这四年，我忙着专注于一件叫作"成长"的大事。岁月给我们的，除了年龄，还有各种涂染，每一种经历都是一层颜色。到现在，我快忘记了我原本是什么样子。可是我清楚地知道，我成长了。

最后，写给所有与我有过交集的人，也写给我自己。20 岁的成功与失败，于整个人生而言没有决定性意义。希望继续走下去，继续向前进——感恩相遇，感谢有你！

点　评

　　《感恩相遇，感谢有你》一文，讲述了张蔓同学在重庆交通大学英才计划试验班的四年求学时光。文章由积极进取的英才班集体生活、相互鼓励支持的温馨寝室友情和学会独立地自我成长三个部分组成。成为更"优秀"的自己，传承父辈作为重庆交大人的责任与使命贯穿文章始终。

　　"两路"精神激励着一代代交通人攻坚克难、奋勇拼搏，接续创造着一项项举世瞩目的中国奇迹，大国工程中不断闪现着重庆交大学生的奋斗行程。聚是一团火，散作满天星，自1951年建校以来，七秩薪传，"两路"精神已化作重庆交大人"明德行远　交通天下"的责任与担当。

　　作者在描述英才班的集体生活和成长经历时，展现了"两路"精神中团结协作、共同奋斗的精神风貌。无论是早晚自习、跑步锻炼，还是参加各种比赛和科研项目，都体现了班级同学之间的紧密合作和共同追求卓越的决心。这种精神不仅促进了个人能力的提升，也增强了集体的凝聚力和向心力。

　　此外，作者还通过描述寝室生活的细节，展现了"两路"精神中艰苦奋斗、甘于奉献的品质。早起早睡、作息规律、相互陪伴和鼓励，都体现了寝室成员在面对困难时的坚韧不拔和相互支持。这种精神不仅让作者度过了难忘的大学生活，也将为其未来的人生道路奠定坚实的基础。

　　为了成为更优秀的自己，张蔓同学积极参加科研项目、创新创业比赛、结构设计大赛等，不仅获得了多项团体奖和个人奖项，更实现了自我的突破，体现出她勇往直前、敢为人先的进取意识和担当精神，也深度契合"不怕苦"的"两路"精神。

　　可见，青年人处在大有可为的新时代，更要铭记新时代的使命和责任，弘扬"两路"精神，起而行之、勇挑重担。

（作者：张蔓　点评：宋敏）

携来时的热爱,赴下一场山海

仿佛眨眼之间,在交大的四年学习之旅便已临近尾声。与交大,初见于2018年的那场初秋,挥手作别之时早已被安排在了今年盛夏。不知如何去回忆这奇妙的四年时光,只是在月色挂于西墙之时,脑海里似放电影一般从大一到大四过了一遍。

凡是过往,皆为序章

目之所及,皆是回忆;心之所想,皆是过往。这一刻,我百感交集,总以为来日方长,殊不知时间从不为谁停留,永不知疲倦地向前走。中国现代诗人洛夫在《青春》一诗中写道:"人生有一首诗,当我们拥有它的时候,往往并没有读懂它。而当我们能读懂它的时候,它却早已远去。这首诗的名字就叫青春。"交大校园里,我用青春谱写了一首诗,曾经我无法读懂它,如今却来不及留住它。这首诗是如此让人着迷,它记录了我的喜怒哀乐,保留着多年后回忆起来仍觉珍贵的沉甸甸的收获。

若你现在突然问我,是否还记得在交大经历的某一件事,我一时之间可能很难回答。但它们一定都藏在我的记忆深处,只要稍有触动,便又会重新浮现在我的眼前。比如现在,外面阳光正好,微风轻摇着树叶,我的思绪瞬间被拉回大一的某个午后。那节课我坐在教室的最后一排,课间休息时转过头,刚好看到窗外的阳光倾洒在树叶上、草地上,还闪着一点光,风柔柔地吹着。我贪婪地想,我的大学生活就应该如此美好。

在交大,我经历了很多,成长了许多,学会了在安逸中奋进、在逆境中生长,它们都将成为我人生路上收获的宝贵财富,并将一路伴我前行。纵使有千般不舍,我知道我也该奔赴下一段旅途。很多记忆或许都已经模糊,但我会永远记得在风雨篮球场看过的夕阳,在李子湖畔吹过的晚风,在银杏路上留下过的脚印……

摆脱迷茫,专注前行

依稀记得大一入学那天,在即将踏入交大双福校区之前,我在手机备忘录中写下了"极度期待又极度紧张"这样一句话。期待属于我的大学生活即将开始,我想它应该是特别美好的;紧张的是一切都是未知,一切都等着我去探索。

刚来到重庆交大,我是迷茫和懵懂的,曾经历了大学阶段最青涩、最无助的一段日子。那时候,我不清楚自己到底想要什么,不知道自己想成为什么样的人,也不知道自己想取得怎样的成绩,每天浑浑噩噩,不知如何前行。后来,在一节思想道德修养与法律基础课上,老师讲述了她对"相遇"的理解,那是我从未听过的一种解释,至今印象深刻。她说,相遇是要进入对方的生命里,并且留下痕迹,无论你是否想起它,它都在那里。还有那句"生动活泼地活",直到现在仍给我留下很深的印象。

于是,那节课后,我静下心来思考,渐渐有了自己努力的方向和目标,决心在与交大相遇的这段岁月中留下些有意义的"痕迹"。我开始更加努力地学习,希望自己的绩点能始终保持在3.5以上,于是每一堂课我都认真做笔记,课后做总结;开始热爱运动,希望自己能拥有健康的体魄,于是我看过无数次夜晚的操场;开始热爱志愿活动,希望将爱与关怀传达给更多人,于是我去敬老院看望过老人,去小学宣传过中国优秀传统文化和环境保护知识。我想为班上同学服务,为老师分担工作,于是我争取到了团支书的职务,努力成为连接老师和同学的桥梁。我渐渐有了自己的信仰,便向党组织递交了入党申请书,时刻谨记"为人民服务"的宗旨,并在实践中深刻践行着。

我无比庆幸那时的我摆脱了迷茫,只顾专注前行,逐渐成为一个清醒、理智又内心强大的人,有机会成为一名中共预备党员,有幸荣获"优秀学生干部"称号和校级优秀学生奖学金。

山水一程,三生有幸

一路走来,有幸认识了许多老师,结识了许多朋友。他们每一人都在我大学成长的路途上给过我安慰和鼓励。

我曾在大二的某段时间尤为自卑,觉得自己各方面都做得不尽人意,不断否定自己。那段时间的我虽仍在努力将每件事做到最好,但终日郁郁寡欢,每天活在自我否定与自我怀疑中。后来的一次课后作业取得的成绩改变了我:我获得了第一名的好成绩,李海峰老师送了我一本他自己写的书,并在扉页写道"愿熊征更加优秀"。看到这句话的那一刻,我的内心有无以言表的感动,心里瞬间充满了力量。可能旁人无法理解,但这对于当时的我来说,是莫大的鼓励和肯定。

在奋进与前行的路上,难免有失意的时候,我感激遇到的每一位朋友。大家从全国各地而来,有幸遇见、恰好合拍,彼此扶持着走过一段又一段难熬的时光。记得每当我遇事不知所措时,身边总有朋友陪伴我、安慰我,帮助我一起寻找解决的办法。在他们的影响下,我也逐渐学会了冷静思考,以沉稳的处事方法对待每一件事。

不忘初心,方得始终

古语有云:"不忘初心,方得始终。"我们每个人都有初心。在如今这个时代,初心却常常被人们遗忘。我们已经走得太远,以至于忘记了为什么出发。

我很庆幸,在交大最后的这段日子里,找回了自己的初心。与他人比起来,我可能没有诸如"为了世界和平"的宏大理想,只想坚守自己的那一份初心,不断努力、不断前行,只为在深刻践行为人民服务的同时,成就更好的自己。一路走来,收获了颇多感悟,也曾在深夜难眠之时思考如何继续努力,成为一个有深度的人。虽然常常为此焦虑,但我逐渐明白,解决焦虑最好的办法便是行动。所以,每当我彷徨而不知所措时,便回忆起自己的那一份初心,在心底默默鼓励自己、鞭策自己,带着最初的目标和感动努力向前。

行文至此,回忆良多,满怀感动——这四年拼搏过、颓废过,勇敢过、怯懦过,欢喜过、伤怀过……无论何种经历,回想起来都是一段奇妙的旅程。少年一贯快马扬帆,道阻且长不转弯,要盛大、要绚烂、要华丽,要敢于为一片海翻越万山。我愿携着与交大初见时的那一份热爱,奔赴下一场山海,不忘初心,忠于自己。

学府大道 66 号,我们未来再见!

------------------------------ 点　评 ------------------------------

这篇文章是作者对交大四年的学习和生活经历的回忆,文笔细腻,充满感情,表达了作者对母校的留恋、对老师的感恩、对同学的感谢之情。

文章以"凡是过往,皆为序章"作为开头,展现了作者对过去时光的感慨和留恋。通过描绘自己在校园中的点点滴滴,让读者感受到了他对交大生活的深深眷恋。同时,作者也表达了对青春的不舍。

在描述自己的成长过程时,作者提到了自己从迷茫到专注前行的转变。通过一节思想道德修养与法律基础课的启示,作者找到了自己的方向和目标,开始努力学习、热爱运动和积极参与志愿活动,逐渐成为一个清醒理智又内心强大的人。这部分内容不仅展示了作者的成长历程,也体现了他在面对困境时的积极态度和坚韧精神。无论是学习上的困惑,还是生活上的挫折,他都没有逃避,而是选择勇敢地面对,这正是"两路"精神中不畏艰难、敢于拼搏的生动体现。

在回忆老师和朋友时,作者表达了对他们的感激之情。他认为这些人在自己大学成长的路途上给予了安慰和鼓励,让他能够勇敢地面对困难和挫折。这部分内容展示了作者的感恩之心,也让读者感受到了人与人之间真挚的情感纽带。这份感恩之心也让读者体验到了作者的脚踏实地和默默奉献,犹如一颗小小的"铺路石"安静地承载着自己的责任和使命。

最后，作者以"不忘初心，方得始终"作为结尾，强调了自己对知识的渴望、对生活的热爱和对理想的追求。他认为只有始终坚守初心，才能在人生的道路上不断前行、实现自己的梦想。这部分内容是对自己未来的期许，也是对广大读者的鼓励和启示。

熊征同学代表了无数努力进取的大学生形象。他们不向困难低头、不被挫折压倒，拥有坚韧、善良、感恩等优良品质；他们珍惜大学时光，爱学习，爱生活，爱运动，锐意进取；他们懂得感恩，接纳自己的不完美，一点一点地追求进步，脚踏实地，保持理想，追逐理想。这些优秀品质都是对"一不怕苦、二不怕死，顽强拼搏、甘当路石，军民一家、民族团结"的"两路"精神的传承和发扬。

（作者：熊征　点评：宋敏）

舞蹈:演绎青春的绚丽

　　四年的大学生活犹如沙漏中的沙子,已悄然流进昨日,现在似乎真的到了该和母校说再见的时候了,告别一段充满欢笑、充满豪情壮志,也充满着酸涩与淡淡忧郁的学生时代。大学是一个多元化的平台,每个人都可以选择自己的生活方式和成长方向。而我十分幸运,能够来到重庆交通大学,认识各位优秀的老师和同学,争取每一次锻炼自己的机会,在德智体美劳等方面提升自己,成为能够独当一面的青年。我的心中对母校更是多了些感谢和留恋。

大一:初来乍到

　　回想起大一那一年,或许可以用"忙"来总结当时的生活。我从小学习舞蹈,并将其当作业余爱好,但由于高中学业紧张,不得不将这一爱好暂时放到一边。所以在"百团大战"时,我毫不犹豫地加入校艺术团舞蹈部,重新拾起自己的爱好。舞蹈部不像其他社团那样,只需要每周开例会或组织活动一次,几乎每晚聚集在学生活动中心 524 教室进行训练。最开始是一些基本功、舞蹈组合,这对学过舞蹈的我来说并不算难。随着学期过半,一些学院开始准备迎新晚会,学校组织学生参加双福校区大学生艺术节展演活动,我们的任务开始加重,好几支舞蹈需要同时排练。后来随毕业季到来,我们又开始准备双福和南岸校区毕业晚会的舞蹈。

　　我大一的社团活动几乎都和舞蹈部有关,有时也抱怨"排练也太浪费我时间了吧"。人都有惰性,我也是如此。在一次又一次重复且枯燥的训练中,我的动作不再追求完美,我的体型不再刻意保持,我的舞蹈水平不但没有继续精进,反而有隐隐下滑的趋势。直到在一次思想道德修养与法律基础课上,老师向我们讲起母校的校史,讲起"两路"精神,讲起一代代交大人用热血和生命投身公路建设,真正做到了一不怕苦、二不怕死时,他们的精神令我震撼,自己仅仅是因为枯燥的训练就懈怠,可与当时的他们比起来,又算得了什么呢?

　　于是,我重新拾起了对舞蹈的热情,课余时间会主动选择去舞蹈部排练。自己是否后悔加入舞蹈部呢? 答案是否定的,因为我确实享受跳舞的过程。这一年,我和舞蹈部的同学们在学生活动中心二楼一起忍受着寒冷进行彩排,在双福广场上顶着炎炎烈日踩点走位,忍着晕车等不适在南岸校区学术报告厅走位定点。在这一过程中,我认识了一群有趣的同学。他们像是和我一起并肩作战的"战友",一直坚持每一次排练、每一次演出。一年里,我的舞蹈水平也有了进步,不同于从前只知道学会动作,现在则会带入感情尽情舞蹈。

大二:绚丽起航

进入大二,从前的学长学姐去了南岸校区,而还留在双福校区的我们便成了学姐学长,舞蹈部也迎来了一批朝气蓬勃的学弟学妹。看着他们便想到大一的我们,面对舞蹈斗志昂扬,听从学长学姐的指挥。还同大一的时候一样,每天晚上我们继续在学生活动中心524教室进行训练。当然,上学期最重要的就是迎新晚会等各学院晚会活动,我们也早早开始了准备。在大一时为毕业晚会排练的一支民族舞,虽然难度较大,但新颖又有看点,并且还没有在迎新晚会上表演过,所以我们选择复排,还挑选了一些大一的学妹和我们一起排练。

此时,我不再向学姐们请教学习,而是作为大二的学姐帮助指导大一的学妹,和学妹们相处排练的氛围更加轻松,这也给了我不同的体验。大家在一起排练很用心,也很辛苦,但努力就会得到回报。还记得当时参加了三场迎新晚会,每场都得到了大家的赞赏。但是随着疫情的发生,我们不得不居家学习,一学期不能回到学校,舞蹈部的排练暂告一段落,但是我在家里也并没有松懈,每天晚上都会抽出一个小时练习基本功。我心里想着赶紧回到学校,珍惜能够跳舞的这半学期,因为大三搬到南岸校区后可能就没有这样的机会了。

大三:渐入佳境

大三时,专业课开始多了起来,我也清楚搬到南岸校区后,跳舞排练的机会应该也很少了。正在此时,舞蹈部指导老师给我打来了电话,告诉我两年一次的重庆市大学生艺术展今年开始,但我却犹豫了。一边是压力重重的专业课和研究生初试准备,另外一边是我想参加的为校争光的舞蹈排练。最终,我心中的天平还是向排练那边倒了过去。这次的表演与以往不同,以前都是学姐带着我们排练,而这次直接由老师指导。可是参加之后才发现时间是如此紧迫,因为需要表演两个节目,九月开始排练,十一月就要提交初赛视频,十二月现场比赛。排练期间,我无数次想要放弃,无数次问自己为什么要参加?我感觉又像是回到大一的时候,几乎自己的时间都被排练占据了。可是我知道,正是因为时间紧迫,我们才得抓紧训练,毕竟我们代表着学校。我调节着自己的心态,逐渐适应了这紧张、忙碌的节奏。

为了不耽误我们的学习和大四学长、学姐考研最后的冲刺,我们只能利用每周周五下午和周末的时间,以及国庆假期进行排练。很多舞蹈动作需要跪地、翻滚,大家的膝盖上也是青一块紫一块,可这些对我们来说都不算什么。很快舞蹈的雏形就出来了,接着开始细抠动作。这个过程对我来说就有些困难。由于放不开,很多动作达不到老师的要求,我只有不停地练习才渐渐让老师满意。当听到两个节目都进入了决赛时,我们都十分兴奋,更加努力投入到排练中。在最后一个月,配合越来越完美,我们也更有信心。最终,我们排练的两个节目都获得了重庆市二等奖,一切付出都有了收获。

时光荏苒,飞逝似梭,仿佛一切只是瞬间。再回首,我已经是一名即将毕业的大四学姐。没想到当初重拾的舞蹈爱好,竟陪伴了我整个大学时光。细细想来,颇有几分感慨。刚进入校园时,我有过对大学美好生活的憧憬与无限向往,也有在期末为考试而紧张复习,也有作为学姐意气风发地与学弟学妹相互交流,还有为了锻炼自己而参加学科竞赛的努力,更有为了考研而持之以恒的学习。回想起来,这些经历还是那么记忆犹新。如果说人生是一本书,那么大学便是书中美丽的彩页;如果说人生是一台戏,那么大学便是戏中精彩的一幕。大学是缔造绚丽多彩生活的摇篮。象牙塔是八仙过海各显神通的圣地,只要有闪光点,总能找到自己的舞台。四年的大学生活,是我人生道路上的一小段,也是闪闪发光的一段,饱含汗水和收获。

点　评

文章以回忆的方式,讲述了作者从大一到大四中舞蹈生活的点点滴滴。从最初的忙碌与不适应,到逐渐融入并享受其中,再到带领学弟学妹共同前进,她的成长轨迹清晰可见。面对学业的压力、疫情的困扰,她依然坚持练习舞蹈,这份毅力和热爱让我们深受感动。

放弃一个事情可以有无数理由,坚持下去理由却只需要一个——"不怕苦"的精神在激励着她。

在阅读这篇文章的过程中,仿佛能看见作者逐渐将"两路"精神刻入自己的骨髓,也深切感受到教育的力量与意义。作为老师,我们是学生成长路上的引路人和见证者。看到学生在自己热爱的领域里不断探索、不断成长,我们也能感受到教育工作的价值和意义,也能体会到"两路"精神的磅礴力量。

这位同学的经历也启发了作为老师的我们,教育不只限于传授知识,更要引导学生发现自己的兴趣、挖掘自己的潜力,鼓励他们勇敢追求自己的梦想。我们应该尊重每位学生的个性和选择,为他们提供多元化的成长平台,让他们在追求梦想的路上不断前行。同时,我们也期望作者能够继续保持对舞蹈的热爱和坚持,不断探索和创新,在舞蹈的道路上越走越远。更重要的是在未来的学习和生活中,继续发挥"不怕苦、不畏难"的精神,勇敢面对挑战,超越自我,书写属于自己的精彩篇章。

(作者:金晶　点评:宋子荣)

追忆似水流年

　　流年逝去，岁月更迭；指针滴答，欲语难吟。当时光的列车缓缓地驶过 2022 年，在恍然与倏忽之中，我终于意识到了：这一天，还是以我最不经意的方式到来了。

　　岁月变迁，早已不似当年；回首往事，只留万般感慨。作为一名在外地求学的游子，重庆这座城市给了我太多太多难以忘却的回忆：热辣似火的渝城美食，壮丽绚烂的山城美景，干爽却不失亲切的重庆方言……仿佛都随着嘉陵江面朦胧的云和雾，在我的心里久久驻足。而我的母校——重庆交通大学，也给我这段难忘的时光增添了几分眷恋。游子即将远行，望着慈母般慈祥的脸庞，滴下晶莹剔透的泪珠，发出欲言又止的声声呼唤……那一刻，我的思绪不禁开始随风飘荡。

故乡的月·思念

　　至今仍然清晰地记得收到交大录取通知书的那一刻，豆大的泪珠噙满了我的双眸，一年的"煎熬"与"磨难"终于在此刻开花结果，我的努力得到了最好的回报。我在江西山区的小县城长大，对于山那头的世界，满是向往与期盼。尤其是得知我的未来将会在重庆时，一种梦想成真的感触涌上心头。我打小看着《三国演义》长大，出于小时候在课本里学习到的家国情怀，坚定地支持刘备匡扶汉室的正义之举，对蜀国所在的巴蜀之地有一种天然的亲切感。后来，从李白和刘禹锡笔下，我感受到了巴山蜀水的雄伟壮丽。再后来，通过钓鱼城和抗日战争时期陪都，乃至如今网红城市的故事，我对重庆这座城市的向往已远远不是文字所能表达。

　　兴奋之余，接踵而至的是家人的担忧与不舍。妈妈再三叮嘱我在外要独立，好好照顾自己，话语里尽是不舍与牵挂。虽然爸爸之前总是对我说，男孩子就应该出去闯荡，多多历练自己，因为生活就是一场热爱与期盼交相辉映的远行。可是，真的到了要分别的时刻，爸爸沉默了，此时他心中也万般清楚，儿子这一去，得到来年再见面。在这期间儿子无法向他们诉说在异地的辛苦与不安，也无法与他们分享在校的喜悦与收获。爸爸只是拍了拍我的肩膀，和蔼又亲切地给我鼓励，支持我奔赴远方。

　　临走那天，我在月光下和家里的梧桐树合了一张影，随后提起沉重的挎包和行李箱，踏上了开往重庆的列车。凉风有信,秋月无边,我在车上望着远去的群山与河流,听着催眠的悦耳歌曲,简单洗漱后,伴着火车上机器的轰鸣声渐渐入眠,此时映在脑海的画面是故土的梦。

飘扬之帜·自律

满怀憧憬抵达交大后,我面临的第一课便是军训。依稀记得教官"火气"很大,一位不折不扣的北方汉子。他对我们要求非常严格,稍有不慎,就会招来一顿"呵斥",但有时候也能发现,他那冷酷的外表下还藏着一个有趣的灵魂,这在训练之余也给我们带来了许多惊喜和欢乐。

日复一日的训练,不但未能磨灭我们的梦想与热情,反而为我们的青春添上绚丽的一笔。在教官的悉心帮助和指导下,我们从一群生活作风散漫的高中毕业生,逐渐蜕变为懂得令行禁止、自立自强的大学新生。无惧炎炎烈日,不畏风吹雨打,在操场上淌汗、流泪,张扬不屈的精神。

两周之后,在运动场上,开学典礼暨军训成果汇报会隆重举行。我们一团十连的每个人都兴致勃勃、摩拳擦掌,只待教官一声令下,便可把这近半月所学的本领拿出来,让大家见证我们的蜕变。

仪容气宇轩昂,步伐铿锵有力,口号震耳欲聋……我们以一场不可思议的表演结束了本次军训,得到了军训教官的肯定和表扬,荣获团体综合表现第二名的好成绩。这次经历教会我的,不仅是团结一致的进取拼搏精神,更重要的是令行禁止的真正含义。经过军训,再加上听了校长讲校史,"两路"精神开始在我心中生根发芽。

明德荣耀·奋斗

无所顾虑地选择,无所畏惧地奔赴,回想我在交大的一路成长,离不开兴趣与热爱的指引。

记得大一上学期那个被迷茫笼罩的我,由于对交通管理专业的认识不清晰,再加上对未来学习缺乏规划,专业排名仅为第 27 名,处于中等水平。这使我深受打击,也给我敲响了警钟。从大一下学期开始,我意识到了学习的重要性,把更多的精力用于课程学习和期末复习上。高等数学、大学物理、大学英语等课程书本堆满了我的桌子。同时,我了解了目前我国港航领域的现状,意识到国际贸易与运输是我比较感兴趣的部分,并且打算以后考取相关专业的研究生。

精心规划之后,我开始了不懈奋斗。那个备考期末的盛夏,记忆日复一日地被那一条条专业知识充满,虽偶尔会有些许急躁,但是在老师和同学的鼓励帮助下,我总是能够找到缓解压力的好方法。终于在来年秋天,我等来了好消息,自己的成绩比上学期有了明显的提升,其中高数更是获得了满分。热爱、拼搏、不懈,我在大二学年第一次获得了奖学金,并在这之后再接再厉,获评国家励志奖学金、自立自强先进个人等。

"富有热情,善于坚持",是我想对未来的自己说的话。勇敢地选择自己所热爱的专业,也要为每一个热爱付出与雄心相匹配的努力。再坚持一下,那个百思不得其解的问题或许就有了答案。相信所有正在经历或终会经历的瓶颈,都会成为成长道路上的一座里程碑。

向着光的方向,我一直都在成长。

三尺讲台·感恩

三尺讲台迎冬夏,一支粉笔写春秋。有这样一群人,站在没有鲜花的舞台上,春去秋来,不计得失;有这样一群人,念着没有掌声的独白,寒暑交替,甘于奉献。他们就是交大勤劳的园丁,培育着祖国未来的希望之苗。

记得大一时,我仍对学习文科类课程那铺天盖地的字句有抵触情绪,这是早在高中时就留下的阴影。但是,傅老师却用她那润物细无声的谆谆教诲,滋润着我干涸的心田。在她的指导和帮助下,我懂得了友情的珍贵、生命的脆弱以及人生的美好,开始试图去理解她所要传达出的情感,以及思想道德修养与法律基础课的价值和意义。在日复一日的学习过程中,我发现了在课堂中传递知识里,在我们的生活中,随处可见傅老师散发出的光芒。

琅琅书声,潺潺师恩,桃李不言,下自成蹊。三寸讲台,凝练奉献之心;寒来暑往,培育国之栋梁。他们把青春奉献给眼前的黑板,描绘出一撇一捺间的人生。他们用深厚的学养滋养了一代代人的灵魂,让更多双眼睛看到广阔的世界。他们博学于文,约之以礼,在平凡中坚守,在坚守中不凡。他们,是师者,是太阳底下最光辉的职业,是人类灵魂的工程师。

作为一名交大学子,无论自己的人生之路通向何处,我将永远感激在这段难忘的时光里遇到的良师益友。

不散筵席·再会

在交大求学的四年光阴即将结束之际,寝室组织了一次聚会。大家再一次回忆了四年的所学所得。越到情深意切处,情绪越无法控制,大家都流下了难舍的泪水,为热血的四年青春画上了一个句号。

想当初,不远千里,我们为了心中共同的求学梦,相聚于巴蜀大地;如今,四年的光阴已去,在时间的磨砺下,我们的心早已连在一起,无论天南海北都在诉说着同一种声音:我们都是交大人。往日的同窗之情早已化成熊熊烈火,无论在何时何地,它都会为我们照亮前进的路。

饮散离亭西去,浮生长恨飘蓬。待回头,已是烟柳渐重重。我们相互举杯祝福,无论是读研还是工作,往日的挚友都会在身后默默支持。即便是以后年纪渐长,我们或许仍然可以把酒言欢,向下一代诉说着我们这一辈的故事。

千言万语难诉真情,只能劝君更尽一杯酒。五湖四海情归一处,天南地北心聚一方。以梦为马,天涯再会。人生大道向我们敞开怀抱,相信我们都有一个美好的未来。

送给母校·祝福

光是具体的,亦是抽象的;影下是风景,更是心情。我们在交大闪闪发光,而我们热爱的母校也在光影之间深沉地积淀,向着光,生生不息。愿此去前程似锦,再相逢清风明月。

------------------------------ **点　评** ------------------------------

这是梁榕宽同学的毕业感言,文章以"似水流年"为主题,回忆了他在重庆交大的四年美好时光,包括收到录取通知书时的喜悦、离家求学的不舍、军训的艰辛、学习的努力、获得奖学金时的欣喜,以及与老师和同学们的感恩与惜别。作者通过描述在重庆交大的经历,表现了对母校的热爱和感激之情;通过回忆在重庆交大的时光,表达了对母校的眷恋和对未来的期望。文章中提到的"两路"精神,即"一不怕苦、二不怕死,顽强拼搏、甘当路石,军民一家、民族团结",体现了重庆交大培养学生的理念和目标。作者描述自己在重庆交大的求学经历时,运用了生动的语言和形象的比喻,如"故乡的月""飘扬之帜""明德荣耀""三尺讲台""不散筵席"等,使得文章更加生动有趣。该文是一篇充满情谊和回忆的毕业感言,语言生动形象、情感真挚感人,通过对老师的感恩和对同学们的告别,展现了作者对母校的热爱和感激。"人生大道向我们敞开怀抱,相信我们都有一个美好的未来"更是表达了作者对同学的祝福和对未来的期许。

(作者:梁榕宽　点评:王世佰)

万千色彩,韶光莫负

三月的重庆,正是天气变化无常的季节,本来还是一片热情似火,马上一场春雨又把它淹没在了令人瑟瑟发抖的温度里。我站在寝室的阳台上向远方眺望,只见小山重叠、灯火明灭,不时几声鸟叫,叽叽喳喳地闯进这片寂静空气里。身处其中,我感到一丝平静涌上心头。春天正在我的身边,而我的大学,你又会以怎样的一种色彩为我做出总结?

秋天的果实不全是金色

18岁的时候,我还是一副青涩面容。开学那天,妈妈、阿姨和姨夫驱车七小时把我从陕西老家送到重庆,带我踏进了重庆交大。那时的我,在李子湖边看校园里的一切都带着新奇,怀揣着梦想和憧憬,在不知不觉中叩开了新生活的大门。

初来重庆的第一年,秋天就在我心里留下了不可磨灭的印象。然而,那个秋天固然是美丽的,却也暗含苦涩。大学生活伊始,我便遭遇了不少"滑铁卢":先是失去了第一学年考级的机会,然后在社团招新中被社团婉拒……失败的滋味如同苦酒,我的心中充满忧愁。但我知道,正如"两路"精神所传递的那样,不畏艰难、勇于斗争,我也需要在挫折中汲取力量,继续前行。

冬天的时候要亮起光

重庆的冬天让我见识到了"雾都"的美名从何而来。在这个被雾气笼罩的季节里,我仿佛看到了"两路"精神中的坚韧与毅力,即使在最艰难的环境中,也要点亮希望之光,照亮前行的道路。在这片如同仙境般的景色里,无数的学子同我一样朝着教学楼走去,早晨的校园充斥着交谈声。在温暖的教室里,老师向我们传达知识,我们在寒冷中感受到了知识的力量和集体的温暖。

春天,花开了

大三的时候,我们搬到了南岸校区,完全崭新的校园也带来了焕然一新的生活。在这个春天,花美,人亦美。校园里充满了春天的气息,展现了春天的生命力,也展现了交大人无穷无尽的斗志与青春昂扬。在这个季节,我们如同"两路"精神中的建设者一样,不畏艰难,勇往直前,用青春和汗水浇灌着希望的田野,期待着收获的季节。

夏天与火焰

重庆到处都种满了树,到了夏天,树上的叶子生长得又大又绿,形成了巨大的树冠,为行人提供一片遮蔽。在这个热火朝天的季节,每个学子的心里都烧着一团无法熄灭的火焰,哪里会有"偃旗息鼓"这一说?这火焰,正是"两路"精神中"顽强拼搏、甘当路石"的精神,它让我们无论面对怎样的挑战,都能坚持到底,不断超越自我。

秋天是我步入交大的开始,金色璀璨;冬天的交大带给我的是一种温度,抚慰人心;春天是生命力的颜色,粉白红紫交相辉映;夏天则是一把火焰,在交大的校园里点起了每个人的热烈不屈。这里有我飞扬的青春,我无意抉择任何一种色彩,因为没有哪一种颜色能将我们轻易定义。

这五彩斑斓的四季,这追梦不止的校园,就用这万千光华做一个结尾,韶光莫负,请大家走向新的前路。而"两路"精神将永远激励我们,让我们无论走到哪里,都带着那份坚韧不拔、勇往直前的精神,迎接每一个新的挑战。

点　评

这篇文章以四季为线索,串联起作者在重庆交大四年大学生活的点点滴滴。作者通过对春、夏、秋、冬四季变化的细腻描绘,展现了自己在校园中的成长历程,同时也巧妙地将"两路"精神融入每个季节的故事中,使得文章既有浓厚的情感色彩,又不失深刻的思想内涵。

文章的开头,作者以春天的景象作为引子,通过对春雨和阳台远望的描述,营造出一种宁静而深沉的氛围,为后续的叙述奠定了情感基调。在秋天的章节中,作者通过自己的失败经历,引入"两路"精神,表达了即使在遭遇挫折时,也要坚持不懈、勇往直前的决心。这种精神的引入,不仅丰富了文章的内涵,也使得作者的成长故事更具启发性。

在冬天的描述中,作者通过对重庆雾都特色的描绘,将"两路"精神中的坚韧与毅力与冬日的寒冷和校园生活的温暖相结合,表明即使在困难的环境中,也能寻找到希望和温暖。春天的部分则通过校园的美景和同学们的活力,展现青春的朝气和生命的勃发,同时也体现了不畏艰难、勇于开拓的"两路"精神。

夏天的章节,作者以火热的夏日和茂盛的树木为背景,比喻即将毕业的学子们内心的激情和斗志,再次强调了"两路"精神中的顽强拼搏和不断超越自我的重要性。

文章的结尾,作者将四季的色彩与"两路"精神相结合,强调了这份精神财富对自己和同学们未来人生道路的重要意义。整篇文章情感真挚,语言流畅,既有对大学生活的美好回忆,也有对未来的憧憬和期待,展现了作者在大学期间的成长和变化,以及"两路"精神对其影响的深刻程度。

总体来说,文章通过对四季变化的描绘和"两路"精神的融入,成功地构建了一个充满情感和思考的成长故事。它不仅是作者个人大学生活的总结,也是对所有正在经历大学生活的同学们的一种鼓励和启示。

（作者：张颖婕　　点评：宋子荣）

不负韶华，砥砺奋斗

时光如梭，光阴似箭，大学四年在欢声笑语间悄然逝去，回顾我的大学生活，充实而又美好。大学生活是我青春的痕迹。在这里，我从稚嫩的未成年人蜕变成负责的成年人，从单纯的高中生成长为沉稳的大学生，也从无忧无虑变得精打细算、计划满满。在大学，我认识了不同的人、领略了不同的风景、经历了不同的事情，也进行了许多反省和思考。

青春·启航

回想当初刚刚踏入大学的那一刻，仿佛还在昨日，稚嫩的我拖着行李来到陪伴我大学两年的德园宿舍，熟悉大学校园，熟悉食堂饭菜，熟悉学术气息。那时的我，还保留着高中时的学习状态，仔细将课堂 PPT 记录下来；上课前一天将第二天的科目预习一遍，课后再复习一遍，周末到图书馆温习一周的学习内容，并按照自己的规划，在学习学校课程知识的同时，积极准备大学英语四、六级考试，每周做一套考卷，每天练习英语听力。也是基于此，我在大一时便已顺利通过英语四、六级考试。现在想起来，当时的状态虽已不再，但是很感谢这么努力的自己，为以后做了很好的铺垫。

十八岁生日后，受爷爷的影响，我递交了入党申请书，期望加入中国共产党，像爷爷一样成为一名为人民服务的党员。从递交入党申请书的那一刻起，我感受到入党是那么庄重和严肃。我还记得，经过同学投票，我以全票成功成为一名入党积极分子，原因是自己平时经常到各个寝室交流，在谈笑中关心同学近况，与每一位同学都相处得不错，这让我第一次理解到什么叫群众基础。经过后期考察和党校培训学习，我顺利地成为一名预备党员，并且即将转正成为一名正式党员。经过党组织的洗礼，我从一名思想单纯的共青团员成长为一名具备政治素养和坚信共产主义远大理想的预备党员。这也要求我今后要以更高更广的维度看待问题、思考问题，要以一名党员的标准严格要求自己。成为一名预备党员，使我面对工作的责任感和使命感得到增强，也让我坚定了争做新一代青年的信心和决心。

成长·奋斗

到了大二，我已渐渐褪去高中生的稚气，按部就班地学习和快乐生活着。突如其来的疫情影响了不少家庭的正常生活,当时的我还不知道,疫情竟伴随着我度过了大学生活。因为疫情防控,学校采取线上授课的方式进行教学,我在家按照学校作息正常学习。

在疫情期间,我经历了专业分流。选择不同的专业意味着不同的人生道路、不同的职业岗位,人在做选择的时候往往会坚持趋利避害的原则,选择对自己益处最大化或者在未来收益最大化的选项,当时的我也同样如此。在查阅了各个分流专业的专业方向以及就业前景后,我发现各个专业各有千秋,一时不知如何抉择。于是,我找到辅导员寻求意见,希望辅导员能够给我提供一些帮助。但是,辅导员的话让我察觉自己的出发点错了,也让我认识到在人生道路上的每个路口应该怎样正确做选择,并确立为自己的选择而努力奋斗的决心。辅导员对我说,应该结合自身情况,想清楚自己擅长什么专业,喜好什么学科领域,未来想做什么方向的工作,成为什么样的人。这简短的几句话成了我在分岔路口的指示牌,让我明白做选择不应该只是选择哪个专业更有前景、更有前途,更要在做出选择后,自己能够充满兴趣和激情地、踏实快乐地走下去,能够在之后的工作生活中感受到学习带来的快乐和价值。

未来·可期

来到大三,我开始正式接触专业课,明确了自己的专业方向,也憧憬起了未来的人生。有人说,大学是学生时代最后的保护伞,出了大学就会受到社会的毒打。我却觉得大学是学生时代的跳板,是大学生走出校园踏入社会的培训班,就像幼苗在即将独自成长之前的棚室。其实,大学已经和社会接轨了,不再像高中校园那样与外界隔绝。作为成年人的我,很多时候在校外都要独自处理事务,这锻炼了我独当一面的能力。虽然社会是复杂的,但人是善于学习的。面对困难,唯一能做的便是不断地提高自己,让自己厚积薄发,越来越强大,就像那破茧成蝶的蝴蝶,又像那破土而出的春笋。

回顾大学四年,感谢我遇到的各种人各种事能不断让我成长。感谢关心我的同学朋友,愿我们友谊长存;感谢帮助我教导我的恩师,愿我们师徒情谊长存;感谢陪伴我的学校,愿我们各自安好。虽然身边的人和物都在变化,但唯一不变的是自己这颗不断奋斗的初心。青春就像山间小溪,仿佛一直在流走,又仿佛一直在那里。青春带给我的知识和感悟,让我在未来的人生各个阶段都能够顺利行进,愿我们不负韶华、砥砺奋斗!

------------------------------- **点 评** -------------------------------

作者通过对四年大学生活的回顾,从青春·启航、成长·奋斗、未来·可期三个方面详细记叙了自己的大学生活。

从稚嫩的未成年人蜕变成负责的成年人,从单纯的高中生成长为谨慎的大学生,从无忧无虑变得精打细算、计划满满。成长的历程、丰富的大学生活跃然纸上。

每位学子的大学生活都不尽相同。作者谈到了自己大学生活的酸甜苦辣、遇到的困难曲折以及解决问题的方式方法,最主要的一点就是作者有一颗顽强奋斗的心。"虽然身边的人和物都在变化,但唯一不变的是自己这颗不断奋斗的初心。"正是有了不断奋斗的初心,正是明白自己的努力是为以后做很好的铺垫,作者才能够顺利地解决学习生活中遇到的问题。

愿每位学子都能像作者一样具有一颗不断奋斗的初心,不负韶华,砥砺奋斗。

(作者:袁也　点评:漆振羽)

静心研读，慎独惜时

心有所信，方能行远。从合格大学生到重庆市"三好学生"，从共青团员到共产党员，从写作爱好者到学院新闻社社长，我用四年时光学习前辈经验，展现青春热情，珍惜不易成果，坚定理想信念，用行动担当系好人生的第一粒扣子。

人能走多远？这话不是要问自己的双脚，而是要问志向。人能攀多高？这事不是要问双手，而是要问意志。

能走多远，看看四川省到西藏自治区的长度；能攀多高，想想西宁站至拉萨站的高度。一不怕苦、二不怕死，顽强拼搏、甘当路石。在交大历史上，筑路英雄们挥洒热血与汗水，奉献青春与激情，四年多艰苦卓绝的奋斗，换来了公路建设史上的奇迹。先辈们用行动诠释和践行了革命英雄主义精神。"两路"沿线那一座座烈士墓碑，正是"一不怕苦、二不怕死"革命英雄主义品质的确证。

于是，我想用热血给自己树立一个高远的目标。或许如今的我们不必再面对当初先辈们的困难，但我们在当下的社会面对走多远、攀多高的问题，我会坦然地给出自己的回答：走多远？走更远！

学时奋发　学成必归

第一学期期末，我凭借专业第一的成绩收获了"最强王者"的称号，除了惊喜还有不安，害怕自己日后虽仍徜徉学海，却会有所退步。后来从双福校区到南岸校区，初涉专业课程的我有过迷茫，但无论是期末考试、课程小论文，还是上机实验报告、录屏讲解，我都着眼细节，从不懈怠。除夯实专业基础外，我还积极投身学术研究，不断锤炼自己的专业素养，积极参加学术研讨会，翻译房地产的未来研究报告，及时总结所学所感，始终以高标准严格要求自己。连续三年综合素质测评排名第一，连续两年获得国家奖学金，见证了我的努力。青春岁月，唯有勤学向上、奋发图强，才能抵达心中的至高境界。

勤学、思考、惜时……这些词默默地印在我的脑海里，也在点点滴滴中得以践行。课堂上，同学们总能看到我一边仔细听课一边忙着摘抄笔记，这样的习惯已经持续了至少五年；闲暇时，身边也少不了良师益友，与我一同阅读文献、背诵单词、整理思维导图等；假期中,从网络课堂不断汲取知识经验,自主学习专业软件,同时为研究生阶段做好搜集材料、联系有效资源等准备工作。

古人云:"不积跬步,无以至千里;不积小流,无以成江海。"我认为勤学需要日积月累、持之以恒,完美诠释了"让优秀成为一种习惯"的励志经典,而上进之路的坎坷,则能使人振奋,保持清醒。充满神秘的学术殿堂给予了我一路耕耘一路歌的勇气,希望自己从读者到学者,踏上解谜之途。在梦想面前,更能清醒地认识到自己与梦想还有距离,这样才有继续奋斗的信念,而信念支撑着这一切。未来站在梦想的领奖台上,才可以骄傲地说:"青春无悔,学成必归。"

不忘初心　砥砺奋斗

2019年5月29日,这一天与其说是难忘的日子,不如说是下定决心全心全意为人民服务的关键时点。从此,问群众之意、解群众之忧便是我的责任。作为青年党员,我常常激励自己必须学会在自我教育、自我改造、自我完善中因事而化、因时而进、因势而新。

矢志向学,心存高远。我以学习贯彻习近平新时代中国特色社会主义思想为主线,在理论研究与实践活动中滋养初心、感悟初心、牢记使命、勇担使命。一方面,我秉持传统学习方法"读原著、学原文、悟原理",注重理论武装,认真研读重要文献,务求学懂弄通做实,积极参与党组织生活会发言讨论;另一方面,我用实际行动践行使命,争当先锋作表率。从学生第一党支部到本科生第七党支部,我坚持利用"学习强国"平台充实自我,并提醒青年人自觉加入学习队伍中,认真参加党支部举办的志愿服务活动,为中外学生文化交流活动建言献策,以榜样力量为支部建设注入活力。

开拓进取　勇于探索

如果要追溯我的科研萌芽阶段,可能就是小学了。2009年,科技兴趣队里年龄较小的我,代表学校参加搭建房屋建筑模型的比赛,两个小时的赛程让我心力交瘁,任务却未能完成,面对失败我哭了。2019年,大二的我第二次参加英语竞赛,未能取得进入决赛的理想成绩,面对失败我又哭了。每一次哭泣,都是对自己更大的期许,是鞭策激励。

科学研究的基本任务就是探索、认识未知。秉持"日积月累,力争上游"的态度,我参加学科竞赛20余次,发表学术论文4篇,获得校级科技创新先进个人3次,用实践不断拓展科研思路,为未来的研究生学习奠定基础,争做勇于挑战的新青年。

在科研经历中,我收获的不仅是丰富的人生经历,更促成了足以影响我一生的经验和信条。发挥自己的特长优势,选择好平台资源尤为重要。如果你醉心科研学术,学校的老师是你真挚的合作伙伴,帮助你进一步发挥聪明才智;如果你对学生工作情有独钟,校园文化活动、班级的日常建设、各项活动的开展为你提供最闪亮的舞台。唯有"泰山崩于前而色不变"的处变不惊才能成就大事,种种起起伏伏——论文无法落笔、项目进程缓慢停滞不前、比赛成绩不理想等——更是磨炼了我面对任何情况,都能以一颗平常心泰然处之的能力。

我愿用心感受,追寻学术之光,坚守在科研之路上。

专注角色　发挥作用

入学以来,我先后担任辅导员助理、明德学社学习部副部长、经管学院新闻社负责人等职务,认真负责,踏实肯干。作为新闻社负责人,一年编辑、审核文章超过50篇,始终相信"坚持写作初心是本分,提供宣传服务是情分"。正是所谓的"物物事事总关情",使得我对工作充满了激情。作为班委队伍的一员,我敢于担当责任,关心、关注、关爱身边的人,积极组织并参与升学经验分享交流会、考前复习会等多项学风建设活动。对待社团工作,我也尽心尽责,曾获得2018年学生工作部明德学社朋辈学业辅导工作"优秀干事"称号。

有一分热,发一分光,我愿坚守平凡岗位,接受工作部署,上阵发挥作用,以真情温暖身边之人。

文由心生　文如其人

畅游书海,细嗅花香。我喜欢记录、喜欢诗歌、喜欢阅读,用文字的形式保持我的真实。有时把头从书籍中抬起来,我会问自己:"为什么这么如饥似渴地读书?"我有很多个答案,比如与高尚的灵魂对话、享受独处的最好方式、自我成长的阶梯等,其中一个回答声最清晰:与生命抗争!

今天,我坚持写诗,明天,我定能更好地读诗。书缘始终把我与诗紧紧地联系在一起,让我一步一步提高鉴赏力。我知道我是一个专心读书的人,但我不会只读教科书,我不是功利性地读书,我不是只在学校里读书。读书,是一辈子的事。我只为自己读书,只为自己的心灵读书。

书缘,让我对生命有敏锐的感受力,让我更有能力去感知爱。

千万种忙碌,同一种拼搏。面对学习和工作的矛盾冲突,我会在凌晨时分一个人静静地梳理检查课程报告,又继续撰写修改新闻稿件。因为这是我的选择,是我的初心所在。

人生之路是拼命奋斗、勇往直前、在迷雾中踩踏出的路径,也正是如此,我明确了人生不断勤奋向上的坐标,眼前的成果就是明证。以"静心研读,慎独惜时"为座右铭,我愿用实际行动一如既往地展现以勤学实现担当、以理想逐梦前行的青年风采。从重庆交大到西南交大,我将锐意进取,续写荣光!

点　评

坚韧不拔、勇往直前。正如作者的笔下语言，"两路"的奋斗精神在文中皆有展现。从作者的求学经历、科研探索、社会实践到个人修养，无一不体现这种精神的传承和发扬。

在求学经历方面，作者展现了坚韧不拔的进取精神。无论是专业课程的深入学习，还是学术研究的积极投身，作者都以高标准严格要求自己，不断锤炼自己的专业素养。连续三年综合素质测评排名第一、连续两年获得国家奖学金，这都是作者不懈努力的最好回报。

面对科研的重重困难，作者展现了勇往直前的探索精神。不畏失败、勇于挑战，作者用实践不断拓展科研思路。每一次的失败都成了作者前进的动力，使她更坚定了自己的科研信念。

团结协作，则是社会实践的圆满前提。无论是在担任辅导员助理、学习部副部长，还是新闻社负责人的过程中，作者都认真负责、踏实肯干，充分发挥了自己的角色作用。甘当路石、奉献自我，"两路"精神在实实在在地践行着。每一个独特的人生中，最高的山，最长的路，都只能一个人行。

在个人修养方面，我看见了慎独惜时的自律精神。作者喜欢记录、喜欢诗歌、喜欢阅读，用文字的形式保持自己的真实，在忙碌的学习和工作中，始终保持着对生活的热爱和对知识的追求。

"静心研读，慎独惜时"，文章展现了作者以勤学实现担当、以理想逐梦前行的青年风采。这不仅是对"两路"精神的生动诠释，也是对新时代青年人的有力鼓舞。"两路"精神的践行，作者堪为榜样之一。

（作者：刘虹　点评：王婷）

拼搏努力的人，总会获得眷顾

我是茫茫人海中普通到不能再普通的一名大学生，普通地上课、普通地生活，有时甚至觉得未来可能也是普普通通。但从现在起，我的生活似乎变得有点不一样了。去年做的一个选择，以及我为了自己的选择做出的努力，也许会为我未来的人生带来重大转折，那便是：考研。

大三时我萌生了考研的想法，整个过程历时一年，现在录取结果已经下来，一志愿成功上岸天津大学。我将整个考研过程中的心路历程记录下来，细细回顾，突然觉得，就算是一个平凡的人，也可以有理由为自己骄傲和自豪。

最开始，我和很多准备考研的人一样，不知从哪里开始，甚至也不知考研的流程。于是我开始从网上搜集经验帖，在自己的一点一点了解和询问下，才明白应该怎样制订学习计划，怎样科学复习。于是，在其他人还在享受春节假期的闲暇时光时，我便开始了复习。

我也未曾预料，2020年的疫情扩散得如此迅速。我自觉加入五人群组，每日在群内学习打卡，坚持完成自己的学习任务，看到写得满满当当的笔记和打了勾的打卡单，心里的自豪感油然而生。我又想，自己作为大学生，除了学习之外能不能为社会做些什么？于是我积极报名成为当地的抗疫志愿者。日常学习之余，我还自发剪辑抗疫视频，歌颂伟大的医疗工作者。如今，武汉早已焕发了新的生命力，复试结果尘埃落定之后，我定了4月的车票，带着我充满希望的未来，一起去看看这座坚强又美丽的城市。

回顾这段旅程，我感觉自己离梦想最接近的时刻，不是出初试成绩的时候，也不是复试结束之后等待成绩的过程，而是2020年7月到9月挥汗如雨的暑假，是10月孤军奋战的国庆节，是11月重庆寒冷的冬雨季，是12月没人记得也没祝福的生日，是我拼了命地朝着梦想前进、朝着目标奔去的每一个日日夜夜，仿佛有什么就在我的前方不远处，只要助跑、冲刺、伸手、张开双臂就能触碰到一般。

暑假期间，我和朋友一起在巴南图书馆附近合租了一个房子，作为考研复习的落脚点。说是落脚点毫不夸张，我几乎住在了图书馆，早上五点四十就起床去图书馆排队，晚上十点回到出租屋，回屋后还要继续看学习视频到凌晨两点，或者研究一道我怎么都弄不懂的数学题……

　　别人无法理解,会对我说"我可做不到像你这样折磨自己""你可别到最后只感动了自己"。但我完全不觉得痛苦,反而甘之如饴。人,为了自己的信念和理想,做出多大的牺牲都不会有丝毫犹豫和退却。为了新中国的成立抛头颅洒热血的无数烈士,为了信仰、为了大义,为了国家的利益可以毫不犹豫地交出自己的生命,我与他们相比,只算得上是为了自己的私念做出微小的牺牲罢了。

　　出租屋周围就是个很大的商圈,十分繁华。但两个月内,我去过的次数屈指可数,眼前人们的喧闹和街道的繁华并不属于我,属于我的就是静谧的图书馆和复杂的数学迷宫。我的数学不好,但是我选择了要考数学,我真的就拼尽了全力——上百个学习视频,四大本手写笔记,摞成小山一样高的数学参考书,无数道习题集,用光的一叠叠A4纸,无数套卷子,厚厚一本错题本。我觉得,总该有个结果了吧。可是数学总是给我当头一棒,一道道数学题让我一筹莫展,如豆大的珍珠滚落,头发也一把把地掉。我曾无数次怀疑自己,为什么就是拿不到高分呢? 为什么自己总会在一些意想不到的地方出错? 我很难过,也不断反思。

　　这样的日子从暑假一直持续到12月考试前。如果说考研这条路必须自己走,必须一个人坚守孤独又黑暗的时光,那么共同的战友就是昏暗日子里最明亮的灯塔,给你奋斗的方向和温暖的陪伴。这段时光里,我结识了很多志同道合的朋友,每天早上七点,总会看到自习室的小伙伴在楼道里背书,闲暇时候也会一起,讨论解题思路,遇到困难时总会有人鼓励你。简单的话语,让人心情舒畅、动力满满。如果一群人有着共同的目标,有着共同想做的伟大事业,就十分容易凝聚在一起。我想,当年筑路和建校的先辈们,应该也是因为有着共同的梦想,才会团结一致,给我们创造了如今这般好的条件吧。在这些共同奋斗的日子里,我们相互扶持、相互鼓励。这段时光,是我大学四年最充实且开心的日子。真挚的感情和难忘的共同经历,足以让我们成为一生的挚友。我真的很幸运。感谢全力支持我的老朋友、一起奋斗的新朋友,感谢父母理解、老师关心、室友鼓励,让我无后顾之忧地可以朝着梦想奔跑前进。而我最感谢的,是拼命努力前进、坚持不肯放弃的自己。

　　出成绩的那一刻,好像所有的一切都可以简单地尘埃落定:高则上,低则下。但我的成绩像风筝一样,摇摇晃晃,悬在半空。我慌张焦虑,非常担心自己能否进入复试。但是学姐告诉我,安心准备复试就好。令我开心的是,我收到了心仪老师的回复,我激动得跳脚尖叫,那天的空气似乎都变得清新起来。

　　等待校线的过程是煎熬的,公布校线那一刻我简直激动万分! 我是多么幸运! 等复试名单的过程是煎熬的,我一天看群十几遍,直到突然收到消息:"出了!"

　　我只清楚地听到"咚,咚,咚咚,咚咚咚,咚咚咚咚咚……"我的心跳得越来越快,我的手止不住颤抖,我的脑门热血上冲。

我点开了复试名单。

啊,我简直开心得跳了起来!人间值得!最后的确是毫无悬念地拟录取了——我深知自己的学识还非常浅薄,还需要不断地夯实基础,不断扩展自己的眼界,不断学习,这样才能成为一名合格的研究生。

仰望天空,我见到过无数个漆黑静谧的夜晚,看到过无数个薄雾蒙蒙的凌晨,却唯独没有见过室外的朗朗晴空和火烧般绚烂的晚霞。我确实错过了很多美丽的风景,但我也收获了一段全新的人生。

说过程不痛苦是假的,可是蜕变的过程哪有不痛苦的?煎熬是变美味的方式,加油也是。

努力的人,即使天分不足,也会在拼搏道路上闪闪发光!

点 评

人,总是平凡却拥有巨大的潜能。作者在文中感慨,自己离梦想最接近的时刻,不是出初试成绩的时候,也不是复试结束之后等待成绩的过程,而是拼了命地朝着梦想前进,朝着目标奔去的每一个日日夜夜。

向着目标追求努力的过程中,作者殊不知自己向上的动力激发了身体与精神的无穷潜能。而这种潜能,更是莘莘重庆交大学子在4年学习生活的漫漫"旅途"中耳濡目染、互帮互助,在潜移默化中形成和延续发展、进而凝炼为固定习惯的。

每年的新生开学典礼上,"两路"精神的传承弘扬已然成了每位重庆交大学子青春道路的"必修课"。"两路"精神形成于川藏、青藏公路建设的伟大实践,发扬于川藏、青藏公路的养护过程。在此过程中,一代代"两路"建设者、养护者传承"两路"精神,从"开路"到"护路",数十年如一日,甘当路石,修筑了雪域天路,铸就了"一不怕苦、二不怕死,顽强拼搏、甘当路石,军民一家、民族团结"的精神丰碑。

"如果一群人有着共同的目标,有着共同想做的伟大事业,就十分容易凝聚在一起",作者在文中一直用身边的榜样和先辈们的励志奋斗故事鞭策自己,加上一年来的辛勤奋斗与孤注一掷,梦想最终实现。全文流露出作者真实的情感与朴质的内心世界,作者为实现梦想而在精神层面付出的巨大努力,令人动容。愿像她一样的广大学子们能在青春的壮美年华努力拼搏,用行动去浇灌、去放飞自己的梦想。

(作者:李美茹   点评:黎昱睿)

二

开拓创新精神 篇

你好，我的旧时光

李子湖畔菡萏茂盛，青龙山下树木葱茏。世间的一切都是遇见，就像冷遇见暖，就有了雨；春遇见冬，有了岁月；天遇见地，有了永恒。而在旧时光里，我们遇见了您——重庆交通大学，于是来自五湖四海的我们有了一份属于自己的美好记忆。人生是一个一个片段的组合，过去的时光拼接成了未来的我们，终点固然重要，但在这里生活、学习的点点滴滴，也令人难忘。

初秋　劝君惜取少年时

在旧时光里，我发现了一处充满梦想和机遇的圣地——大学。他是一个我们向过去挥手告别的终点，也是我们化茧成蝶，从青涩走向成熟、从依赖走向独立、从内秀走向浓烈，成才与成人的起点。当我们带着不同的故事经历，一同步入李子湖畔时，我也与其他同学一样有着一肚子的疑问：大学阶段我应该为自己贴上怎样的标签？是与同学打成一片的社交达人，还是与图书馆为伴的学霸？梁漱溟在《人生的艺术》中写道："人生的意义就在他会用心思去创造；要是人类不用心思，便辜负了人生；不创造，便枉生了一世。"我想答案便藏在这里面，我不必拘泥于二选一，我可以都去尝试，核心要义是要用心创造。

感谢重庆交大给予我实现梦想的平台，让我能够在这片沃土展翅翱翔，去尝试一切可能的方向：我可以选择广厦万间，为此我竞选了学生工作部（处）下属学生社团负责人；我也可以选择乡村热土、祖国边陲，为此我参加了"三下乡"社会实践活动，前往奉节县调研农村地区用水现状；我可以选择一群人的经世济民，也可以选择一个人的勤勉历世，为此我大一就开始参加各种学科竞赛，或是组队或是单打独斗，整日忙碌奔波；我可以选择筚路蓝缕，以启山林，为此我积极参加创新创业活动；我甚至可以选择一片未曾开拓的领域，坚持自己的热爱，为此我尝试报名合唱团，开启了每周与音乐相伴的时光……

大学伊始的我渴望追求绝对的完美。从每天膳食能量的摄入到每一份工作的认真完成，我努力把自己的生活做成一张全是"对勾"的表格。可渐渐地，我发现自己在其中迷失了方向，虽然尝试了很多条"道路"，但始终没有找到自己想为之付出毕生精力的事业。大二时,开始接触专业课程的我,逐渐发现无论花费多大的工夫,我也学不好那些数学、力学课程。我便思考,自己到底适不适合在这个专业领域继续深入探究下去?我热爱自然山川,热爱人文市井,热爱一切美好的地理事物。经过深思熟虑,我决定申请转专业,转入学校的地理科学大类就读。这应该是我读书以来做出的最勇敢的决定了。刚开始确实没有人能够理解我,身边的朋友都在劝我,你已经大二了,转专业需要降级,多花费一年的时间去学习值得吗?我回答他们:值得!现在,我依旧庆幸自己当初的选择,我没有浪费时光,我用这多一年的时间去沉淀过去和思考未来,在不断"试错"的过程中找到适合自己的道路,换来了高年级时段的成果大爆发。

寒冬 而今迈步从头越

在旧时光里,我遇见了许多心怀责任与担当的好老师,他们在不同领域辛勤耕耘,传承师道,授业解惑。没有他们的支持和帮助,就没有我今日的进步与成长。大一时我没有平衡好学习和学生活动,成绩不理想。那时的我百思不得其解:明明已经很努力了,为什么结果却不尽如人意?大一的暑假,我和一位老师谈及我在学习上的难处,他问我:"你是谁?"我说:"我是彭培洺。"他摇摇头,再问我:"你是谁?"我很不解:"我是彭培洺啊!"他静静地看着我,说道:"你是重庆交大的学生,彭培洺!"我顿悟:学生的本职工作就是学习,过分追求完美,其实本身就是一种不完美。于是,我便开始有侧重、有选择地完成学习任务。

顺利转入新专业后,之前困惑许久的问题大多迎刃而解,专业课能听懂了,更愿意自主地学习和了解专业前沿领域知识,学业成绩逐年稳中向好,我的信念感回来了!拥有这份支撑动力后,我便又开始了一路的"升级打怪"。在此期间,我也遇到了更多的良师:参加创新创业类比赛时,在星光点缀下,建规学院董莉莉院长仍与我们热烈讨论项目规划;筹备思政课微电影时,马克思主义学院郭瑞敏老师给予我极大的帮助和鼓励;重庆的酷夏时节,时任辅导员漆振羽老师带领我们克服种种困难,前往奉节参加"三下乡"实践活动;郁闷忧愁时,时任辅导员杨玥老师总会出现在我身旁,温暖我的内心;毕业之际,牟凤云老师持续跟进我的论文撰写进度,并给予我耐心指导……我也时常看到已经退休但仍穿梭于教学楼的老教师们,下班后仍在德园二舍教师发展中心亮着灯伏案工作的年轻教师们,他们把科研、教学融入自己的生活之中,孜孜不倦,甘之若饴。在他们身上,我看到了重庆交大人顽强拼搏、甘当路石的求知精神,更看到了"两路"精神的传承与延续。当我因为作业不顺而焦头烂额,因为准备项目而通宵达旦的时候,我都会想起他们。他们对自己本职工作的热爱、付出和责任感,给我带来了莫大的鞭策和鼓舞。在重庆交大的生活,我收获的不仅仅是学术上的知识,还有从事各种工作时的良好心态与格局意识,一代代重庆交大人诚朴雄伟、笃学敦行的优秀品格更是深深地烙在了我的心里。

早春 路漫漫其修远兮

在旧时光里,我寻到了一条探求知识和理想的道路。其实大学刚开始的时候,我心里一直憋着一口气,总想证明自己不比别人差,但忙来忙去却只收获了一地鸡毛,不过幸好,大学允许我们试错。在认清自己想要努力的方向后,我从转专业后便开始弥补不足。首先,我从学习成绩入手,大学的每门课程会安排各种任务,我都尽可能地把它做到极致"完美"。其次,我积极参加各类学科竞赛和科创活动,令我印象最深的还是"互联网+"大学生创新创业大赛,我在大学期间连续参加了四届比赛,从第五届时的"经管学院二等奖"到第八届时的"全国总决赛银奖",从"选题确定"到"各类专家进行指导",从"参加各大创新创业赛事,积累经验"到"尝试最终落地,进行创业活动",从"自主探求创意思路,寻找队友"到"'学校–老师–学生'三位一体的帮扶指导"……那些难忘的日日夜夜终将在我这段旧时光里留下不可磨灭的印记,每个人都在为了自己心中的那片海努力过、拼命过。感谢我大学期间志同道合的伙伴们:匠心工作室、市营销小队、"源气"三人组、明德学社的伙伴们……我们并肩作战,为团队拼出了一个个美好的未来。

除此之外,我还参与了多项社会实践活动。"交大青年说""交大师说""四级模拟考""小黄人·迎新季"以及大学生"返家乡"活动都有我的身影,我的累计志愿服务时长已超过200小时。生活不止眼前的苟且,还有诗和远方的田野。在学习之余,我也利用假期领略了祖国的大好河山,重走川藏线,感受当年修路前辈的不易;研学大湾区,领略科技与智慧的魅力;在校内,我也一次又一次地经历了"交大十二时辰",见证了重庆交大的日升日落,找到了一份独特的校园归属感。日子一天天过去,内心的空虚和孤独渐渐被希望填充,我知道,这条路我走对了!

盛夏 一壶浊酒尽余欢

细细数来,我在大学期间共计获得40余项奖励,其中国家级8项、省部级11项,包括第八届中国国际"互联网+"大学生创新创业大赛全国银奖、"挑战杯"全国大学生课外学术科技作品竞赛重庆赛区特等奖、第十届全国大学生GIS应用技能大赛优胜奖等,也拿到了国家奖学金、明德奖学金、校级优秀学生一等奖学金等各类荣誉。在大三的寒假,我又站在了十字路口:出国还是推免,考公还是工作?在不确定自己究竟要走哪一条路的时候,我选择出国和读研两手准备,于是每个周末,我都要往返于学校和解放碑上语言培训课,"风尘仆仆"成了我的代名词。幸好,我的努力得到了回报:我得到了中国科学院陈发虎院士的认可,在地理学的汪洋大海里继续乘风破浪,这是对我整个大学本科阶段学业的最好肯定。9月29日下午,我在系统上确认了推免录取结果,但我没有想象中的欣喜若狂,只是静静看着窗外,内心平静如水。我想,这不是结束,而是又一个全新的开始,我距离一个真正意义上打不垮的"六边形战士",还有很长的路需要走。

至此,我想感谢在我大学求学道路上遇见的一切!在成长道路上,志同道合的伙伴们温暖了我的整个"寒冬";感谢我的恩师们,在你们的支持和帮助下,才有了现在的我;感谢学生活动中心626教室、A01教学楼101教室、二教620教室,在这里我度过了数不清的难忘日夜;感谢重庆交大,这个神奇的地方给予每个来到这里的人无限可能。最后,我希望每位重庆交大学子能一直在这里葆有少年鲜活的梦想、真诚温热的心和敢拼敢闯的勇气。托青云其远志,慕宗悫之长风,前行的道路并不一定会一帆风顺,我们将来会遇到前所未有的考验和挑战,但一定要有信心去面对这一切,在未来的广阔天地里挥洒青春,奋起拼搏,做一位愿用梦想摘星的少年!做一位敢挽桑弓射玉衡的勇士!

后　记

从初秋入学到盛夏离校,我走了很远的路,才把这篇回忆呈现在这里。漫漫人生路,循循旧时光!如若美好,则是一种享受;若是糟糕,便是一份历练。相聚有时,离别亦有时。想象着再过一段时间,我将会满怀感恩地穿上学士服,眼含热泪地站在校门口,向里面的一切挥手道别:"你好啊,我最美好的旧时光!"

点　评

读了《你好,我的旧时光》,感觉眼前一亮。作者巧妙地用初秋、寒冬、早春、盛夏四个不同的季节,回忆了自己难忘的四年学习生活。读来回味隽永。

在重庆交大这个具有优良革命传统的学校,通过老师们的潜移默化、言传身教,作者感到"收获的不仅仅是学术上的知识,还有从事各种工作时的良好心态与格局意识,一代代重庆交大人诚朴雄伟、笃学敦行的优秀品格更是深深地烙在了我的心里"。

正是在学校和老师们的教育感染下,作者的思想认识得到了升华,牢固树立了为祖国的未来努力学习的雄心壮志。

在校期间,作者学习刻苦努力,积极参加各科学科竞赛,开展社会调查,重走川藏线,感受当年修路前辈的不易,取得了丰硕成果。先后获得40余项奖励,其中国家级8项、省部级11项,获得了国家奖学金、校级优秀学生奖学金等各类荣誉,并被中国科学院录取为研究生。

作者在重庆交大的学习经历告诉我们：只要有好的学习环境、有为祖国的未来学习的决心，就能够勇攀科学高峰。这也是其他学子应努力的方向。

（作者：彭培洺　点评：漆振羽）

当我在追光，我与光同航

转眼已是和重庆交大相伴的第四年，我见过了重庆交大的春夏秋冬，重庆交大见证了我的喜怒哀乐。望着书桌前一摞摞的笔记和书本，我对前三年的回忆渐渐清晰。我在这里参加社团、认识新朋友，我在这里学习、成长，我不断打破自我又重塑自我。最重要的是，我用三年时光，完成了我三年前许下的心愿。

光

2020 年初，突如其来的疫情打破了学校的开学计划，没有办法回到学校的我们只能在线上与老师交流、听老师讲课，离开了课堂的我没有办法集中注意力，课后作业也总是拖延到最后一刻。这样的状态持续了两周后，我偶然读了《你当像鸟飞往你的山》这本书，很快就被作者塔拉的故事吸引了。塔拉在十七岁前没有接受过正规教育，在偶然的机遇下，她奇迹般地考取了大学，由此一发不可收拾，拿到了剑桥和哈佛的高学历，她的认知世界也发生了翻天覆地的巨变。从这本书里我感受到了前所未有的力量，它改变了我对待大学的态度。直到今天，我仍然清晰地记得书里的一句话："那是教育给我的新世界，那是我生命的无限可能。"也许是这本书给了我极大的鼓励，在那之后，我开始认真听网课，课后及时总结知识点，不会做的题就一遍一遍地做，不懂的知识就一遍一遍地查。整整一个学期，我都坚持每天学习和阅读，笔记写满了一本又一本。几个月后，疫情得到了控制，我也开心地得知自己排名专业第一。从那个时候开始，保研的种子就在我心中悄悄种下了。

追　　光

保研的第一步就是抓绩点。在大二入学后，我开始摸索自己的学习方法，不断地试错。大一学习高数时，我对知识的理解很浅薄，只是盲目地记公式和定义，一到考试就慌了神，卷面成绩只有七八十分。于是，当我开始学习线性代数和概率论时，我坚持每次课后用笔记本记录这节课所学的知识点，在后面附上相关的例题和解题思路。慢慢地，我的笔记本越来越厚，但相比于繁杂的课本，这本书足以让我在期末时游刃有余地进行复习。最后，凭借着自己整理的笔记，这两门课我的卷面成绩都接近满分。

　　但并不是每一次的摸索都能成功的。我第一次接触法学类课程是大二时的经济法，这也是我第一次摸索有关背诵类科目的学习方法。由于老师给的讲义翻阅起来不方便，我将内容整理成电子版，打印出来后装订成册。在考试前一周，我开始了这门课的背诵。由于还要复习其他科目，将经济法课程的相关内容从头背到尾，我整整花了一周的时间。而满怀信心地开始考试时，我却慌了。每一道题目都需要将法律条文运用到实际，并且作出正确的判断，但我的脑子里只有一条条干瘪的条文，对问题中的选项拿捏不定。不仅如此，由于背诵的战线拉得较长，很多知识点都慢慢开始遗忘，只剩下一些片段内容，最终也只能硬着头皮往上写。两天后，我在自习室里查到了这门课的成绩：71分。在大脑短暂空白后，眼泪开始啪嗒啪嗒往下掉，我意识到自己的绩点会被拉下很多，也无缘今年的奖学金。

　　但我很庆幸，我是一个不服输的人，关关难过关关过，从哪里跌倒就要从哪里站起来。大三的我迎来了专业的第二门法学课——海商法，在吸取了前面的教训后，我开始反思自己的问题。上一次失败有两个原因，一方面是对法律条文理解不透彻，没有与实际相结合；另一方面是背诵的内容虽多，但都只是形成了短期记忆，到考试时就已经遗忘了。在总结出这两点经验后，我开始准备海商法的考试。首先，与经济法一样，我还是将讲义的内容提炼整理，并打印出来装订成册；接着，我将老师在课堂上重点讲的、我认为可能会考到的内容和知识点按章节罗列出来，做成背诵单；最后，我开始背诵整理的内容。背诵的过程分为两遍：第一遍以理解内容为主，一边背诵一边写下自己的想法；第二遍以查漏补缺为主，背下一个就在背诵单上划去一个。在这场考试中，我战胜了自己，取得了本专业的最高分，我也是本专业唯一一个成绩在90分以上的。在后面的日子里，我都坚持以这样的方式复习，虽然辛苦，但取得好成绩后的喜悦足以弥补付出的辛苦。

　　保研的第二步是抓竞赛。第一次参加交通运输科技大赛的我对学术竞赛并不熟悉，和队友讨论了半个月才初步确定了参赛方案，使用的模型和方法也略显稚嫩，尽管如此，我们还是对比赛结果充满了期待，虽然结果不甚理想。后面，我也陆陆续续参加了"挑战杯"全国大学生课外学术科技作品竞赛、"互联网+"大学生创新创业大赛等比赛，但也仅是停留在校赛阶段，无缘复赛。

　　真正出现转机是在全国大学生数学建模竞赛中。一开始我对数学建模一窍不通，作为一名大二的学生，我很难想象如何使用数学模型去解决一个社会问题，正是因为这样，我在校级数学建模竞赛中仅取得了优秀奖。但还是那个不服输的我，在队友的鼓励下，我决定从零开始学习数学建模，为全国数学建模竞赛做准备。在那个炎热的夏天，从宿舍步行到图书馆需要在高温下暴晒十多分钟，每每走到图书馆就已经筋疲力尽，需要缓很久才能进入学习状态。这段时间里，我一边顶着炎热的天气，一边读着陌生的文字和复杂的公式。为了躲避炎热的天气，我从早上太阳还没出来时就到达图书馆，待到太阳下山才回去。即使是放暑假，我也没有停止学习，坚持上网课、学模型、参加模拟比赛。奋战了三天，我们队伍取得了重庆市一等奖，这对当时的我来说已经是莫大的鼓舞了。

有了数学建模竞赛的经历后，我渐渐掌握了比赛的技巧，也开始享受比赛过程。在后面各种各样的比赛中，相继获得了美国大学生数学建模竞赛 H 奖、全国大学生市场调查与分析大赛全国三等奖、全国高校智能交通创新与创业大赛全国一等奖、"互联网+"大学生创新创业大赛重庆市银奖等数项国家级及省部级奖项。不仅如此，我还结识了一群志同道合的朋友，他们与我有着同样的目标，我们常常一起参加比赛、交流经验。除此之外，我还加入了市级大学生创新创业训练项目，在和队友们的努力下，一起探讨研究、发表论文，在这个过程中，我逐渐感受到科研带来的乐趣，为我今后的科研打下基础。

同　　航

2022 年 9 月，我如愿获得学校的保研资格，选择进入西南交通大学攻读硕士研究生，除此之外，我还获得了一张接一张的荣誉证书，三好学生、学习标兵、优秀学生干部、科技创新先进个人、优秀毕业生……大一入学时，我从未想过即将毕业的我会是怎样的。我在交大收获的不仅仅是一个保研资格，更多的是我在无助崩溃时仍有着咬咬牙说再坚持一下的勇气。如今回想起来，仍然很感谢过去三年的自己。有一句话现在仍贴在我的书桌前，它是让我日日夜夜坚持坐在书桌前的动力："我在学习的这个技能至关重要，那就是对不懂的东西耐心阅读。"

点　评

《当我在追光，我与光同航》一文，讲述了黄嘉怡同学在重庆交大求学的四年时光，通过不懈的努力和坚持，最终实现了保研的梦想。文中作者对于学习、竞赛和成长的独特见解，与现实的价值观和"两路"精神有着紧密的契合。

在当今社会，随着科技的飞速发展和竞争的日益激烈，拥有持续学习和不断进取的精神显得尤为重要。黄嘉怡正是这样一位勇于追求梦想、不断超越自我的年轻人。在文章中，黄同学通过描述自己在学习和竞赛中的经历，展现了不畏艰难、敢于挑战的精神。这种精神不仅与"两路"精神中的"顽强拼搏"相契合，也符合当今社会对青年人的期望。

同时，团队合作和创新能力同样不可或缺。文章中提到了相关比赛和加入大学生创新创业训练项目的经历，这些经历不仅锻炼了黄同学的团队协作能力，也培养了其创新意识和实践能力。这些能力在实际工作生活中具有重要的价值,对于个人的成长和事业的发展具有深远影响。

　　常言道,"学如逆水行舟,不进则退"。黄同学用自己的实际行动诠释了这句话的深刻内涵。面对困难和挫折,她没有选择放弃,而是选择了坚持和努力。这种敢闯敢拼、不服输的精神和毅力,使她不仅收获了学业上的成功,更收获了成长和进步。这种积极向上的态度和对未来的信心,是我们每个人都应该学习和拥有的。

　　　　　　　　　　　　　　　　　　　　　　　(作者:黄嘉怡　点评:易虹)

滴水入海,筑梦蔚蓝

　　"青春岁月多奇志,创新创业领风骚。"准备全国大学生水利创新设计大赛是我大三生活的主旋律。从 2020 年 10 月组建队伍到 2021 年 7 月团队前往内蒙古农业大学参加全国总决赛,我大三一整个学年的重心都放在了水利创新设计大赛上。在备赛的一年里,我们的科技作品的深度越做越深,对作品的理解也越来越深刻,从某种程度上说已经超越了参加比赛的维度。我们将其视为一个科研项目在认认真真地进行研究,这也成了我日后一段宝贵的科研经历。在经历了这次比赛后,我们的科研技能得到了训练,浅浅地敲开了科研的大门,收获了深厚的师生情谊、同窗之情……

集结·组建队伍

　　我们团队由来自港口航道与海岸工程(卓越工程师班)的五位同学组成,除了我,其他四位是:刘朝阳、张昭流晶、闫帅坤、谢皓南。

　　2020 年 10 月 21 日,学校教务处发布了关于举办"重庆交通大学第八届水利创新设计大赛"的通知,我们五个不约而同地关注起了这个比赛。我和刘朝阳、谢皓南早就相识了,大一大二我们都在水利水电卓越工程师班,平日里一起上课,早就形成了默契,张昭流晶和闫帅坤也是在双福校区就认识的好朋友。由于有着相同的奋斗目标,我们团队顺利地组建了。我们邀请了陈明教授作为我们团队的指导老师,陈教授是船闸方面的专家,此前也指导过很多届学生参加水利创新大赛,且都获得了不错的名次。

　　在与队友相处的过程中,我有很大的感触:参加比赛能够遇见更好的自己。在备赛的过程中,我们每个人都学会了一些技能,或者说强化了一些技能:刘朝阳负责申报书的撰写;张昭流晶负责物理模型的制作、PPT 的演讲;闫帅坤负责二维动画的制作、三维建模;谢皓南负责 GAMBIT 模型的建立、网格的划分;我负责 FLUENT 数值模拟。我们每个人各司其职,像紧密啮合的齿轮。

　　我们从对方身上看见了彼此的闪光点,也看到了自己的不足,队友们相互之间给予了很大的包容,相处很融洽。

操练·完善作品

在准备作品的大多数时光里,渠化厅里都上演着我们与物理模型相爱相杀的故事。在制作物理模型的过程中,出现过很多问题:模型漏水、没有合适的设备驱动阀门的启动……我们曾一筹莫展,也曾怀疑过我们的作品能否走到最后,会不会在第二轮校赛就被淘汰。但是我们从未放弃,不断完善着我们的作品,第一代模型、第二代模型、第三代模型,一点一点打磨,就像呵护一棵小树苗成长一样,精心地浇水、施肥。

从最初的手动演示模型,到后来可以进行实验数据自动记录,数不清我们在渠化厅待了多少个周末,记不得我们曾多少次在夜深人静时才从实验室回到寝室,这期间我们倾注了很多的时间与精力。

2021 年 1 月,第一轮校赛举行,这是我们作品的"处女秀"。记得比赛的那天早上我很早就醒了,感觉就像是自己的孩子参加考试,有些紧张也有些期待。那次比赛我们获得了第四名,离进入前三还有一些距离,张昭流晶开玩笑地说:"我昨晚做的梦就是我们得了第四名,下次拿个第一!"

3 月的春雨很多,还记得在一个倾盆大雨的雨天里,为了寻找一个合适的阀门,我和刘朝阳、张昭流晶在渝州五金市场里转了大半天,都没有寻找到合适的阀门配件,面对着毫无进展的寻找,我们不得不回去。我们三个已经走到了返校的轻轨站,但一想到即将到来的第二轮校赛,想到还没解决的阀门问题,不甘心就这样空手回去,三个人商量了一下,又折了回去,找到直至五金市场天黑关门,才从众多零件中选择了两个合适的阀门作为我们主廊道的开关。回到学校时,已经是晚上八点多了。

时间转眼就来到了 5 月,天气渐渐热了起来,我们抓紧更新了第二代物理模型,继续完善了我们的创新点,并仔细打磨说明书。5 月,第二轮校赛举办,我们带着第二代模型作品参加了比赛,获得了全场最高分,拿下了一张参加国赛的入场券,被学校推荐参加第七届全国大学生水利创新设计大赛。

正酣·比赛进行时

由于疫情的原因,我们比赛的赛制与往年有些许不同:进入决赛之前要进行一轮初筛,抉择出二、三等奖的获奖作品,而剩下的作品则能去到决赛现场进行"特奖之争"。6月 25 日,薛宏程老师打电话通知我说,"船闸防咸作品进入决赛了,好好准备吧",我们团队也成了学校当年唯一一支进入决赛现场的队伍。

7 月,学校开始放暑假,而我们则留在学校继续完善作品,为决赛做好准备。在去内蒙古农业大学参加比赛之前,队友们之间开玩笑说:"这次我们要是拿下特等奖回来,学校官网首页就是——时隔六年,交大学子再获特奖!"

7月18日,我们一行7人从重庆江北国际机场出发飞往呼和浩特。7月的呼和浩特也是十分凉爽,没有重庆的夏天那般炎热,不时地吹来阵阵凉风。在比赛现场,我们与来自全国80多所高校的同学同台竞技,见到了很多新奇的科技创新作品,享受了一场"水利盛宴"。在作品展示的过程中,我们也与来自兄弟院校的同学们一起交流讨论,感受到了水利人的风采与活力。

在等待比赛结果的间隙,我们有幸遇到了中国海洋大学的史宏达教授。史教授对我们的作品表示了肯定,他和蔼的笑容让我们如沐春风,缓解了我们等待结果时的焦虑。但比赛最终的结果留下了一些遗憾,我们冲击特奖没有成功,只拿了一等奖回来,拿下特等奖的任务就交给了我们的学弟学妹,他们的新闻标题可以这样写:"时隔八年,交大学子再获特奖!"

留白·男孩们的未来

比赛结束的那个晚上,在呼和浩特路边的烧烤摊上,陈老师和我们聊起了他学生时代的往事:说起了在南京水利科学研究院读博、在加拿大访学交流时的趣事,谈起了为家乡寒门学子设立奖助学金的故事。陈老师说:"人的成长、成才并非一朝一夕,而是需要我们持之以恒的努力,在不满足中螺旋式上升成长。"觥筹交错之间,我恍惚明白比赛的结果早已不重要了,我们学到的科研技能、与老师之间的师生情谊、与队友之间的同窗之情远比一张获奖证书厚重得多。我想,即使在多年以后,我们都会记住那个凉风习习的晚上,一群男孩谈论着自己的人生理想,畅想着美好未来。

后来,我们都有了不错的结果:刘朝阳保研去了大连理工大学,选择为他热爱的海洋事业奋斗终身;张昭流晶入职中国港湾工程有限责任公司,选择用自己的真才实学兴建港口,成为一名优秀的工程师;闫帅坤保研去了河海大学,选择与他相爱的那个人一起携手共创未来;谢皓南考上了福州大学,选择将他的热血青春挥洒在八闽热土之上;而我去了天津大学,选择继续在港航专业上下求索。我们都将在中国的海岸线上闪烁着点点微光,以不同的方式坚守在港口航道与海岸工程这个专业上。

感谢陈明教授在备赛期间对我们创新作品的全过程指导。陈老师在科研、生活上都给予了我们很大的帮助:他每周都来渠化厅看我们模型制作的进展,每周组织开展研讨会,并时常询问我们在学习、生活方面是否有困难。感谢学院在科研经费上给予我们的大力支持,为了能够在比赛现场有更好的演示效果,郑丹院长特地调度了一台55寸的显示器用于我们作品的现场展示。

希望多年后,我们还能有现在这般充满奋斗的激情。

希望多年后,我们还是当初说干就干的少年。

点　评

这是一篇充满激情和奋斗精神的文章,作者赵航浩以参加全国大学生水利创新设计大赛为主线,详细描述了从组队、备赛到参赛的全过程,展现了他和团队成员们如何克服困难、不断进取,最终取得优异成绩的精彩历程。

文章开头,作者用"青春岁月多奇志,创新创业领风骚"这样的诗句作为引子,为全文奠定了积极向上的基调。作者认识到比赛不仅仅是一场竞赛,更是他们科研经历的重要组成部分,是日后宝贵的精神财富。在文章中,我们可以看到作者收获了两种可贵的精神财富,一是顽强拼搏、永不服输的斗争精神,二是分工协作、相互包容的团队精神。

面对备赛过程中的种种困难和挑战,他们从未放弃,而是坚持不懈地完善作品,从第一代模型到第二代、第三代模型的打磨,每一步都凝聚着他们的辛勤付出。他们为了完善作品,牺牲了大量的休息时间,甚至在周末和节假日也坚守在实验室里。在面对模型漏水、阀门启动问题等困扰时,他们也没有退缩,而是选择迎难而上,最终成功克服这些难题。

赵航浩与队友们如同拼图一般,各自担任着不可或缺的角色。他们或长于理论,或精于实践,或擅长创新,或善于协调。在团队的熔炉中,他们相互学习,相互借鉴,相互鼓励,共同成长。每一个成功的瞬间,都是团队协作的结晶;每一次困难的克服,都是团队精神的体现。

而在这背后,正是"一不怕苦、二不怕死,顽强拼搏、甘当路石,军民一家、民族团结"的"两路"精神在激励着他们。赵航浩及其团队成员正是新一代重庆交大人的缩影,他们为梦想拼搏,不畏艰难、实干务实,他们奔赴祖国大江南北,在崇山峻岭间架桥铺路,于激流险滩中治河筑港,把青春和热血无怨无悔地献给了祖国的交通运输事业,犹如朴实无华的铺路石,哪里需要就奔赴哪里,在行动中传承和发扬着"两路"精神。

(作者:赵航浩　点评:宋敏)

"两本书"

四年前，我揣着"两本书"来到校园，直到四年后的毕业之际，我仍旧没将它们琢磨得十分透彻。那个曾经的懵懂少年，回首看去，仅是读了这"两本书"每个人都会读到的部分，仅是匆匆地打开了扉页，浅浅地读了前言。我也和大多数人一样，常常感叹这"两本书"的生涩难懂。"无字之书"与"有字之书"，这两本书，前者是对人生旅程的体悟，后者是浩瀚无界的人类知识，从拿起的那一刻，我们不得不尽全力地阅读。

打开"书"的扉页

大学，有太多应当直面的问题，也有许多应对之道，但有些并不是我们出于本心所选择的。总有些声音告诉你，如此选择是"最大的捷径"，如此应对是"正确的解读"……我也曾困于这些"好意"的声音，并信以为真。

只有我们在面对问题来临时，独自冷静地应对，这些声音才能消散，我们才能离内心的本意更近一些。大学生活中，有很多选择与应对，足以使人彷徨，感受不到自我的意义。对我而言，四年大学，清醒时分恰只在入学和毕业之时，曾经感到困惑的事情，只在最初和最末才能明白。不过正是因为这种困惑，我对于不理解之事总是抱有更大的求知欲望，努力地去追问未知。

大一时，我沉浸于创业比赛，总在思考一个无懈可击的营销手段，认为一份好的策划书就能实现商业梦想，一个好的团队就是成功的一半，一家能赚钱的企业就是好企业，但后来这些结论被我彻底推翻。从多次创业比赛中，我感到越来越远离目标。怎样把想法更好地实现？不仅是写得多漂亮，"实践"是这其中的关键，怀揣"爱"是这其中最伟大的力量。"怎么实践""怎样的爱"，不仅是我的难题，仿佛是每个"创业计划者"的大问题。

大一下学期，偶然看到辅导员发布的招聘全科老师的信息。我顺利被录用，条件是将工资降到最低，因为竞争者众多，但我的目的就是来学习。这份笃定，为我日后创业打好了铺垫。在那个暑假，教学中的任何环节，我都处理得游刃有余。这期间几乎没有领导、没有完备的资源和基础设备、没有任何人教我做任何事情，所有的教学经验都需要自学。

备课、知识梳理、损坏物品、学生间的矛盾……各种困难奔涌而来。好在我冷静应对、不断总结，最终探索出了一套工作方案。营销技巧方面，我也有了成熟的方法，从海报的制作宣传，每天工作后的走街串巷，到课后与老客户的不断沟通，这都为我日后创业积累了丰厚的经验。

我打开了"书"的扉页，快速地解读了一番。尽管这种解读十分仓促，但我还是怀揣着爱意，努力地书写了创业的故事。

怀揣"书"中的爱意创业

大二开学后，我依旧怀念着那个不大的讲台、粉笔，以及满教室的学生们。一次偶然的机会，一名学生家长找到我，原来他要去外地务工，过年才能回家，而家中只有外婆照看孩子，便询问我是否愿意每天下课后，去督促孩子们的课后作业。我接受了这份责任。第二天，我骑着自行车来到了巴福镇上，完成任务回到学校时已是熄灯边缘。就这样白天在学校上学，晚上在校外教学，学生和家庭教师的角色相互切换，组成了我的那段简单而又规律的生活。没想到两个星期后，竟有越来越多的家长找上了我这个"自行车家庭教师"，要么是家中老人在当地务农带着孩子、父母都在外地打工，要么就是附近工厂夜班、白班两班倒的普通工人、农民。随着学生越来越多，我不得不租了一间屋子改装成教室，供他们在放学后能够完成作业。一到周末，学生都来切磋棋艺、看书、交友，这一间教室又很快不够用。于是我开了当地的第一家书店，让学生们在空闲时有一个去处。我发现他们逐渐能够从这种氛围中体会到学习的乐趣，愿意主动提问并思考问题。每到读书日，我和他们在书店中看着感兴趣的书籍。从书架的亲自改造制作、门店的装饰、书籍的选取，到学生们的笑容与自信，让我真切感受到了"做一件不为什么目的而做的快乐"。

当然，这个过程并不顺利。在我看来，教师的目的并不全然在于训导，更应让学生们感受到共同完成一件看起来很困难的工作，感受到老师从未放弃他们，一直都在背后默默地鼓励。一个自信且乐观的孩子，某种程度上比成绩优秀与否更为重要。应当让孩子们在自信和乐观中亲身感受到爱，学会如何去爱，并且试着传递这种爱。虽然在这本"无字之书"中未曾写明，但这种爱是需要用心去体悟，需要用行动去实现的爱。

书写自己的人生

回首四年大学生活，这"两本书"教会我们如何去认识自己，更重要的是，我们在这"两本书"中不断地进行自我批驳，去改变固有的认知，去改写教条式的知识，在不断地创造改写中，书写出了无限的我们。朋友们，让我们继续勇敢地书写吧！

我的大学，是两本自我改写的"书"，它和别的"书"一样仓促、生涩、彷徨、难忘。

点　评

　　文章开篇以作者大学生活中面临的种种选择与困惑作为起始,思考着外界声音对个体选择的影响,将自己在大学期间的心路历程和成长经历娓娓道来,再到作者的自我反思,我们可以看到他内心追求的坚持和冷静应对,也彰显着新时代青年的独立思考能力。这种独立思考和自我认知的能力,帮助作者在大学期间完成了成长与蜕变,也是在校大学生们走向社会所必备的素质。

　　作者在全科老师的工作中,展现了出色的教学能力和解决问题的能力,"不怕苦"的精神品质贯穿了他的工作全程。作者深入思考、精心打磨,形成了一套自己的工作体系和思维模式,并将所学应用于实际,让作者看到了教育工作的责任和担当,孩子们的依赖和信任,也让作者愈发有了动力和成就感。他用实际行动,为孩子们创造了一个学习、成长的乐园,让他们感受到爱与关怀,这种出自内心的担当和热爱,让人深感敬佩。

　　期待作者在未来的道路上能够继续发光发热,为社会作出更大贡献,将交大的"铺路石"精神传递到更辽阔的地方。也希望更多的在校学生们能够像作者一样,保持独立思考和自我认知的能力,勇于实践创新,走出属于自己的人生道路。

（作者：喻鹏霖　点评：宋子荣）

青春有梦，爱在重庆交大

在时间这条无止而静默的长河中，四年宛如一瞬而逝，组成其脉络的与其他不同，欢笑之外更多的是心智的成长与待人处事的成熟。大学这四年时光中最具特点的，是自身在各方面的纵向延展以及对某些知识的横向深入，在这其中，最让我印象深刻的是多样的团学活动与学科竞赛，这些活动与竞赛给予了我们广阔的平台，让我们站得更高，也望得更远。

序·渝水荡漾的青春交大

初次认识到重庆交大，是因为水港系沉淀下来的底蕴。作为"新中国水电专家的摇篮"——重庆狮子滩梯级水电站枢纽的职工子女，我从小便对水工建筑物有着莫名的着迷。当第一次看到狮子滩大坝泄水时的宏伟场景，我便知道了自己未来追寻与实现自身价值的栖息地。对于河流海岸、水工建筑物的向往伴随着我不断成长，在浏览全国各大水利工程介绍资料时，参与设计单位中总是会出现重庆交通大学（原重庆交通学院）的身影，这让我对重庆交大有了第一次的印象。看到重庆交大校友们在各个岗位上发光发热，也成了我最终选择交大度过大学四年的最坚实的理由，而这四年已然过去，回望自身的成长与蜕变，看着自己所传承的重庆交大精神，我很庆幸自己选择了重庆交通大学。

一·从零到一的奇思妙想

我是怀揣着理想与目标来到重庆交大的，我知道充实而美妙的大学生活正等待着我。在经过短暂的休整后，我正式开始接触并融入重庆交大的学习、生活氛围，并积极竞选成为班长及辅导员助理，让自己更快、更好地提高自身的综合素质。若担任班长与辅导员助理等学生干部让我的文书写作、语言表达得到了充分锻炼，那么参加奇思妙想创新创意大赛的经历则让我的思维更加开阔，也明晰了何为创新。

作为大学期间参加的第一个比赛，本着"开门红"的想法，在通知发布后，我早早地开始准备，并找到了志同道合的队友共同努力。何为创新？为何创新？创新能带来什么？这是萦绕在我们心中的问题。这次比赛的主题是废物再利用，结合专业背景，我们利用废弃塑料瓶、废弃充电宝和废弃渔网等材料制作出一艘遥控式水面清漂船,以废弃充电宝与电池为动力来源,实现了水面小型漂浮物的清除工作。比赛结果不尽如人意,看着其他队伍准备的作品,我们着实感受到了差距,而评委的提问让我们又回到了最初的问题:你们为何要设计这个作品?它能带来怎样的变化?这些疑问让我们再次审视创新的含义,并种下了一颗创新创业的种子。

二·创新创业的自我打磨

有了第一次的经验,虽心中带着疑惑,但对创新创业类竞赛的兴趣愈发浓厚,"互联网+"大学生创新创业大赛给了我第二次机会去寻找答案。第一次创新创意大赛的失利让我将重心转到了打磨自己的学生工作能力之上,而大二下学期的"互联网+"大学生创新创业大赛则开启了我的创新创业之路,并真正解答了我内心的疑惑。在大赛准备阶段,我与队员们首先探讨的就是何为创新创业,为何要创新创业,最终得出了粗糙但中肯的结论:创新是要以更巧妙的方式解决现在所存在的问题,创业是要在创新中实现经济效益。带着这样的想法,在河海学院付旭辉教授与余葵教授的指导下,我们完成了大学第一个创新创业项目:基于高压水射流的水域缠挂物清除装置。作为水利类专业学生,我们深知每当洪水泛滥时,其宣泄的不仅是水流和泥沙,还有漂浮在水面上的水域垃圾。当这些垃圾无法被及时清理时,停泊船舶与航标船的锚缆则变成了他们的栖息之处,除影响水质外,其产生的庞大的拉力将给船舶锚缆带来严重的安全隐患,极有可能导致锚缆断裂,使船舶在水流作用下肆意运动,导致不可挽回的后果。目前,清除水域锚缆缠挂物最普遍的方法为人工清除法,时间、资金成本耗费巨大,且工作人员的人身安全无法得到保证。基于此,设计一种高效的水域缠挂物清除装置成了我们这次参赛的主线。高压水射流技术作为目前切割效率及安全系数均最高的切割技术,以水流为载体进行切割,若引入该技术进行水域缠绕物的切割清除,现有问题将迎刃而解,且"创新"得到了最大和最优的体现。想要争取拿到较好的成绩,创新与创业需要"两手抓",且"两手都要硬"。对于项目营收模式与收益来源,通过大量的市场调研,我们最终确定了"事业单位+个人企业"的双线合作创收模式。当然,创新创业类竞赛的魅力不仅是团队打磨项目的过程,还有如何通过路演将项目最大限度向评委呈现,我在参与学生工作中得到了锻炼的语言表达能力也派上了用场。

"互联网+"大学生创新创业大赛给了我不一样的体验,让我对创新和创业两个词有了更多元化的理解,同时我也斩获了大学期间的第一个省部级奖项——重庆市银奖,这也是河海学院在该项赛事中获得的第一项省部级奖励。在参与市赛的过程中,评委老师们对项目一针见血的点评使我们受益颇多,也为我走好创新创业之路提供了众多指导性建议。

三·文创设计的"三创"故事

　　要说在创新创业类竞赛中收获最多的,莫过于大三下学期参加全国大学生电子商务"创新、创意及创业"挑战赛的经历。作为一名港航专业的学生,我对电商的了解只存在于网购,要从设计产品开始到最后的生产售卖,的确是一项长期且艰巨的任务,好在团队成员相辅相成,此次参赛也少了许多压力。不同于参加"互联网+"大赛,此次大赛更看重项目的经济效益及所产生的社会影响。在经过了多次头脑风暴后,文创设计浮现在我们的视野中。自故宫文创成功"出圈"后,文创设计行业如雨后春笋般快速发展,人们也从看重物美价廉转移到探寻产品本身的文化底蕴。文创产品,产品是一部分,而背后的文化才是内核,经过慎重考虑,我们选取了山东柳子戏这一戏种作为我们的设计灵感与文化来源,并将其命名为"柳恋"。在与山东省柳子戏剧团多次交流后,我们利用"线上商城+线下景点"的模式实现了文创产品的销售。在团队五人与指导老师的共同努力下,我们成功挺进国赛,实现了交大在该项赛事上零的突破,而我们设计的"柳恋"文创产品也真正被市场所接受,作为山东省柳子戏剧团的衍生产品进行销售。看着自己设计的产品实现了价值转化,让更多的人了解到柳子戏,我内心的满足感与喜悦感不言而喻,这是创新创业带给我的,也是我能够继续传递下去的内核。

四·"两路·一梦"的甘当路石

　　大学生创新创业的目的,并不是为了经济收益,而是为了学生自身的成长,同时反哺社会。我常常思索如何发挥自身所长为打赢脱贫攻坚战贡献交大学子的青年力量,感谢"两路·一梦"社会实践团给予我这样一个机会。2020年,我有幸加入交大马克思主义学院"两路·一梦"社会实践团,前往四川省甘孜藏族自治州泸定县开展电商直播带货、红色文化学习、"两路"精神社会调研等活动,进行泸定县当地特色农产品——泸定仙桃销售渠道拓展以及电商思路融合。泸定县作为"两路"沿线重要城市,以红色第一桥——泸定桥而闻名,而在泸定桥精神与"两路"精神的双重叠加下,泸定人民坚韧不拔、勇于担当,在打赢脱贫攻坚硬仗中同样展现出令人钦佩的精神风貌。重庆交大因"两路"而立、因"两路"而兴,"两路·一梦"社会实践团则以切实行动深深吸引了我。在泸定县进行社会实践活动期间,为助力巩固当地脱贫成果,衔接乡村振兴,在指导老师的带领下,我同团队成员创新性地以"种植基地参观+当地农户采访+现场采摘试吃"方式进行泸定仙桃特产直播带货,在接近一个半小时的带货过程中,总观看次数10万余次,点赞量超55万次,成交量破500单,成交额超15000元,为当地农户直接产生经济效益过万元。当仙桃种植户握紧我们的双手感谢我们解了燃眉之急时,我真切地感受到重庆交大在践行的"铺路石"精神。

终·青春有梦,再续交大情

站在新的十字路口上,我选择考取硕士研究生,与重庆交大再次度过三年时光。四年的本科学习让我坚信,交大是我实现"精诚实干创青春,向上向善树明德"的最佳场所,而创新创业的坎坷与最终成功的喜悦也使我明白,自己能够创造价值,实现自我的升华。未来的研究生三年,我将继续在创新创业道路上不断前进,一路有重庆交大,不负青春梦。

点 评

这是邓同学重庆交大求学四年的轨迹,其中以时间为主线,串联创新创业、学生工作、社会实践等多个环节,能够看到他脚踏实地、逐步成长为综合素质强、心系祖国、甘当路石的新时代"四有"青年。

为水港系丰富的历史底蕴所吸引,看到重庆交大校友在重大水利工程中奋斗的身影,他选择报考河海学院水利类专业,并以此打开了自我提升的重庆交大之门。从担任学生干部到第一次参加创新创业比赛,而后为河海学院、重庆交大斩获赛事嘉奖,并在社会实践过程中践行"铺路石"精神,他不断尝试和探索,在失败中吸取教训,在成功中得到鼓舞,展现了坚持不懈的精神和勇于创新的能力。

"大学生创新创业的目的,并不是为了经济效益,而是为了学生自身的成长,同时反哺社会"这句话让我感悟颇深。作为一名老师,如何正确引领学生形成良好的价值观取向,避免功利性的思想是一个复杂的问题。思想永远是行动的指南,而"两路"精神、"铺路石"精神等则已然成为交大思想基石、文化根源,深度融入育人过程,成为一代代重庆交大人的精神富矿。邓同学的成长经历是众多重庆交大学子的一个缩影,而继续选择在重庆交大深造,或许便是对重庆交大最好的肯定。

(作者:邓敬宏 点评:王婷)

扬帆起航，逐梦青春

　　时间就像是指尖里的尘沙，顺着指尖的缝隙悄然流逝，我们能感觉到手指间流失的重量，还有，流逝过后，留在皮肤纹路里的尘埃。但是，当我们想抓住它的时候，它反而流逝得更快了，最后洒落一地。时间真的经不起回忆，我无比憧憬并且快乐充实的大学四年时光就这样快结束了。

　　从高考毕业后的狂欢到初入校园之门，我带着满心欢喜走进重庆交大，这是我新篇章的起点，也是我扬帆起航后的终点。悄然间，毕业离我们越来越近了，大学结束的钟声即将敲响，我在重庆交大的日子进入倒计时，我想要等一等，想让时间慢点走，我不想和我爱的重庆交大画上句号。回想过去的四年，既有自豪也有遗憾，赛场上获奖时欢乐的一幕，期末考试前紧张复习的一幕，和社团伙伴一起成功举办活动的一幕，和室友同学在食堂吃饭的一幕，往事一幕一幕地在脑海里循环播放，好想按下暂停键，将自己停留在那无比欢乐温馨的一刻，这样，我便不会忍着不舍和重庆交大，和我的大学挥挥手再见了。

　　时间不会停留，更不会倒流，天下没有不散的宴席。如果说，分别是为了更好地相见，此刻便是我在我的大学答卷上亲手书写句号的时候了。回顾 4 年光阴，除了课程以外，我的大学生活剩下了什么？好像全被学科竞赛填满了我所有的时间，因此，我想通过对比赛的回忆，重新梳理我大学的时间轴。

　　2017 年 9 月，我怀着喜悦的心情，背上行李，带着梦想来到了重庆交大。我喜欢教学楼七转八拐的独特设计，喜欢图书馆的静谧，喜欢李子湖的风景。在还未领略完交大的独特魅力时，我已被湖滨广场的百团大战震撼，当时看得我是眼花缭乱。在学长学姐盛情的介绍下，我一度以为自己患有选择困难症，数不胜数的社团，人海茫茫，不知该去往何方。一转头，我被李子湖里漂浮着的船模深深吸引，瞬间对它充满了兴趣。经过一番了解，我毅然选择加入船舶科技协会，因此，我和船舶科技协会的故事就从这里开始了。结合我的爱好和特长，经过面试，我顺利进入船舶科技协会的核心部门——制作建模中心，这也为我今后在众多竞赛中脱颖而出奠定了坚实的基础。一开始我以为这只是一个大家一起做船模自我娱乐的社团，但是随着了解的深入，我才知道我们学院参加各种学科竞赛的成员大多都出自这里。历届学长学姐在没有最先进的技术，也没有最完美的设备的条件下，为我们开辟道路,不断尝试,不断从失败中积累经验,并且将他们的经验毫无保留地分享给我们,帮助我们。这才有了团队一次次的成功,才有了一个全新的实现梦想的我,在此由衷地感谢他们。其实,最初加入船舶科技协会的时候,我不敢有参加船模竞赛的想法,认为只要能自己做一做船模便知足了,不曾想到它会带给我如此多的收获,也不曾想到它会占据我整个大学的时光。那个时候,我完全没有想过,自此便踏上了做学科竞赛的路途。

我参加的第一个比赛是协会举办的首届海洋航行器设计与制作大赛。这是我第一次参加比赛,懵懵懂懂,没有周密详细的计划安排,准备过程也比较轻松,没想到这个作品竟在比赛中获奖了。这对我们来说无疑是最好的激励,给我们树立了信心,可能正是由于当时获了奖尝到了甜头,便想大胆地向国赛进军。

后来,我和学长学姐一起组队参加了第七届全国海洋航行器设计与制作大赛,我大胆地提出自己对比赛的想法和船模的设计思路。相较于第一次校赛,这次比赛我更加重视,也付出了更多的精力。我们根据设计要求,反复修改模型,这期间也遇到过很多困难,甚至都有放弃的想法。我知道国赛不易,但实践了才知道这其中艰辛。那个时候我压力真的很大,整个人陷入疲惫状态,幸好有团队的团结协作和指导老师的耐心指导,最后问题都迎刃而解了。老话说得好,理想是美好的,现实是残忍的。这次的国赛结果并不是很理想,一个作品直接落榜,另一个作品的排名也很靠后。一腔热血在此刻遭受了打击,但是我明白人生总是起起伏伏,这次国赛虽然失败了,但也让我有许多收获。

这次参赛,我进入了曾经梦寐以求的军校,认识了志同道合的朋友,同时我也领会到了我们团队的作品和其他院校作品的差距。从哪里跌倒就从哪里站起来,之后我更加积极地参加各种校赛,可能是出于国赛的打击吧,想通过更多的比赛积累经验,找到适合自己的参赛方法。最终,我在第八届全国海洋航行器设计与制作大赛前找到了与自己相契合的团队,我们整装待发,终于在这次国赛中获得了特等奖。这是对我们日日夜夜付出的最大肯定,在别人面前它确实很耀眼,但是只有自己经历了才知道成果的来之不易,才知道自己在背后付出了多少心血,才知道自己曾见过多少个午夜时分静谧的李子湖,甚至还见过哈尔滨凌晨四点的月亮。

参加了众多的比赛,我感悟颇多,主要分为以下几个方面:团队的组建、选择合适的项目、参赛心态调整。通过我的参赛经历,我觉得团队协作是至关重要的,想要赢得比赛,必须有一个和谐的团队,比赛是考验团队合作的过程,没有一个人是十全十美的,每个人都有自己的知识结构,所以很多事情都需要团队合作完成。但是在某件事情上,团队成员可能会有分歧,这个时候就需要团队成员积极沟通解决问题。之所以会产生分歧是因为我们每个人都想把项目做得更完美,只是我们解决问题的思路和方法不一样,所以需要深入沟通协调,这个时候队长就起到至关重要的作用。一个好的团队是队员在团队中能充分发挥自己的优势,并且自我提升的团队。其次,一个合适的项目是核心,我们所有的努力都将围绕着它,我们在选择项目时应该充分考虑项目的可行性、使用价值、未来发展趋势等。所有的项目都应该有它存在的意义,我们不能盲目地选择项目,这样只会功亏一篑。最后,心态也非常重要,我们要抱着重在参与的心态去参加比赛,不要一开始就有着必胜的心,当然也不能输了志气。其实输了并不意味着失败了,虽然比赛输了,但是我们必定赢得了经验,或许还赢得了一群志同道合的朋友,这必将为下次竞赛打下坚实的基础。

作为一名当代大学生,我们在校期间不应该只为了不挂科,期末考试能顺利通过而荒废我们美好的四年大学时光。大学时,除了上课,我们还有很多空余时间,我们应该充分运用课余时间参加学科竞赛,提升学术能力,平时在课堂上都是学习基础理论知识,而参加学科竞赛能将这些理论知识运用到实际中,达到理论与实际相结合,从而解决实际的问题。同时,我们还可以在比赛中学到一些课堂上没有的新知识,这也是锻炼自主学习能力、自我成长的过程。

我热爱重庆交大,因为在它的怀抱下,我参加一次又一次的比赛,制作一个又一个的船模,这些船模承载着我青春的梦想直至远方。在此,愿所有人的大学时光都能扬帆起航,逐梦青春。

点 评

"这是我新篇章的起点,也是我扬帆起航后的终点。"这是一个青年对大学生活的向往,充实大学生活有很多的方式,参加科技竞赛是其中一种。邓立斌同学的竞赛经历告诉我们,只要往一个方向不断努力,总会有美好的结果。回望历史,先辈们通过坚韧不拔的毅力和顽强拼搏的精神最终修出了川藏公路和青藏公路,让"不可能"变成了"可能",让世界刮目相看。

从参加竞赛最初的懵懂与好奇,到逐渐在学科竞赛中崭露头角,邓立斌同学的努力是值得肯定的,他的成长轨迹是清晰可见的,也充满了挑战与收获。他积极参与各种校赛,不断拓宽自己的视野,丰富自己的经验,他深知,只有通过不断的实践和挑战,才能不断提升自己的能力和水平。从首次参赛的懵懂到后续两次国赛的历练,他不断突破自我,挑战自我,这种精神令人钦佩,这种勇于尝试、敢于挑战的精神值得赞赏。邓立斌同学虽然在参赛时遭遇了挫折,但他并未气馁,而是从失败中汲取经验,不断提升自己。最终,在第八届全国海洋航行器设计与制作大赛中斩获特等奖,这是对他的努力和付出的最好回报。

邓立斌同学是一名具有强烈求知欲和创新精神的大学生,相信在未来的学习和工作中,他将继续保持这种积极向上的态度,取得更加优异的成绩。

(作者:邓立斌　点评:伊斯坎旦)

光阴荏苒,青春如歌

时间如细沙从指尖流过,在不经意间聚沙成塔,刻下滴滴点点的印迹。李子湖畔琅琅书声萦绕耳畔,莘莘学子在日月交替中与母校一同沐浴岁月洗礼。七十载峥嵘岁月,明德行远、交通天下,母校用广博的胸襟指引我们一路向前。我的大学生活,在盛夏草木葳蕤之际,翻开了崭新的一页。

站在新起点,展望新征程。从祖国西北出发,三千公里以外,我寻梦而来,大学生活从虚幻走向现实,第一次驻足彩虹门之下,心中万千思绪。怀揣创业梦想,坚定从零做起,一步一个脚印,去抵达我想要的未来。

不怕苦不怕累

创新创业是一个循序渐进的过程,需要有充分的经验积累,方能厚积薄发。为了提升自己的工作能力和思维方式,大二学年,我担任院学生会主席,先后策划组织迎新晚会、青年脱口秀等特色品牌活动,积累宝贵的工作经验。作为院学生会主要负责人,在经受考验的同时,我也得到了比同龄人更多的锻炼。在能力提高的同时,眼界得到了开阔,思考问题的方式也更加全面。这段经历让我终身受益,也成为我未来创新创业道路上的强大动力。

大三学年,我担任"创无疆"文化传播与品牌策划工作室负责人,主要工作项目便是各大会议的新闻报道、摄影摄像、后期剪辑等"一条龙"服务。万事开头难,在工作室组建完毕之初,许多工作任务都无从下手,专业实操能力面临挑战,设备紧缺,人员时间分配无法协调,一切都陷入了陌生且未知的状态。团队第一次接触大中型会议时,我们做了认真的前期准备,在会议进行过程中,拍照、摄像、新闻撰写等工作也都进行得比较顺利。会后向甲方提交工作成果后,甲方却并不是十分满意。经过指导老师的分析和团队内部的反思,我们发现,出现问题最主要的原因是缺乏"甲方思维",即没有充分站在甲方的角度考虑问题。我们在重视自己专业审美的同时,忽视了甲方真正在意、真正有需求的一些重点。当梦想照进现实,问题开始逐一浮现,只有因时而变,才能有所提升。这是一次有价值的"滑铁卢",这让我明白了做任何事情都不能想当然,需要审慎思考、换位思考。一时的失败并不可怕,可怕的是失败了却不思考,每一次失败带来的经验教训都很珍贵,不重蹈覆辙是很重要的。这次经历教会了我如何正视自己的错误,要在"玻璃碴里找糖吃",这样一来,失败就显得并不那么糟糕了,甚至会被赋予一种乐观的"正面意义"。自此,工作室非常重视"甲方思维"的养成,在工作前期与甲方充分沟通,制定方案的同时尽可能为其提供额外服务,做到"一举多得"。这样一来,工作室逐渐走上正轨。

团队协作出成果

在团队合作的过程中,工作室的十二名同学竭尽全力,天色微亮的清晨,带着沉重的专业设备穿梭在各个会场之间,快门声是最动人的背景音。漆黑安静的凌晨,机房和寝室灯火通明,计算机主机持续发出沉重的低鸣,剪辑软件里一个个镜头细致切分,定格了我们每一个不舍昼夜的瞬间。会场如战场,见证了大家的拼搏和坚持,闪光灯频频亮起,这是我们勇往直前的信号。

第四届国家传播学高层论坛、重庆市"三下乡"社会实践活动汇报展演、第三届全国大学生"茅以升公益桥——小桥工程"设计大赛……经过一个又一个项目的锤炼,我们终于在摸索中找到了些许得心应手的感觉,团队合作越来越默契。工作室在一年之内完成了十八项大中型会议的工作,用专业能力和敬业精神赢得了各个学院领导老师的肯定。在项目的执行过程中,我们积极发掘文化传播类细分市场,聚焦行业现实需求,加大宣传力度,整合多方资源,在一定程度上缩小了文化传播类服务的资源缺口,树立了良好的口碑。在专业动手能力切实增强的同时,树立了"甲方思维",明白了如何调动团队成员的积极性与创造性。在老师的悉心指导下,在团队成员的默契配合下,工作室持续良性发展,赢得了大家的支持和信赖。作为工作室负责人,我也有幸获得了"重庆交通大学 2020 年度大学生创业人物"称号。

回首工作室成员并肩奋斗的日日夜夜,团队的精诚合作,指导老师的谆谆教诲,都足以成为一生中难以忘怀的瞬间。从一开始的胆怯无措,到现在的从容不迫,坦然面对过往的不足,才能给自己更多向前看的勇气。很多同学可能会对创新创业有一些刻板印象,认为它是一件很困难的事,是一件需要大量金钱投入的事。但我始终认为,能力、想法和勇气比金钱更重要。创业的点子其实随处可见,在日常生活中发现问题、解决问题,就是我们创新创业的开始。我们需要做的,就是擦亮自己的眼睛。能力源于平时的锻炼和积累,想法源于对生活的主动思考,勇气源于自己的坚定以及身边人的支持。胆大心细、吃得了苦、不怕试错,是一个创业人应有的素质。一个成熟的项目往往要经过反复更新迭代,只要在路上,就有 1% 的可能。再长的路,一步一步也能走完,再短的路,不迈开双脚也无法到达。

顽强拼搏一路高歌

在有限的青春里,用热爱支撑自己走向远方,即使路途再崎岖,也不感到漫长。时间的手匆匆拂过眼前,如今,我即将交上大学生活的最后答卷,平生感知己,方寸岂悠悠,一起挑灯夜战、欢乐嬉笑的画面仍然时时浮现在眼前,这些感受无论何时都余韵悠长,没有句点。桃李不言,下自成蹊,恩师的谆谆教诲在脑海中定格,成为我一生受用的财富。故事不能停留在这里,写下去才知道梦有多长。创新创业的经历为我的大学生活画上了浓墨重彩的一笔,它让我相信人的可能无限大,它让我认可自己的努力终有回响。走少数人走过的路,纵使荆棘丛生,但风景独好。少年还未佩妥剑,出门已是江湖,我们都在某个时刻突然长大,却不曾发觉,过去一千零一次的坚持,就是为了等待这化茧成蝶的一刻。

几度花开花落,有时欢乐有时落寞,很欣慰生命某段时刻,曾一起度过。逐梦重交,山水相逢,终有一别,我们来自人海,又走向人海。相逢又告别,归帆又离岸,既是往日欢乐的终结,也是未来新篇的开端。站在青春时光的终点站,我们笑着挥手,却又不肯回头。纵使季节搁浅,记忆沉淀,底片随着岁月一同褪色,却依旧能冲洗出那一抹温馨。回首四年光阴,如同烟火,满眼繁华,目之所及,皆是回忆。流水不争先,争的是滔滔不绝,每一次经历都将铸就每一次成长,在不经意间汇成生命的宽度。当初那赤手空拳的少年,如今已然羽翼丰满,一路艳阳,一路高歌。凡世的喧嚣和明亮,世俗的快乐和幸福,如同清亮的溪涧,在风里,在我眼前,汩汩而过。青春永不散场,努力永不打烊,愿我们在热爱中奔赴山海,出走半生,归来仍是少年。

点 评

如果这是一首诗,这定是一首敢闯敢为的诗,一首书写热爱的诗;一首奋斗的诗,一首从容的诗,一首成长的诗;自由而坚定的诗,含蓄而广阔的诗,圆梦青春、如愿以偿的诗。

读张昕岳同学的《光阴荏苒,青春如歌》,我看到了一群青年书写新时代"两路"精神的故事。

从不怕苦不怕累的院学生会主席,到"创无疆"文化传播与品牌策划工作室负责人,这条创新创业的路上,张同学发扬着"不怕吃苦、顽强拼搏"的"两路"精神,用青春书写着一首奋斗的诗歌。

"在有限的青春里,用热爱支撑自己走向远方,即使路途再崎岖,也不感到漫长。"正如文中写的,因为热爱,他们在不断试错中找寻正确的方向,树立了"甲方思维";因为顽强拼搏,创新创业在他们的大学生活画上了浓墨重彩的一笔,这将是他们一生中宝贵的回忆。

　　再长的路，一步一步也能走完，再短的路，不迈开双脚也无法到达。1954年，川藏、青藏公路建成通车。11万人的筑路大军，跨怒江天险，攀横断山脉，渡通天激浪，越巍峨昆仑，在人迹罕至、平均海拔4000多米的青藏高原上，修建了世界上条件最艰苦、地形最复杂、工程建设最具挑战性、总长达4360公里的川藏、青藏公路，硬是在"生命禁区"架起了西藏文明进步的"巍巍金桥"，在"世界屋脊"开创了人类建设史上的奇迹。我们也要像筑路先辈一样，面对困难，顽强拼搏，在一次又一次的努力中，变得更加强大，愿我们在热爱中奔赴山海，出走半生，归来仍是少年！

（作者：张昕岳　点评：易虹）

一只"电阻"的自我修养

有一位知名人士曾如此评论人生："人生就像饺子,岁月是皮,经历是馅。酸甜苦辣皆为滋味,毅力和信心正是饺子皮上的褶皱,人生中难免被狠狠挤一下,被开水煮一下,被人咬一下,倘若没有经历,硬装成熟,总会有露馅的时候。"好一句"人生就像饺子",幽默风趣,精辟准确,又让我醍醐灌顶。今日我提笔描述一下我"挤几下,煮几下,咬几下"的大学生活。

大学的第一节电路分析课,讲的是电阻。你知道电阻吗?它有不同的类型,不同的阻值。小小的不起眼的一只电阻,在一个电路板上发挥着不可或缺、至关重要的作用,阻值稍做改变,整个电路特性都将随着它发生改变;同样,电路特性、环境发生改变,它的阻值也将发生巨大的变化;每一次连接方式的不同,也会改变电路的整体效果。我常常觉得,自己也是一只小"电阻"。你可能会很困惑。为什么说自己是一只"电阻"呢?下面请听听一只"电阻"的自我修养。

"热敏电阻"

初入重庆交大,带着满满的期待和一些胆怯,我什么都想尝试。我跟着学长学姐探索这座新的城市,去重庆的地标——解放碑吃喝逛街,去洪崖洞赏这座山城的流光溢彩,在南山上留下自己年轻的、不羁的、坚定的脚印……我积极参加社团活动,我有力量、有热情,我加入青协,做一个小小的志愿者,付出自己的青春力量;我爱音乐,报名吉他社,多个渠道千挑万选一把最爱的吉他,每周六下午听社长弹唱生活;我爱说,从小就想做一名主持人,即使这个愿望可能不会实现了,但是在大学,我参加广播站的竞争,即使失败也越挫越勇,学化妆,学礼仪,穿职业服,参加校"金话筒"主持人大赛。我把高中不能做的、没条件做的、不敢做的、不知道自己能不能做好的事情一件一件地尝试、体验。可能有些事情,只是试错,但是只有经历了、体验了,才不枉此生。

我想,初入大学的我,大概是一只"热敏电阻",一腔热血,哪里"温度"高就去哪里,哪里有体验感就去哪里,不惜改变自己的阻值,也要体会一番这仅属于我的温度。

"电阻"的色环

经历了高中三点一线的生活,我常常会困惑,在大学,没有老师的催促、高考的压力,我应该用什么方式去学习,抱着什么心态学习,为了什么学习。但我很坚定的是,我不会因为别的诱惑而放弃学习。所以从进入大学开始,我就坚持认真听每一节课,做好笔记,课前预习,课后复习,不放过每个知识点。虽然未来看起来还是一片浓雾,但先试试,先做好眼前的每一件小事,眼前的雾就会慢慢散开了。第一次高等数学期中考试,秉持着踏实认真的态度,我取得了年级第一的好成绩。分数不能代表一切,我的努力才刚刚开始。

相信很多人和我一样,虽然填志愿时上网搜集了很多资料,但是对自己的专业还是有很多困惑。但是先试试啊,我加入了电子创新协会,因为高中有航模班的经历,我上手很快,获得了部门部长的表扬,却又有一点轻飘飘了。第一次焊接大赛,我以为自己的基础很好,但是其实很多二极管的特性、电路特性我都还没搞明白,就匆匆参加了比赛,连续4个小时坐在实验室里焊板子,也还是没有取得令自己满意的成绩。但这次经历让我对自己的专业有了更深的认识——做技术,就要保持严谨的态度,得过且过不行。

学习中的一个又一个课程大作业,我都尽自己最大的努力去完成,只有认真负责地完成这些任务,才能保证自己的专业素养,才能真正掌握书本上的专业知识。之后,我又参加了电子创新大赛,在实验室和队友通宵调试小车,只为第二天比赛展示的时候尽量不出现差错。比赛结束,我累得睡了整整一天。但这才是我想要的大学生活呀!在这次比赛中,我发现了自己感兴趣的领域,想继续参加编程比赛。在校内程序设计大赛中,我却看到了自己和别人的差距,我害怕了,觉得丢脸,想放弃了。朋友说:"结果不重要,试试呗!"每个周日,我都会在机房里和队友写一下午的代码,虽然不是科班出身,但也融入了计科学生的代码生活,不觉得累,反倒快乐。

自习室里的我、实验室里的我、机房里的我,是一只准确标有色环的"小电阻"。这只"小电阻"经过重重考验,才被标上属于自己的每个色环,拥有自己独一无二的阻值。

"串联"还是"并联"?

大学生活过得很快,大三眼看着就要过去了,做好准备毕业了吗?就业还是考研,成了所有同学毕业前最重要的选择。我坚定地选择了考研,因为我清楚地知道自己不是逃避工作,也不是随波逐流,是因为真的想继续读书,学习专业知识,补充能量,才能做一个有用的"小电阻",在"电路板"上发光发热。

2019年,我一边兢兢业业地完成课程作业,参加大学生创新创业训练项目;一边泡图书馆,备战考研。但是我没有分配好自己的时间和精力,常常因为一些小事耽搁了自己备战考研的计划,静不下心来仔细复习。考研最后一段时间,我知道,自己的时间来不及了,准备得也不够充分。但我还是继续去图书馆,尽自己最大的努力冲刺一下。虽然最后还是与理想的研究生生活失之交臂了,但这是我的选择,我不后悔。

"串联"还是"并联",选择不同,"阻值"不同,"电路"特性不同,但是每一种选择都有它存在的意义。

在即将毕业的时间节点上,回忆自己的四年大学生活,还是有很多收获的,失之交臂的职位、未获得的奖项,虽略感遗憾,但也不负体验一番。真正的遗憾,是不去体验,不去试错。如果再来一次,我要更加勇敢、更加努力地去体验更多的生活。有些人可能会在进入大学时就做好了整个大学的计划,但是更多的人是赶鸭子上架,可是有什么关系呢? 未知又何尝不是一种美,前方的路看不清,可以走慢一点,但是不要停下脚步,去试一试,可能会犯错、摔跤,也不枉此番。

这是一只"电阻"的自我修养,现在这只小"电阻"经历了重重磨难,也做好继续在"电路板"上发光发热的准备了!

点　评

作者以独特的视角和巧妙的构思,将个人经历与电阻特性相结合,以电阻为喻,将自己比作一只在电路板上发挥重要作用的电阻,通过不同类型的电阻特性,描绘了大学期间的挑战与成长。

文章开篇引用了知名人士关于人生的独特比喻,既巧妙地引出主题,又激发了读者的阅读兴趣。接着,作者以热敏电阻为引,描绘了自己初入大学时的热情与好奇心,积极参与各类活动,深入体验不同的生活方式,充分展现了其探索精神和青春活力。

随后,作者以电阻的色环为喻,讲述了自己在大学期间对学习的认真态度和对专业的深入探索。通过参加各种学术活动和实践项目,她不断提升自己的专业素养和实践能力。这一部分展现了作者的勤奋努力和严谨态度。

在"串联"与"并联"的部分,作者分享了自己面临毕业时的选择与挑战,她坚定地选择考研的道路,尽管最后未能如愿,但她依然为自己的选择感到骄傲。这一部分凸显了作者的坚定信念和勇敢追求的精神。

作为新时代青年学子,作者将传承弘扬"两路"精神融入学习、生活和工作中,展现了敢于担当、勇于探索、开拓创新的精神风貌,具有极强的启发性和感染力。这正是"两路"精神在新时代的具体体现,为新时代青年学子树立了榜样和典范。相信这篇文章将引发广大读者的共鸣和深思,激励更多青年人在人生道路上奋勇前行,不断开拓新的境界。

(作者:李硕芸　点评:张迎迎)

三

默默奉献精神 篇

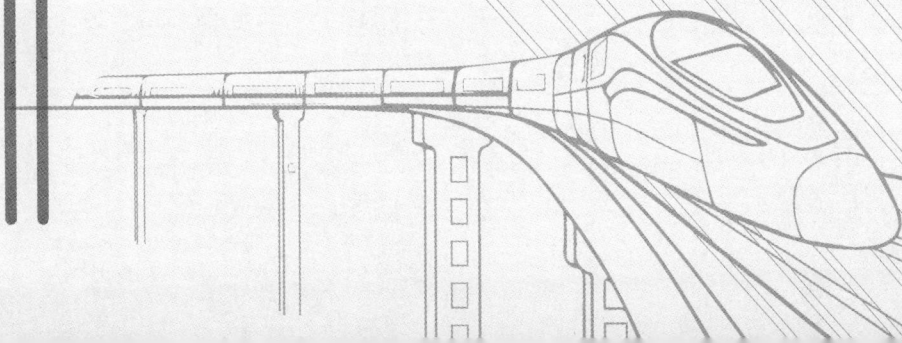

挥笔撒墨共绘青春画卷

踏入人生的智慧殿堂，如同启程于一幅洁净如白纸的画卷，大学四载的喜怒哀乐皆能为这张画卷增添深邃的墨彩。初入大学之时，手握此画，欲以独特之色彩填满其间，盼望呈现出独一无二的色彩。

起·春风又绿江南岸

城市规划年会代表的是绿色，象征着城市的生机与活力。2019 中国城市规划年会是我参加的第一个志愿服务项目，这次年会以"活力城乡 美好人居"为主题，邀请了国内外众多知名专家学者进行演讲和交流。那时的我作为交通引导志愿者之一，负责会议接待、引导等工作，首次接触到来自全国各地的城市规划专家和学者，在他们身上，我看到了对城市发展的热情和智慧，对人居环境的关注和创新，对社会进步的责任和担当。我深受启发，同时也对自己的专业有了更深的理解和认同。我非常荣幸能够参加这样一个高水平的学术盛会，聆听前沿的理论和实践，切实感受到交通规划领域的风采和智慧。作为一名交通工程专业的学生，此次经历让我对城市规划这门学科有了更深刻的认识和更强烈的热爱，激发了我对未来城市交通规划发展的进一步思考，心底里的那粒种子，蠢蠢欲动，想要破土而出。

承·最是橙黄红绿时

心灵公益服务团代表的是橙色，象征着以阳光为伴、为心灵护航的社团精神。心灵公益服务团是我加入的第一个志愿服务组织，该组织是由我校心理咨询中心专业的老师以及学生组成的志愿者团队，旨在为社会提供心理健康科普、倾听帮助、危机干预等服务。作为一名心理学爱好者，我非常认同团队理念，也很享受身在其中学习和服务的过程。在心灵公益服务团期间，我们举办了以"心愿漂流""解忧点歌台""信以寄思"等为主题的心理公益活动，我的心理素养得到了提高，沟通技巧得到了锻炼，同时，我也结识了许多志同道合的朋友，感受到了帮助他人的快乐，收获了无价的成就感。

转·嫩于金色软于丝

七彩小屋儿童之家代表的是金色,象征着少年们未来的路必然光彩绚烂。七彩小屋儿童之家是我服务的第一个公益项目,这是由学院青协发起的公益项目,旨在为农村留守儿童提供关爱和支持。身临山区而踽踽前行,作为同样从山区走出来的一名大学生,我深感这一项目的宏伟与深刻。怀着赤诚之心,我愿为这些需要援助的孩童献出一己之力。在七彩小屋儿童之家里,我多次参与志愿服务活动——教育辅导、亲子互动、生活陪伴、心理疏导。通过这些经历,我不仅提升了自身的社会工作技能,还与众多可爱而坚韧的儿童结缘,领略了他们心灵深处的渴求与期冀,用爱给他们带去温暖与希望。

扬·万紫千红总是春

无偿献血代表的是红色,象征着血液的流动和生命的延续。无偿献血志愿者是我担任的第一个志愿者角色。这是由红十字会组织的志愿者活动,旨在为社会提供无偿献血服务。身为一位怀有仁爱与责任的社会成员,我想要借助这样的契机来回报社会。活动中,我引导参与无偿献血的志愿者们填写信息,向他们发放纪念礼品,并参与献血知识宣传、讲座科普等。同时,我以身作则,多次进行无偿献血,累计献血量达1700毫升。通过这些活动,我不仅践行了公民责任,更传递了无偿献血的理念,深刻体会到生命的宝贵与尊严。

合·蓝田日暖玉生烟

七十周年校庆代表的是蓝色,象征着我校的漫漫历程如天空般辽远博大,如海洋般辽阔深邃。七十周年校庆是我参加的第一个校园志愿服务活动。那时,我作为志愿者之一,负责后勤和接待工作,通过热情的态度和专业的服务,充分展示重庆交大学子的形象与风采。在校友们身上,我看到了他们对母校深厚的感情和无限的眷恋,对后辈亲切的关怀和殷切的期望,对祖国忠诚的奋斗和无私的奉献。我深受感触,进一步加深了自己对学校的归属感与自豪感。我广泛参加校园学术论坛、校史展览等活动,沐浴在校园学术氛围中,感受着学校历史的沉淀,我深刻地领悟到重庆交大的优良传统和文化底蕴:作为"两路"精神的传承人,"顽强拼搏、甘当路石"成了我的座右铭,"两路"精神的力量坚定了我在重庆交大中成长的信心和决心。

大学生活四年走来,中国城市规划年会是一幅壮丽的画卷,在我的脑海里绘制出一幅幅城市的未来图景;心灵公益服务团是一首慷慨激昂的歌曲,在我的内心回荡着余音;七彩小屋儿童之家是一道光芒,照亮我前进的道路;无偿献血志愿活动是一颗闪烁的星星,在我的心中闪烁着光芒;七十周年校庆是一条源远流长的河流,"两路"精神仍在新时代奔流不息。即将步入社会的我们又将是一张崭新的白纸,我期待着我的人生被描绘成光辉灿烂的画卷。未来的日子里,我会继续秉持我的理想和信念,努力成为合格的重庆交大人和优秀的"两路"精神传承人。

点　评

　　在大学四年的成长历程中,作者以一颗炽热的心投入志愿服务的队伍中,逐渐领悟到人生的真谛和社会的温暖。文章从"起""承""转""扬""合"五个方面分别叙述了作者参与的五个志愿服务活动——城市规划年会活动、心灵公益服务团活动、七彩小屋儿童之家活动、无偿献血活动、七十周年校庆活动,每一个活动都如同一抹亮丽的色彩,勾勒出作者对志愿服务活动的理解、热爱和传承,形成了一幅绚丽多彩的大学成长画卷。在这些活动中,作者结识了志同道合的伙伴,感受到了帮助他人的快乐和成就感,提升了自身技能和社会责任感,更从中找到了自己作为重庆交大人的时代定位——"两路"精神传承人。

　　"两路"精神的传承在作者的故事中得到了生动的展现,通过参加不同类型的志愿活动,作者不畏艰辛、无私奉献,始终保持着顽强拼搏的精神,甘愿做铺路石,用自己的力量去服务同学、帮助他人,用实际行动践行着"两路"精神的内涵。作者作为一名交通工程专业的学生,是建设交通强国的新兴力量,"两路"精神的信念则为建设交通强国提供了源源不断的精神养分。作者的文字充满了真情实感,层层递进,展现了一名大学生对志愿服务的独特理解和感悟,在这样的文字中,我们看到了新时代青年的社会担当和时代责任,期待他们在未来的人生旅途中继续绽放光芒,描绘出更多更绚丽的画卷。

(作者:刘威　点评:龚潇)

秉青春之烛，赴星火征程

岁月不居，时节如流，毕业之期，忽焉已至。毕业的日子总是充满怀念，同时又满怀希望。刚来学校的时候，四下皆风景，印在我的眼中，而今四处皆故事，印在我的心间。四年的青春一晃而过，散落在校园中的是我难以忘却的回忆。"人间骄阳正好，风过林梢，彼时他们正当年少。"回首寻觅，最终，我们都将奔赴属于自己的盛年。

颂·巍巍交大岁月如歌

七秩岁月，漫溯无数青春；巍巍川藏，屹立高楼学府。毕业季的重庆交大，万木葱茏，毕业的骊歌年复一年地响起。明德行远的"重庆交大血脉"，以及生生不息的"两路"精神，已经深深融入万千重庆交大学子的心，化为深沉的眷恋。七十载薪火相传、耕耘不辍，方有七十年根深叶茂、花妍硕果，这些年，重庆交大扎根祖国西南，立德树人，为祖国人才建设和交通事业长足发展作贡献；开路架桥，多项超级工程都或多或少有重庆交大人的身影；科技创新，万亩沙漠变绿洲，辉煌成就是每一位重庆交大学子的骄傲。祝愿交大杏坛永立，桃李日新。

护·绿水悠长情深难忘

深入巴渝水文化，开展社会实践，执青春之笔，记历史之歌。为响应"双城青才号召"，助力成渝地区双城经济圈建设，切实发挥青年大学生服务社会、服务基层的作用，我们组队开展了以"永远跟党走，奋进新时代"为主题的"三下乡"暑期志愿活动。以河海之名，展学院风采，秉承"爱水知水，上善若水"的院训，深入实地对麻柳河合川区三江流域的河道整治工作开展调研，强宣传、强治理、严查处，收集汇总污染源，调查周边生态环境，将河道治理与水生态保护、水景观建设有机结合，推行水利工程市政化，让水利工程更好地润泽城市，造福人民。同时，对巴渝地区水文化遗产展开调研，唤起大家对水文化遗产的记忆。文峰古街，粉墙黛瓦，飞檐翘角，水孕育出这穿斗式构架、吊脚楼的建造方式。被遗忘的钓鱼城，三面据江，危崖拔地，古老的宋城墙，七百多年前的金戈铁马、战鼓雷鸣，而今只留下晨钟暮鼓、梵音缭绕，刀光剑影已淹没于岁月长河，只剩下这座传承英雄之魂的孤城。非遗传唱，三江号子，是不可磨灭的水上文化，是劳动与抗争精神的凝练。

灿烂的文化背后是历史滚动的长河，经久绝唱的三江号子、屹立不倒的钓鱼城、古韵犹存的文峰古街代表了三江地特有的文化内涵，这些水文化遗产不该在漫长的岁月中被淡忘。调查关注巴渝水文化，聚焦非物质文化遗产的传承和遗址的保护，"挖掘文化精髓、发展文化产业、提升文化自信、推动文化特色"，呼吁更多的人了解这座城市，是乡村文化振兴的关键。"三下乡"志愿活动是我大学生活中不灭的回忆，以脚步丈量河流、以双眼映刻两岸，我们留下的足迹，慢慢积聚终能做出一点成绩，到有一天，绵绵的绿水不会带走我们对文化的探究，而是带来对一座城市印象的重塑。

辞·初心如磐笃行致远

碧空如洗，学海相约；菁菁校园，深情不变。在盛夏相遇也在盛夏告别，师生缘，同窗情，我曾在此留下最美好的年华，收获最真挚的情谊，纵时光流逝，空间分离，剪不断我们之间的温情与羁绊。"巴山麓，渝水旁，启程川藏路；巴山麓，渝水旁，艰苦奋斗永不忘；勤研学，工技强，立志在四方；勤研学，工技强，交通天下大道广。"辞别母校，谨记校歌校训。山海虽远，不阻情牵，毕业后，无论何时何地，母校"明德行远 交通大下"的校训、甘当路石的精神都会激励我前行，带着母校的期许，时刻保持奋斗精神，我为身为重庆交大学子而自豪。

点 评

《秉青春之烛，赴星火征程》这篇文章回顾了作者在大学四年的学习、生活等情况，字里行间流露出对母校的眷恋与对未来的憧憬。作者将大学生活中的点点滴滴串联起来，从初入校园的懵懂与好奇，到毕业时的成熟与坚定，每一步都充满了挑战与成长。在这个过程中，作者不仅学到了专业知识，更在实践中锤炼了自己的意志与品格。

作者在暑期参加"三下乡"社会实践，对巴渝地区水文化遗产展开调研，唤起大家对水文化遗产的记忆，积极引导广大群众保护水资源，切实发挥青年大学生服务社会、服务基层的作用，体现了作者乐于服务、善于奉献的良好品质。

"巴山麓，渝水旁，启程川藏路；巴山麓，渝水旁，艰苦奋斗永不忘；勤研学，工技强,立志在四方;勤研学,工技强,交通天下大道广。"作者始终将"明德行远 交通天下"的校训和"两路"精神铭记于心,并将之作为自己奋斗的动力,甘当路石、勇于担当、乐于奉献,将传承和弘扬"两路"精神作为自身的职责,为新时代广大青年树立了榜样。

(作者:郑荣婷　点评:李世辉)

我的志愿青春

时光荏苒,白驹过隙。一切的一切,始于 2019 年秋,终于 2023 年夏,我的大学生活也即将落下帷幕。回首往事,仿似一场美梦终将醒来完结之际,谨以此文记录我的志愿青春。

刚进入校园的我,在琳琅满目的社团当中,选中了它,或是因为它热情的招揽,或是因为它火红的衣服,或是因为它可爱的"交小志",又或是缘分使然。我加入了我大学生活里第一个,也是唯一一个社团——重庆交通大学青年志愿者协会(简称"青协")。

刚进入青协的我迷茫无措,不知道自己该干什么,能干什么。所幸,有着学长、学姐的一路陪伴。

还记得第一次招募志愿者的时候,我迟疑地将手缓缓举起,然后就开始了我的第一次志愿服务活动。经过一系列的培训、准备,我们终于到了社区开始进行志愿服务活动。第一个小朋友刚进入时,我还带着几分羞涩,反倒是那位小朋友,带着重庆人特有的热情主动与我打招呼,我这才露出笑容,和他交流起来。活动的第一项,是辅导小朋友们的功课作业,涉及的问题对我而言并不难,但难的是如何用他们能理解的形式解释给他们听。起初我并没有多大的耐心去解释这些我认为简单到近乎幼稚的题目,后来,望着小朋友们,我慢慢地回忆起自己小时候遇到不会的问题时请教别人的样子,那时的我是如此渴望有人能够解答自己的困惑。如今的我终于可以去做那个解答他人疑惑的人,岂能如此敷衍了事? 于是,我重拾心情,耐心地为小朋友解答。后续的兴趣课堂上,望着小朋友们充满童真的笑容,我的内心充满无限的喜悦。第一次的志愿活动其实已经过去了很久,很多细节都已经记不清了,但唯一记得的就是帮助他人后的幸福感,令人久久难以忘怀。

随着第二次、第三次活动的历练,我慢慢与社区的小朋友熟络起来,小朋友也愿意向我敞开心扉,分享他们在校园内的喜怒哀乐、点点滴滴。我也尽我所能,将我浅薄的经验向他们分享,希望他们能够有所收获。

随着经验不断丰富,我迎来了第二个挑战,前往幼儿园进行授课。彼时的我仿佛回到了第一次活动时,内心充满了不安与惶恐,因为这次的活动是由我单独一人进入班级内进行授课,同时,在课前还需要备课,并制作完成教案、讲义,一切都是如此陌生。等到了活动那天,踏入班级,看着下面稚嫩的小朋友,突然间心也定了下来,开始按照事前的准备开始授课。时间飞快,转眼间一节课的时间就过去了,等到下课铃响,我也终于松下一口气,一节课下来没有出现差错。离开幼儿园后,我又开始期待起后面的旅途。

时光飞逝,大一的第一个学期就这样过去了。一学期的活动过后,我也逐渐成了一名合格的志愿者,对下学期的活动也更加期待。但天有不测之风云,新冠疫情席卷全国,我也被迫留在家中。本以为我的志愿生活会这样就此结束,但幸运的是,我成功在青协留干,成为我曾经向往的学长。

经过了大半年的网课学习,我终于回到了学校,望着熟悉又陌生的校园,内心无限感慨。再次返校,我已不再是那个懵懂无知的新生了,同时,还有了新的身份,青协的干部,开始带领我的小伙伴们继续在志愿服务的道路上不断前行。

还记得第一次和我的小伙伴们开会时,内心无限紧张,但站上讲台的一瞬间,却突然镇定了下来。其实我的身份也很简单,只是他们志愿服务路上的一个领路人,只要做好自己的工作,就不会有什么问题。成为干部之后,我开始逐步接触活动的组织工作,联系社区、学校的负责人,确认活动时间,同时还要对小伙伴们进行培训、开会,叮嘱活动时的细节。尽管有些忙碌,但却更有成就感。将身边的小伙伴培养成一名合格的志愿者,将志愿精神传扬开来,是我一直奋斗和前进的目标。在带队活动时,虽然会遇到许多困难,但每次和身边的朋友齐心协力解决问题后,总能收获不一样的满足感。或许这就是志愿服务的意义所在吧。

在两年的时光中,我多次参加志愿服务活动,小到校园内的捐衣活动,大到重庆交通大学七十周年校庆志愿服务活动。在一次次的活动中,我不断学习,不断领悟志愿精神,同时用体悟到的志愿精神感染身边的伙伴。尽管在这段时光中很辛苦,付出了很多时间,但每次看到这一张张笑脸,我的内心总有说不出的幸福感。

曾经的我,并不明白志愿服务的活动意义何在,做得再多,并不会有人领情,甚至会嫌弃你,更有甚者恶言相向。但有了青协的这段经历,我开始明白志愿的意义。志愿服务活动,对青年来说,应该是一门必修课,这是彼此成就的一段岁月。青年在志愿服务的过程中,收获了知识,精神得到满足,服务对象体会到了被他人帮助的幸福。青年在大学当中,不应该只是学习,课本上的知识固然丰富,但志愿服务中同样能够有所收获。青衿之志,履践致远,青年的志向,向来不能只靠书本来实现,服务他人、帮助他人,也是志向实现的一种途径。当代青年,应该在志愿服务中不断学习,学习奉献的精神,学会赠人玫瑰、手有余香的道理,莫要满腹经纶,最终却成为一个"精致"的利己主义者。

"奉献、友爱、互助、进步"是志愿服务精神,也是在志愿者宣誓时的誓词,在志愿服务的路上,我始终秉承着这样的理念,进行志愿服务。或许我个人的力量是微薄的,但我坚信,星星之火,可以燎原,每一滴为志愿服务流下的汗水都不会白费,只要有一个人在志愿活动中受益,我们的辛苦就有意义。

与其坐而论道,不如起而行之。志愿精神向来不是嘴上说说而已,应该落实到行动当中。尽管青年学业繁忙,但志愿服务并不用去做什么惊天动地的大事,在日常生活中,我们同样可以在点滴之中践行志愿精神,志愿服务人人可为、事事可为、处处可为、时时可为,只要能够在生活中作出自己一份贡献,就能够为这个社会添一份温暖。

行文至此,我的志愿青春也即将结束,但也是一个崭新的开始。仍记得,在青协的最后一次会议上,主席对我们说的八个字,"一声青协,一生青协"。尽管我离开了青协,离开了校园,但并不意味着我会离开志愿服务,青协、校园只是一个志愿服务的平台,在社会上同样有许多机会可以进行志愿服务活动,只要有心,处处可为。在离开校园后,我将始终秉承"奉献、友爱、互助、进步"的志愿服务精神,不断前行。

须知少日擎云志,曾许人间第一流。少年之志,从来不在于眼前的苟且,少年之志,在远方的鲜花与烂漫,在无限的奋斗和担当,在满怀的家国情怀当中。当迈出校园时,少年不再是从前的那个少年,他会有所担当,扛起家国重任,不断砥砺前行;同时,少年还是从前的那个少年,依旧风华正茂,依旧意气风发,依旧鲜衣怒马!

点　评

　　《我的志愿青春》这篇文章,不仅是一段个人成长的回忆,更是对"两路"精神深刻内涵的生动诠释。作者通过叙述自己在大学期间参与志愿服务的经历,展现了当代青年勇于担当、无私奉献的精神风貌。

　　在志愿服务的过程中,作者经历了从辅助者到主导者的角色转变。从最初的羞涩与不安,到后来的自信与从容,这一变化不仅体现了作者个人能力的提升,更凸显了志愿服务对青年成长的促进作用。在帮助他人的同时,也收获了内心的满足和幸福,正如文中所讲,"当代青年,应该在志愿服务中不断学习,学习奉献的精神,学会赠人玫瑰、手有余香的道理"。

　　在文章中,作者多次提到"奉献、友爱、互助、进步"的志愿服务精神,并将其作为自己行动的指南。通过参与志愿服务活动,作者不仅提升了自己的能力,更为社会作出了积极的贡献。面对新冠疫情的挑战,作者没有退缩,而是积极应对,将志愿服务的精神延伸到线上。这种不畏艰难、勇往直前的精神,正是"两路"精神的体现。

　　最后,作者以"一声青协,一生青协"作为结尾,表达了自己对志愿服务的深厚情感和对未来的坚定信念。这种对志愿服务的执着与热爱,不仅是对个人经历的总结,更是对"两路"精神在新时代青年中传承与发扬的生动写照。这种精神不仅激励着作者个人不断前行,更为社会的发展注入了新的活力。

(作者:林炜佳　点评:李世辉)

那抹深蓝

如果说人生的色彩是绚烂的五彩缤纷,红色是热烈,白色是纯洁,那么蓝色便是永恒——比如天空,它宁静深沉;比如大海,它广阔无垠。那深蓝色的制服,就如同这颗星球的颜色中包容了这一切的色彩。那抹深蓝,就是蓝天救援队。

2019年,我加入了重庆市忠县蓝天救援队,开启了我的公益之路。加入蓝天救援队,是因为它的队训:少说多做,默默奉献,完善自我,善待他人。从小,我们就接受着党的教育,全心全意为人民服务的宗旨深入人心。在党和人民需要的时候,小小的我也应当挺身而出,贡献出自己最大的力量。来到交大,了解到学校因"两路"而生,因交通而兴,感受到学校传承弘扬的"两路"精神蕴含的使命担当。作为一名党员,我更加坚信,危难当前,唯有一往无前。

2022年重庆山火救援

2022年8月,40℃高温的酷热天气使重庆多地突发山林火灾。极端高温天气和多种因素给火灾扑救工作带来了极大的困难。26日,我接到通知,由于连日高温,山火灾害等级极高,我队需要派遣10人前往忠县党校山火备勤。

27日,天刚蒙蒙亮,一通电话打破了平静,接到上级通知,辖区内一民房起火,有波及山林的可能。我们来不及吃早饭,迅速穿好服装带上装备便前往事发地。因扑救及时,此次火灾并未波及山林,所有人松了一口气。短暂休整后,我们便返回了党校集结点。

上午10时许,又一通电话打来。这一次,是山林起火,处于备勤状态的我们迅速登车前往事发地。经过奋战,火情基本得到控制,火势减小,基本无复燃可能。这一次山火面积较小,发现及时,扑救工作也较为轻松,但我们仍然不敢有半点松懈。

上一场扑救刚刚结束,我们便又接到通知,另一地发生山火,危及国有林场,急需增援。这一次,在距离火场十几公里的道路上便能看见山火燃烧的滚滚浓烟。我们心里暗想,这是一场硬仗!这一仗,我与队员们提着灭火器,拖着沉重的水带奔波于火场,从中午奋战到深夜。由于太阳的暴晒和火场高温的灼烧,我和队员们都面临快要脱水的危险,但我们没有一个人流露出对眼前重任的退缩,一往无前,不惧艰险。经过7个小时的持续救援,山火成功扑灭,我们心里悬着的石头终于落地。

但是山火并未给我们太多的休息时间,再次接到电话,又一地发生山火。我们驱车还未走到事发地,远远地便已能看到空气中折射出山火的红光。扑灭这一场山火时已是深夜,根据上级安排,我们还需返回上一场山火地排查可能复燃的隐患点。再次来到集结点,我们才想起已经20个小时没有进食了。穿梭于火场中,脚下火星炙烤着我们的脚底,烧焦的土地冒着热气,加上太阳的烘烤,我们大多数人都产生了一定的中暑反应,藿香正气液便成了我们的"饮料"。

回想起来,不得不钦佩当初的勇敢,即使头顶的竹叶还在燃烧,被火包围,我们还是义无反顾地走进火场。有人问过我,你不怕吗? 当然怕,但这是党和人民考验我们的时候,作为党员必须冲锋在前。危险的时候,我会说:"我是党员,我先上!"

2023年土耳其地震国际救援

北京时间2023年2月6日9时17分(当地时间2月6日4时17分),土耳其发生7.8级地震,震源深度20公里。北京时间2月6日18时24分(当地时间2月6日13时24分),土耳其再次发生7.8级地震,且余震不断。此次地震破坏力巨大,多幢建筑倒塌,很多人尚在睡梦中便已失去生命。

作为经历过2008年"5·12"汶川地震的中国人,土耳其地震时刻牵动着我的心。中国蓝天救援队遵循人道主义准则,在第一时间召集具备应急救援能力的队员,组成专业救援队,赶赴土耳其抗震救灾。本次救援不同于国内救援,面临着不同的国情、不同的语言、不同的环境,救援难度非常大。但是,灾难面前,刻不容缓。"我是党员,请让我参加本次救援!"我毫不犹豫地请战。

当地时间2023年2月9日凌晨,飞机降落在马拉蒂亚机场。作为重庆人,看雪的机会并不多。在机场,积雪厚达半米,第一次见到如此厚的雪,心里有些许小激动。

朝阳逐渐攀上日空,我们向着城区出发,马拉蒂亚的朝阳风景十分迷人。此时此刻,车上的队友还比较活跃。当车辆开进城区,看到路边倒塌的房屋,车里的气氛瞬间变样。这里的房屋倒塌与以往的地震不同,几乎全是垂直倒塌。这给救援带来了很大的难度,也对未能及时逃出的人们求生带来巨大考验。这是一场硬仗!

到达集合点,救援队立即派出人员开展搜救。时间很宝贵,我们必须争分夺秒。为了抢时间,我们每天搜救保持在16个小时以上。凌晨气温低于-10℃,围在火堆旁,烤手心,冷手背。在第二个连续工作到凌晨的夜晚,气温骤降,来到了-15℃。这一晚,是我在马拉蒂亚最难忘的一夜。

我们在一处废墟上进行生命探测作业时,发生余震,倒塌的建筑再次摇晃、坍塌,威胁着现场的每一名救援队员。幸运的是,我们最终成功撤出,逃过一劫。当地的市民非常热情,不停为我们送来食物,即便在深夜,也没有停止。我们相处得十分融洽,虽然语言不通,但借着手势的交流中,市民甚至将食物喂到了我们嘴里。五天的奋战,幸存者的顽强、为了保护襁褓中孩子的伟大母爱,我们深受震撼和感动。

随着救灾工作由搜救阶段转为重建阶段,2月14日晚,我们撤到了伊斯坦布尔。在这里,我们得到了机场的最高待遇,收到了小礼物、玫瑰花和当地居民热烈的掌声,在机场候车时,也能收到过路车辆的点赞,在马拉蒂亚的苦闷瞬间化为乌有。

土耳其时间2月15日晚,我们即将回国。在机场,我们一直享受着绿色通道、贵宾室、外交官接待等机场的高规格待遇。机场还为我们安排专车,直接送到登机口。在登机口,许多的中国人与我们一起回国,他们竖起了大拇指,感受着作为中国人的自豪!

北京时间2月16日晚,飞机平安降落武汉天河国际机场。一位老爷爷追到我身边说:"小伙子,这么年轻,就出国救援啦,很棒哦!年轻人应该向你学习。我在土耳其机场的时候看到你们走过来,当地人鼓掌,作为中国人我非常自豪。能和你拍张照片吗?"老爷爷的话,让我若有所思——如今在海外说到自己是中国人,总是无比自豪!

中国蓝天救援队秉承着"不抛弃,不放弃"的精神,冒着-10℃的低温天气和不间断的余震,在现场连续昼夜奋战五天,总计搜索并挖掘出幸存者3人、罹难者43人。

大学短短四年,我还参与过很多的救援、保障服务,亲历了辛苦,经历了生死。从第一次见到遇难者遗体的害怕,渐渐成长为一个坚强的骨干队员。无数的生离死别,让我看到生命的脆弱与可贵。我也感受到灾难面前国人的众志成城,一方有难八方支援。在土耳其,更感受到了作为一个中国人的自豪。

四年里,我累计服务时长1449小时,多次参与疫情防控、抗洪抢险、溺水打捞、大型活动保障等志愿服务活动,受益人数成千上万。有人说我们是傻子,有人说我们为了工资。不少的人甚至奔着工资加入蓝天救援队,后来发现没有工资而退出。

总有人问我为什么参加蓝天救援队,而我也总是回答他们:"心怀那抹深蓝,赠人玫瑰手留余香。"

点　评

岳淇民是个很低调的小伙子,他参加蓝天救援队的事,学校一直不知情。直到校外媒体报道了他的事迹,同学们才知道身边有这样一位默默奉献的"勇者"。

岳淇民是一名共产党员、救援队员和本科学生,"三重身份"践行着同一责任担当。除开前面他自己讲到的两个故事,2023年12月19日,甘肃地震,举国关注,岳淇民与队友们千里驰援,参与一线救援,与灾民们守望相助、共克时艰。在校期间,岳淇民还以"我是党员我先上"为主题,为旅传学院 80 余名党员及入党积极分子上过沉浸式党课,为知园小区同学举办过应急救护知识和技能培训。

岳淇民的故事让我想到了 1953 年、1954 年学校建校初期,刚毕业就义不容辞奔赴川藏公路施工现场,为天路奉献青春与热血的 80 余名"勇者"。他们是"两路"精神的缔造者,但他们不是"孤勇者",一批批"岳淇民"们,用他们的实际行动传承着"两路"先辈的遗志,诠释着交大学子的初心和使命,展现出新时代青年的担当和责任。

(作者:岳淇民　点评:叶勇)

我们这代大学生

秋去春来,海棠花开。岁月匆匆,仿佛只是一个转身,我的大学生活就只剩下寥寥几页还未翻开。重揽长卷,余光中皆是回忆,从2018年的初秋到2022年的盛夏,从画着涂鸦的白T恤到干净利落的白衬衫,似乎能感受到李子湖畔温柔的晚风绕着山城,轻轻吹动学士服的衣角。

想起大二时偶然在图书馆看到的一本书《我们那代大学生》,作者刘儒是新中国成立后的第一代大学生,他根据亲身经历生动而细致地描写自己与同学、同事们四十年的风雨历程。我深深地被那一代大学生的热情、纯真、质朴所感动,并陷入沉思:我们这代大学生有幸生长在改革开放、祖国建设大发展的年代,不曾经历战火纷飞的洗礼,也不曾在温饱线上苦苦挣扎,以至于常有老一辈的人感叹"你们现在的孩子一点儿苦也吃不了""垮掉的一代,一代不如一代"……久而久之,"娇气""颓废"似乎成了抹之不去的标签。诚然,和老一代大学生相比,我们这代大学生幸福得仿似泡在蜜罐里,但这绝不意味着我们是贪图玩乐、怯懦无能的一代。五四精神、西南联大精神……以另一种方式倾注在我们的血肉灵魂里,我们同样用青春奋斗担当起时代的使命。

说起大学期间记忆最深刻的事,莫过于2021年暑假在石柱华溪村"三下乡"的时光。七天的日子像梦一样飞逝而过,我却仍然清晰地记得初见华溪时的"怦然心动"。

生在红旗下,长在春风里

华溪的一方小院里,有着47年党龄的老党员马培清同志如今已两鬓斑白。也许是上了年纪的缘故,她需要将双手撑在膝盖上借点力气,后背却是一丝不苟地直直挺着,端坐在一把同样上了年纪的老木椅上,精神矍铄地给围在身旁的学生讲述她入党时的情景。两个学生占着一条长凳,几乎是膝盖挨着膝盖地簇拥着老人,颇有种《听妈妈讲那过去的事情》那首歌里的味道。谈到以前靠着种三大坨(洋芋、苞谷、红苕)艰难度日的光景,回忆仿佛像放电影似的一幕幕浮现在老人的眼前,她眉头紧锁着看向前方的大山。而介绍到跟随党的政策开展集体经济,她的眼底满是闪烁的亮光。这场田间地头、林盘院坝的沉浸式党课,让我感受到老人身上那一股"努力向前跑"的劲儿。尤其是当她握着我的手的那一瞬间,一种红色基因薪火相传的信念,牢牢扎根在心底。这种感觉并不陌生,第一次系上红领巾瞻仰国旗升起的时候,第一次放声唱"我们是共产主义接班人"的时候,第一次戴上党徽郑重宣读入党誓词的时候……我们这代大学生,从小沐浴着红色光辉向阳生长,今后也必将意气风发走向未来,把青春梦想融入党和人民的事业之中。

常怀赤子心,不坠青云志

重庆这个城市,仿佛与雨、与雾是分不开的。春雨淅淅沥沥,总觉得太过柔软,像戴望舒诗里撑着油纸伞结着忧愁的丁香姑娘。夏雨却干脆得很,一阵潮湿的风吹过,几朵乌黑的云朵飘过,随即便会雷声轰鸣,倾盆大雨一泻而下。我们在华溪也经常碰上这样的天气,夜晚的风夹杂着湿气肆意呼号,阳台的衣架被吹得啪啪作响,带着一种撒气似的任性。待大雨退去,我们被告知华溪的盘山公路多处出现山体落石、泥沙堆积,堵塞了公路排水渠道,于是我们便主动要求跟随社工,前往弯道处进行排淤除险工作。偏偏赶上天公不作美,太阳如火球似的烘烤。队伍一行十人穿上红色志愿服,拿起扫帚和铁锹,双脚踏进厚厚的淤泥中,开始清理泥沙,搬运石头,随后用扫帚清扫路面。一段沟道狭小得只能容下一个人的身形施展拳脚,左脚靠后,右脚踏着铁铲边沿,两手扶握着长柄,佝偻着上半身朝沟中的泥沙铲去。第一铲总想着多装一点,却因为低估了一铲子淤泥的重量,将泥沙抛向路边时显得格外吃力,手控制不住地颤抖。同队的男生看见我们如此费力,连忙过来帮忙,女生们却不甘示弱,连连摆手,还能插科打诨地调皮一句:"咱们交大女儿当自强!"

转眼过去了 4 个小时,汗水浸透了衣服,在后背上留下一圈印痕,大家脸上也都显出倦容。社工谭老师劝道:"你们这些娃娃以前没干过这些,没剩多少了,就算了吧,大家可以回去休息了。"有个女生带头回应:"我们老家也是乡下的,经常帮着家里人干农活的,既然干了就一定要把它干好。"话音一落,无人再发言,人群中却分明传递着一种无法言说的坚定与执着,大家干得比之前更起劲,铲子声、扫地声、拔草声和着鸟语,迎着花香,谱写一曲激昂澎湃的青春华章。我们这代大学生,并非人们刻板印象中的那样脆弱和娇气。我们流淌着炽热的血,我们的脊梁依旧挺拔,我们的信仰一直坚定。

青春逢盛世,奋斗正当时

采访开始前,提前约定好的采访地点——乡政府二楼会议室里空无一人,直到实践团调试完设备,苏明才踏着急匆匆的步子,额头上挂满汗珠,出现在我的视野中。前一晚上拟采访提纲的时候,我想象过很多次和他交谈的场景:一丝不苟地我问你答、小心翼翼地字斟句酌……最糟糕的情况就是对方会不会因为工作忙而随便应付。闻名不如见面,这位刚从田间山坡上回来、已经下乡连续工作近 7 个小时的"90 后"驻村干部,一见面就热情大方地接待我们。

我们在采访中了解到,苏明之前一直在县里从事审计工作,到华溪村担任驻村工作是他主动请缨。这个任务既要远离父母妻儿,难以顾及家庭,工作内容又千头百绪,是一件"苦差事"。苏明一脸坦然地说:"青春就这么几年,作为年轻人,要有激情和担当。现在正是奋斗的时候,要为人民多做一些实事。"这让我想起2014年习近平总书记在给河北保定学院西部支教毕业生的回信中指出:"希望越来越多的青年人以你们为榜样,到基层和人民中去建功立业,让青春之花绽放在祖国最需要的地方,在实现中国梦的伟大实践中书写别样精彩的人生。"❶

来华溪村的这段日子,我们实践团也在思考如何为当地村民做一些实事。经过多次考察调研,广泛收集资料,依托团队中广告学、旅游管理学、广播电视学学科专业优势,围绕绿色康养、土家风情、非遗传承、党史学习教育等主题,我们为中益乡量身定制了文创产品,立体展现石柱县文化旅游特色。通过文创产品概念策划、农产品外包装制作、华溪村旅游视频拍摄等形式,我们积极为当地乡村振兴助力。生逢盛世,更需砥砺前行。我们这代大学生,有一分热便发一分光,学好本领,积极创新,用实际行动践行着我们的奋斗誓言。

习近平总书记指出:"未来属于青年,希望寄予青年。"❷青年兴则国家兴,青年强则国家强。纵观祖国的发展历程,青年始终走在时代前列,革命战争年代的青年们满怀革命理想,冲锋陷阵、抛洒热血;改革开放时期的青年们投身改革大潮,开拓奋进、锐意创新。我们这代大学生,是新时代朝气蓬勃的青年。将青春定格在扶贫路上的青年大学生黄文秀、创建河南暴雨"救命文档"的青年大学生李睿,还有无数参与抗疫的大学生志愿者们……他们以永不懈怠的精神状态和一往无前的奋斗姿态,为青春梦增光、为中国梦添彩,创造出了无愧于时代的绚丽人生。

岁月虽清浅,时光亦激湍。行走在湖滨路上,徜徉在柳荫里,风儿听我讲在交大的故事。

点　评

谁能定义这代大学生?毫无疑问,当然是他们自己。有人说"90后""00后"是"垮掉的一代,一代不如一代",但作者似乎就是这样一个要强的姑娘,始终坚信能用青春肩负起时代使命。她与有着47年党龄的老党员马培清同志促膝长

---

❶ 习近平给河北保定学院西部支教毕业生群体代表回信 勉励青年人到基层和人民中去建功立业 在实现中国梦的伟大实践中书写别样精彩的人生[N].人民日报,2014-05-04(01).

❷ 习近平.在庆祝中国共产党成立100周年大会上的讲话(2021年7月1日)[N].人民日报,2021-07-02(02).

谈,在故事里感受到老一辈的红色情结,感受到老人身上那一股"努力向前跑"的劲儿,红色基因就这样得到了传承。她与驻村干部苏明深入交流,看到了一位有激情、有担当,立志为人民多做一些实事的时代青年。她积极投身社会实践,在烈日下挥汗如雨,在暴雨中排淤除险,在社会大课堂上历练成长。正是这些经历,让她坚定了"我们这代大学生,有一分热便发一分光,学好本领,积极创新,用实际行动践行着我们的奋斗誓言"的信念,无愧为"两路"精神在新时代的传承人。

(作者:阮丽 点评:李坤)

但行好事　莫问前程

亲爱的小周：

你好！我是 22 岁的你。

2017 年，你结束高考，内心充满期待、不舍、向往与彷徨。那年夏天的蝉鸣比往年都要聒噪，教室外枝杈疯长，却总也挡不住烈日。一群人追随着风和太阳，奔向他们所属的地方。清爽的风，金灿灿的黄昏，热闹喧嚣的午夜大街……夏天见证了人们的分离与眼泪，也见证了重逢和相聚。你在夏天和一些人说再见，又在夏天和一些人说，你好。

那一天，你走进了重庆交通大学。你看着清澈的李子湖，想着底下的鱼儿是否也在偷偷地看着热闹的开学日。在学长学姐的帮助下完成了开学报名，令你对这所大学又增添了几分好感，心里想着来年你也要成为其中一员。我还记得，你像一只刚出笼的鸟儿，对世界充满好奇。你飞到了图书馆，听到沙沙书写声，看到指尖在键盘上飞舞和埋头在书海里沉思的学子；你飞到了学生活动中心，欣赏着一个个舞动的身影，聆听着动人的歌声，或轻快、或激昂、或安静、或悲伤，你飞到了操场，看同学们健步如飞、热汗挥洒，传来阵阵畅快的笑声；你飞到了教室，知识渊博的老教授们托着眼镜娓娓道来，年轻的老师和学生亲切互动，还有认真写着笔记的莘莘学子。你一一和她们说"你好"，看着这所大学，不由得扬起了嘴角。

小周啊，这四年，你没有成为奖学金拿到手软的学霸，也不是创业成功的青年企业家，在发表论文拿专利方面，你好像也没有什么天赋。但别急着气馁，平凡不代表不精彩。你虽然是众多平凡大学生中的一个，但我还是会为你喝彩。

你如愿加入了青协积极地参加每一项志愿活动。你去到了五里小学义务教学，第一堂课是美术课。虽然这不是一门十分重要的课程，但你特别认真地准备，光是确定教学内容就用了两天时间，最后决定做一个折纸皮卡丘。你在上课的前一天晚上做了很多成品，还写了很多小纸条，塞到每个皮卡丘的肚子里，为小朋友们准备了一个惊喜的小礼物。纸条上有激励的话，有温暖的话，有调皮的话，也有可爱的话。课堂上来了很多小朋友，上到五年级，下到一年级，这令你犯了愁，担心五年级学生嫌弃内容幼稚，又担心一年级小朋友跟不上进度，但你完成得很好。你将准备好的彩纸发给他们，在教完皮卡丘的折法后，告诉完成得快的高年级学生可以尝试做其他折纸。一节课的时间很短，眨眼间就要下课，你将精心准备的"会说话"的皮卡丘当作礼物送给了每个学生，他们很喜欢，开心地向同伴分享着自己那只皮卡丘说的话。你站在讲台，笑着看着这一切，感觉一群天使在那里欢跳。学生们陆续离去，有个一年级小男孩跑上讲台，在你手上塞入一个纸条匆匆跑出教室。你疑惑地打开纸团，不禁湿了眼眶，纸团里只有歪歪扭扭的"xiexie"。那张皱巴巴的纸条，现在我还珍藏着但已经回忆不起小男孩的样貌。小周啊，我想拜托你，希望你那时候能叫住他，握着他的小手，说一句"不用谢"。

　　你还去过津福社区给孩子们做作业辅导。我想请你耐心一点，他们是很调皮，只顾着玩而忘记写作业，但不要生气，每个成年人都是过期的小朋友，你小时候也有那样的阶段。对了，你走的时候，一位社区的小朋友还偷偷往你书包里放了一盒学生奶，我想对你说，快点喝掉，别又不舍得喝放到过期。

　　小周啊，我记得曾经你想做一名幼儿园老师。虽然你选择了土木专业，但你在大学也实现了这个愿望。你去了幼儿园为孩子们讲课。他们不喜欢听大道理，情绪非常敏感，可能突然就变成小哭包。但他们也是最纯真的小天使。你打算以做游戏的方式来讲授一个小知识，还事先买了很多小贴纸，告诉孩子们，你有魔法。不知道是你骗过了小朋友，还是小朋友们在成全你，他们对你很信任，游戏也玩得很开心。你和一群小朋友们围坐在角落，就像一束束阳光照在你的身上。临走前，你为头发乱掉的小女孩梳好头发，你悄悄地多给了内向的小朋友一个贴纸，奖励他的认真参与，你还给小男孩整理了书包，告诉他干干净净的男生会更招人喜欢。当你走的时候，有个小男孩哭着抱住你，不让你离开。老师开玩笑说，让你把小男孩一起带走。我知道，当时你也想哭，短短几小时就可以换来孩子们真诚的信任，这是多么奢侈又令人羡慕的事！你慢慢安抚了小男孩，却没有给他一个下次还来的承诺。因为你不知道，下次幼儿园的志愿活动会安排在何时，不敢轻易许诺，是怕辜负了一个孩子的期待。但小周我想告诉你，那下一次的活动和课程没有冲突，你可以很肯定地和那个小男孩拉钩，承诺下次就去看他。

　　大二，你当选了青协土木分会和土木学院学生会的干部，穿上了学生会的会服，为大一的学弟学妹们分发一卡通，帮助他们报名入学，不由得想起了一年前的学长学姐。这一年，学业和学生工作更繁忙，但你毫不松懈。我记得最忙的那天，要完成一个PPT，当天还有练舞任务，以及为第二天的志愿活动做好准备。由于寝室晚上要断电，所以当天你在学生活动中心的办公室忙到凌晨3点，做完PPT便趴在桌子上，一觉睡到天亮。我很感谢拼命的你，因为你的认真对得起自己。

你始终相信有的事不是因为有意义才去做,而是因为做了才有意义。这四年除了志愿活动,你还去了敬老院为爷爷奶奶吹竖笛逗他们开心;你去了自行车联赛,为参赛选手们保障后勤和呐喊助威;你发动身边朋友参加"99"公益,为需要帮助的人捐款;你参与"三下乡"社会实践为宣传东溪古镇非遗——东溪豆腐乳——贡献自己的一份力量……

你很普通,也没干成什么大事。但这四年,你依然精彩,是我的骄傲。

现在我即将毕业,进入职场。我知道你一直认为,修路架桥是善行。现在的你,也这么想。作为桥梁工作者,我的眼睛除了平视和仰视,更会俯视,俯视角落和夹缝,除了看到繁华盛景,更应该关注世间冷暖。我会为山区的孩子们修好读书的桥,让他们不再蹚着河水上下学;我会为贫困乡镇修路,让村里不再有那么多孤寡老人和留守儿童,让他们的子女和父母愿意回到家乡;我会在陡峭的山谷架一座长桥,让两岸的人们不再只能山头相望;我会在少数民族和我们之间修一条大道,让我们可以欣赏彼此的美好。岁月不居,时节如流,近二十年的学生时代即将结束,我要把所有的夜归还给星河,把所有的春光归还给篱落,把所有的慵懒、犹疑与畏缩不前,归还给过去的我。明日之我,胸中有丘壑,立马振山河。

小周,放心大胆地拥抱大学生活吧。希望你能过得更加多姿多彩,但做不到也没关系,因为这四年,你已经做得够好。我先去前面探路,四年之后再见。但行好事,莫问前程。

> 此致
> 敬礼
> 爱你的大周
> 2021 年 3 月

点　评

当局者迷,旁观者清,不如就以旁观者的视角,对这四年做个总结!何谓"好事"?善良之事、有益之事、有用之事皆为好事。作者从一个旁观者的视角,对自己四年大学生活做了一个总结,在她看来,这四年做得最正确的事,就是加入了青协。要在这个大家庭里,为了团队工作,她废寝忘食却从无怨言。赠人玫瑰、手留余香的信念,让她成为一个乐于奉献的人。这四年里,她参加义务教学,让小学生们有了不一样的学习感受;她参加课后辅导,获得了孩子们的信任;她参加幼儿园志愿服务活动,圆了自己从事幼教工作的梦;她去敬老院送爱心,让老人们喜笑颜开……

虽然"没干成什么大事,但依然精彩",这是她对自己大学生活的总结。其实"但行好事,莫问前程"的人生境界的养成,何尝不是能够影响人生走向的大事!就像"两路"建设者一样,这种无私奉献的精神、不计回报的付出,恰恰会造就精彩的人生。

(作者:周家凤　点评:李坤)

"志"存我心，与"愿"同行
——致如"路石"般拼搏的自己

2017年9月，怀着对大学生活的好奇与憧憬，我跨入了飞架半空的"彩虹门"。我想，这意味着成长、蜕变与追寻。烟雨朦胧，初凝新露润旧叶；清风缱绻，湖畔故水漾新波。喜闻李子湖畔萦绕的书香，谨记重庆交大笃志行远的训诫。从此，在孕育传承着"两路"精神的重庆交大沃土上，我开始了自己的大学生活。

播·志愿服务之种

中学时，每当看到穿着同样服饰的年轻活泼的志愿者队伍，我都会投去羡慕的眼光。我期待着进大学后，也要成为一名青年志愿者，尽己所能，传递爱心，奉献社会。还没来得及等到"百团大战"，我便迫不及待向学长学姐了解如何加入志愿服务组织。经过充分的准备，我顺利通过了面试，成功加入青协大家庭。从此，我终于能够穿着那既充满爱心又充满活力的会服，为更多的人带去爱与温暖。我想，会服不仅仅是一件外衣，更是一张学校的名片，象征着身份和责任感。

生·感恩宽容之根

时间回到大一，在耀眼的阳光下，我对着国旗宣誓："我愿成为一名光荣的青年志愿者，我承诺，尽己所能、不计报酬，帮助他人、服务社会，为建设团结互助、平等友爱、共同前进的美好社会贡献力量！"在福兴幼儿园、津福幼儿园辅导小朋友完成作业，为他们带去知识；在白市驿敬老院、走马镇敬老院给老人们讲故事、聊家常，为他们带去快乐；在向阳儿童发展中心对残障儿童进行康复训练，为他们加油鼓劲；在巴福镇钟鹤村慰问孤寡老人，为他们带去关爱……每当看到老人和小孩露出开心的笑脸，我便更能深切感受到奉献的快乐和志愿服务的意义。大一的志愿服务之旅让我明白：作为大学生，不能养尊处优，而应肩负起时代赋予的职责。即使本领有限，仍然应尽全力伸出双手去帮助、关心弱势群体。也许一个温柔的表情、一句温馨的话语、一个关爱的手势，就能给予他们温暖与幸福。一次小小的举动，也能为美好和谐社会的建设，贡献出自己的微薄之力。

发·敬畏生命之芽

大二悄然来临,由于自己性格的原因,我没有留在青协担任干部,但这并不影响我继续燃烧爱的火焰。大二的我积极报名各种志愿服务活动,依然坚持关心幼儿园的留守儿童,关爱养老院的孤寡老人,与他们沟通交流,填补他们内心的空缺。我积极参加壹基金温暖包项目志愿服务,为缺乏御寒物资的灾区和西部山区儿童送去温暖;我参与第四届全国互联网公益日联合劝募专项志愿活动,用移动化、互联网化等创新手段传播公益理念,感召更多的爱心人士加入公益行列;我参与无偿献血,使垂危病人的生命得以延续;我主动捐献造血干细胞,拯救更多的白血病患者……大二的志愿服务之旅让我明白,助人同时也是自助,使其他生命活出色彩的同时,自己也能够得到思想上的升华。我学会了与人沟通,学会了关爱他人,也更深刻地领会到生命的意义。

长·开阔眼界之叶

一转眼,大学生活已过去了一半。虽然大三的学业任务很重,但我时刻提醒自己:不要忘了国旗下的誓言,不要辜负了美好的青春时光,更不能遗忘"甘当路石、进无止境"的初心。我会在每个周末到重庆科技馆参与科普辅导和科普展览志愿服务活动,让更多的小朋友领略科技的魅力,感受科学的奥妙,启发他们的灵感;我参加了台湾大学生重庆实践活动志愿者服务工作,帮助台湾大学生认识重庆、了解重庆,为他们打开连接大陆的窗口,促进渝台两地的交流;我参与了中国城市规划年会志愿服务活动,为会议的顺利举行和重庆良好风貌的展示贡献自己的青春力量;我担任了中国青少年机器人竞赛活动志愿者,促使比赛取得圆满成功;我还为本校理事会、校友会、基金会年度会议提供志愿服务,为会议的成功举办和展现我校学子的良好精神风貌贡献自己的绵薄之力。大三的志愿服务之旅,使我徜徉在各种大型会议、比赛和活动中,提高了我的组织能力和处事能力。

结·丰富青春之果

回忆往昔,刚进大学的那一刻仿佛就在昨日。回首大学生活,除了学习和运动,志愿服务填满了我大学四年的闲暇时光。虽然时光慢慢逝去,但我继续播撒爱的种子的心不会停歇。作为一名青年志愿者,我充分认识到了一名当代志愿者应当承担的职责和义务,更认识到一名当代大学生未来的奋斗目标。无论是以后的研究生生活还是工作,我都会把自己的热情奉献给这个社会,弘扬志愿者"奉献、友爱、互助、进步"的精神,磨炼"顽强拼搏、甘当路石"的意志品质,竭尽所能回报社会,在奉献中洗礼心灵,在奉献中享受乐趣,在奉献中实现人生的价值!

　　志愿服务带给了我许多荣誉,但我认为更可贵的是,志愿服务使我更加懂得关心、宽容和感恩他人,使我更加珍惜和敬畏生命,使我对社会有了更深的认识,锻炼了我的人际交往、人情世故处理的能力,使我的眼界变得更开阔,使我拥有了第一次在学校舞台上发言的难忘经历,带给我美好难忘的回忆,充实了我的大学生活,丰富了我的青春!

　　青春激扬圆八方中华梦,青春无悔赴万里志愿路!

<hr />

点　评

　　作者在文中说,"会服不仅仅是一件外衣,更是一张学校的名片,象征着责任感和使命感;作为大学生,应肩负起时代赋予的职责。即使本领有限,仍然应尽全力伸出双手。也许一个温柔的表情、一句温馨的话语、一次小小的举动,也能为美好和谐社会的建设,贡献出自己的微薄之力。"

　　作者对大学生活进行了回顾、总结和凝练,四年以来更用踏实行动和毅力恒心,见证了青年志愿者"奉献、友爱、互助、进步"的精神和"顽强拼搏、甘当路石"的意志品质。遥望20世纪50年代初,中国人民解放军第十八军奉命参加修筑进藏公路。面对异常艰苦的自然环境和施工条件,官兵们第一次叫响了"一不怕苦、二不怕死"的口号,充分体现了"两路"建设者的强大精神力量。筑路军民战天斗地的大无畏精神和史诗般的英雄事迹,更是集体主义、革命英雄主义的集中展现。而在文中,虽然作者辅导小朋友完成作业、在敬老院给老人们讲故事聊家常、在向阳儿童发展中心对残障儿童进行康复训练、在巴福镇钟鹤村慰问孤寡老人……在今天看来都是力所能及的小事,但这些小事却并不简单,将因时间的延续和持续的付出而变得厚重和充满光芒。祝福作者,用行动践行着青年学子心中的"两路"精神!

(作者:冯蕊　点评:黎昱睿)

团结与责任中的青春轨迹
——点滴行动,孕育温暖

时光飞逝,转眼间即面临着大学毕业。回想过去三年,我从最开始步入大学的懵懂无知,已然成长为对学习、生活目标和规划越来越清晰的自己。这三年,我从学习中找到了快乐和满足感,也从各类课外活动中收获了很多,其中,让我获益颇丰的是参加了学院的志愿者协会。正是因为大学期间的志愿者活动,我体会到了之前从来未有过的快乐。这段经历不仅增加了我的生活阅历,更是让我坚定了加入中国共产党的决心。为人民服务是光荣的,也是实现自我价值有意义的途径。

行之,信之,既乐也

回想起来,我曾在江津津福小学、五里小学、走马社区等地,参加过给小朋友们辅导作业、办兴趣班以及补课等活动。在这个过程中,我体会到身为一名青年人的责任,不仅要担负起国家赋予的重任,也应将我们的经历讲给年幼小朋友们听。这个过程,虽然谈不上是教书育人,但是也是一种传道授业解惑的方式。所以我尽可能设身处地为小朋友们着想,或是帮助他们解决一道难题,或是为他们培养一种兴趣,又或是学到新的知识。除此之外,身为一名志愿者,哪里需要就去哪里。虽然一个人的力量微乎其微,但如果我们联合起来,就能形成一股强大的力量。大一的时候,江津举办了一场马拉松比赛,身为志愿者的我也来到了现场。路面泥泞,还下着淅沥沥的小雨,我一直坚守在自己的站点,为参加比赛的选手们递去矿泉水,并观察他们的状态,随时准备帮助。一位参加比赛的叔叔因为跑步不方便,便将自己的手机交给我代为保管。他没有索要我的任何信息,便又匆匆地迈开了前进的步伐。在那一刻,我感受到了被信任的满足感,不仅仅是他们对于我个人的信任,也是对于我们大学生身份的信任,更是对我们志愿者身份的信任。正是因为这份信任,我工作的动力更加充足。直到比赛结束,我才冒雨徒步3公里到达目的地,通过马拉松比赛主办方工作人员的帮忙,最终才将手机物归原主。此时此刻,虽然我的鞋底沾满污泥,但是我的心情格外愉悦。

赠人玫瑰,手有余香

校外志愿服务面向的是各种各样身份和年龄的人。我不知道在他们心目中,我是否是一名合格的志愿者,但是我知道我从他们身上学到的,远远比课本上学到的多。我在小朋友身上看见了天真无邪,对新鲜事物永远充满好奇,又助我找回了从前的自己,让我明白了要像小时候一样,对万物充满好奇和希望,对自己喜欢的事物要保持热爱并且坚持。那位参加马拉松的叔叔,让我明白了人与人之间信任力量的强大,信任别人会给别人带去快乐。他不仅教会了我信任别人,还让我对生活充满正能量。人之所以为人,是因为我们处于社会关系之中。其实只要每一个人都为社会做一点小事,让这些小事去影响我们身边的人,那么整个社会就会变得很和谐。因此,只要去做好事,为他人服务,不管大事还是小事,我们都可以实现自身的价值。身为一名预备党员,我应该主动为他人服务,无关利益,只是希望可以通过自己的行动带动他人,这样我们社会才会变得更美好。

除了校外的志愿活动,我还参加了许多校内的志愿活动,如造血干细胞宣传、夜跑活动宣传、小红伞宣传、光盘行动等。在学校为同学们服务,帮助对大学生活迷茫或缺乏兴趣的同学们,我们志愿者作为一种"媒介",将各种充满趣味和意义的活动介绍给同学们,既丰富了他们课外活动,也丰富了自己的大学生活经历。志愿者身份是乐于助人的代表,所谓赠人玫瑰,手有余香,帮助他人能够给他人带来快乐,同时也给自己带来快乐,实现我们自身的价值,这正是我成为志愿者的初心。在这个过程中,我收获的比我付出的要多得多。很多人也会问我们,牺牲个人时间去做这些事情,值得吗?我认为,我们所做的每一件事情都是有意义的不是在于我们从中得到了什么利益,而是我们为他人做了什么。

不忘初心,不误韶华

新冠疫情暴发期间,许多志愿者投入疫情防控工作中,众多的医护人员自愿赶往疫情最严重的地区。这些可爱的人们为了人民群众的健康可以牺牲自己。他们用行动阐明了什么是志愿精神,也正是他们这种无私奉献,不惧困难的精神鼓舞了我。作为一名预备党员,在今后的生活中我依旧会坚持自己奉献他人的初心。

经过大学三年的沉淀和学习,我更加明白了在我们应当在最好的年纪努力提高自己,不只是学习课本知识,更应该去实践。作为一名青年预备党员,我深知我应该主动挑起担子,全心全意为他人服务。正如雷锋所说,我们应该将自己有限的生命投入到无限的为人民服务当中去,又如母校校训"明德行远 交通天下"的胸襟,更如孕育着学校成长壮大的"两路"精神那般,一面成长、一面反思,以十年磨一剑的精神去奋斗、去进取。三年来,我从一名普通的大学生成为一名预备党员。我会努力学好专业知识,在提高我自身素质和能力的同时,也不忘现在的身份,全心全意为人民服务,为了我们的国家奋斗终身!

点　评

　　在作者的文章中,不难发现"信任、坚信、快乐、能量、鼓舞"等充满正能量的积极词汇。作者是一位以帮助他人为乐的人,更是一位愿意用自己的言行对他人产生积极影响的人。他在文中提到,"我深知应该主动挑起担子,正如雷锋所说,将自己有限的生命投入到无限的为人民服务当中去,又如母校校训'明德行远 交通天下'的胸襟,更如孕育着学校成长壮大的'两路'精神那般,一面成长、一面反思,以十年磨一剑的精神去奋斗、去进取。"

　　作者拟定的三部分小标题"行之、信之、既乐也""赠人玫瑰、手有余香""不忘初心、不误韶华",更从不同阶段、不同角度尽情展现出其在默默奉献中蕴含着的充实而自豪的质朴情感。作为一名重庆交通大学的学生,作者无时不在情感中流露出"两路"精神,也体现出与小朋友、与老人、与帮助过的人之间的水乳交融与血肉相连,这是一种助人本能,更是一种割舍不断的民族情感。

　　成长的过程中,不乏困惑、无助、失落等挫折,但只要心怀善意、胸怀感恩,在别人困难时施以援手,便能汇聚成共同前进的广阔"河流"。也愿作者及无数个志愿者在充满希望的未来继续秉持初心,继续怀抱梦想,用善意和执着成就无限可能。

(作者:张玉锋　点评:黎昱睿)

爱心常伴，志愿同行

"我只是一滴怀着奉献之心的水，在阳光的折射下光彩璀璨。我愿将自己有限的青春奉献在无限的志愿服务事业上，更愿无数的奉献之心同我一起汇成志愿服务的海洋，奔涌去灾区、去祖国最需要的地方。"这是 2008 年优秀志愿者秦豹的发言。读完他的发言，我深深感受到他对于志愿服务的赤诚之情，因自己是一名志愿者而自豪，大学期间的志愿服务经历，亦一幕幕浮现在我的眼前。

我与志愿服务的缘分开始于青协。还记得最初了解到青协，是在大一入校前的暑假。我翻阅着大学社团的名单，心中怀着憧憬，想要在大学期间"大展身手"。位列名单首位的社团便是青协。初见这个名称，我便对它充满着期待："志愿者"在我的印象中便是奉献爱心、回报社会的角色，暗下决心必须加入青协。开学后通过报名、面试，我如愿地加入了青协，加入了这个我即将度过我两年时光的地方。在志愿者的大家庭中，我感受到志愿者们有一个共同的特点，那就是善良且温暖。

"老吾老以及人之老，幼吾幼以及人之幼。"我在大学期间所做最多的志愿者活动，都与老人和小学生有关。我的第一次志愿活动在"双溪四点半课堂"，也可以称它为"七彩小屋"，主要是对留守儿童进行作业辅导与兴趣教学。"七彩小屋"这个名称多么生动有趣，它所承载的是孩子们五彩缤纷的童年以及志愿者们与小朋友们一同度过的美好时光。在学长的带领之下，我们一行人来到了双溪社区文化站。在学长耐心的介绍之下，我迅速熟悉了环境，与此同时在心中也升起了归属感。"我来啦!"伴随着稚嫩的声音，我们的目光汇聚在第一位到来的小男孩的笑脸之上。我带着他找到位子坐下，他边从书包里拿出作业，边给我分享今日在学校发生的趣事。随后的作业辅导以及趣味课堂我已记不清了，但在离别前小朋友的一句话使我终生难忘："哥哥，我以后也想成为一名志愿者，像你一样!"这句话让我的眼眶湿润了，顿时明白了我所做的志愿者活动的意义，也坚定了我继续志愿者活动的决心。

"爱满桃花源，情浓敬老院。"我的第二次志愿活动在走马镇敬老院。为了带给老人们欢乐，我们需要准备很多节目，如歌曲串烧、小品、广场舞等。此外"模拟保龄球""画鼻子"等游戏，也深受老人们喜爱。我清楚地记得在敬老院中，有一位 98 岁高龄的老奶奶。当我在老奶奶身旁坐下时,她随即握住了我的手,并用慈祥的眼神看着我说道:"谢谢你们来看我们!"我从她的眼神中读到了一份温暖与孤独,从她的话语中听到了一片欣喜与感动。这些老人们的子女由于各种原因,不在他们身边,因此他们非常孤独寂寞。而我们的出现能够给他们带去欢乐,与他们共度愉悦时光,这便实现了志愿活动的价值。节目表演过程中老人的笑脸、游戏时他们争先恐后的态度、我们离开时老人们依依不舍的神情,都构成了志愿活动无比温暖的回忆。

后来,我持续参加了许多志愿活动。"迷彩传递爱心,军衣包裹真情。"军训结束之后,我曾参与军训服捐赠的活动中,从事军训服收集与整理的工作。此次活动共收集到上千件上衣与裤子,志愿者们将闲置的军训服捐赠给需要帮助的人。这不只是爱的传递,更是顽强拼搏精神的延续。在温暖的三月,我除了参加"义务擦桌""清洗眼镜"等雷锋月系列活动,还组织举办了春风行动——公益募捐活动,获得了交大师生高度的赞扬,并得到了当地电视台的报道。春风行动筹集的物资将化为春风,吹向贫困山区,带去交大学子的温暖。在五月母亲节,我们举办了双溪四点半母亲节特别活动,邀请小朋友与他们的母亲一同参加。在活动中,志愿者们教小学生折纸康乃馨送给母亲,告诉他们铭记母亲的伟大,长存感恩之心。

经历了这些的志愿活动之后,坚定了我留在青协的决心。大一结束时,我毅然选择了留干——在青协担任干部,像我的学长学姐那样,带领大一新生进入青协,感受志愿活动的温度。大学二年级,我成为青协交运分会实践部部长。此时的我对于志愿活动的流程与注意事项早已相当熟悉,对于志愿者的组织与管理已经了如指掌,更加能够感受到志愿活动的意义所在。在开学之初,我积极向大一新生宣传青协,想要带领更多的人加入,想让更多的青年感受到志愿服务的意义。当我带领新一届志愿者前往双溪四点半课堂、走马镇敬老院以及其他活动时,这些学弟学妹们对活动感到新奇而又陌生的神情,对志愿活动所充满的向往之情,我仿佛看到了从前的自己。志愿服务是那么的纯洁,它是爱心的汇聚之地,不需要心存杂念,目的就是在于帮助他人,至于提升能力或是结交朋友,在活动过程中自然而然便会获得。

看着志愿者证书上的志愿服务时长统计,两百多个小时志愿活动的画面历历在目。志愿活动好似加了糖的咖啡,初尝是苦与涩,但不久之后便会感到沁人的醇香。回首我完成的志愿活动,到底收获了什么?或许是锻炼了自己的活动组织能力、人际交往能力、语言表达能力,抑或是赋予了自己一份坚定与自信,在经历了这么多活动之后,我能够更加勇敢地面对成长道路上的艰难险阻。但我认为最重要的是奉献爱心、承担社会责任的初心。在大学即将结束之际,总结自己的志愿经历,我仿佛又一次体会到了志愿服务的幸福。大学的结束并不是我志愿服务生涯的终点,在以后的学习工作之中,我会怀揣着那颗初心,去温暖需要帮助的人。

　　每位志愿者之于社会,无异于沧海一粟,而正是这无数的沧海一粟,构成了川流不息,构成了波澜壮阔。社会需要志愿者,人类的发展需要志愿者。我想,做志愿者最重要的就是成为一个有爱心的人,或许我们的活动很普通、很平凡,但是我相信爱心可以传递的,无数的爱心汇聚而成的暖流,可以温暖每个人。

点　评

　　程志伟同学的这篇文章,以志愿经历为线索,生动描绘了他在大学期间积极投身公益、无私奉献的坚定信念。作者通过具体案例,展现了志愿者们默默奉献、不求回报的崇高精神和无私奉献的爱心。文章语言质朴,情感真挚,充分彰显了志愿服务的独特魅力和社会价值。

　　程志伟同学作为一名志愿者,始终怀揣着一颗赤诚之心,全身心投入各类志愿服务活动中。他积极参与"双溪四点半课堂",为留守儿童提供作业辅导,用智慧和启迪点亮他们的未来;他还深入走马镇敬老院,为老人们送去欢声笑语和温暖关怀,让他们感受到社会的关爱和陪伴。这些看似平凡的举动,却蕴含着深远的社会价值和意义。

　　作者以"每位志愿者之于社会,无异于沧海一粟,而正是这无数的沧海一粟,汇聚成川流不息的爱心之河,形成了波澜壮阔的社会画卷"为结语,既表达了对志愿服务事业的谦逊和敬畏,也彰显了他对志愿服务事业的坚定信念和执着追求。这让我们深刻认识到,志愿服务不仅是一种实际行动,更是一种精神传承和社会责任,这无疑是对"两路"精神"甘当路石"的最好诠释和实践。我们期待更多的人能够加入志愿服务的行列中,用自己的实际行动和爱心,共同汇聚起社会的温暖和力量,为构建和谐社会贡献自己的力量。

(作者:程志伟　点评:张迎迎)

雁过留声

　　毕业,就像是身处火车站,这里既是本次旅途的终点,又是下一趟充满机遇与挑战的起点。从此,意味着我们将告别一段纯真的岁月,一段美妙的时光,一段奋斗的青春……

　　我的志愿服务生涯,始于大学一年级。初来乍到,对于一切我都感到无比好奇。在热心的学长学姐们的帮助下,我拨开迷雾,做出了选择,决定加入了青协,并顺利地成为一名"交小志"!就在那一刻,我的入党信念和志愿服务的热情不谋而合,一切似乎都像是冥冥中自有安排。作为一名党员,我与志愿服务有着深厚的缘分。也正因为这段缘分,我获得了"重庆市志愿服务先进个人"以及"校级青年志愿者先进个人"等荣誉。

　　从初入校园至今,青协的志愿服务活动丰富了我的校园生活,贯穿了我的大学生涯。在幼儿园里,一开始我很腼腆地和小朋友们一起唱儿歌,教他们折纸、画画、识字、数数。后来渐渐放开,和他们打成一片,与他们在操场上一起玩游戏。在这段时间的相处中,我全心全意投入,分享欢乐,忘却烦恼。尽管小朋友们有时天性调皮,但他们清澈的双眼中透露出的天真可爱,令人难以忘怀。有时我们之间还互相交换小秘密,那些纯真的笑容和话语,让我的大学生活充满了无尽的欢乐。

　　在12月5日的晚会到来之际,作为青协成员和"交小志"的我,肩负着安排晚会道具的重任。初次承担如此大型活动的任务,我内心深感责任重大,唯恐因道具问题而影响了整场晚会。好在经过几个夜晚的加班排练,晚会顺利举办并且取得圆满成功。舞台上精湛的表演与幕后我们共同的努力,共同构筑了一场绝伦的视听盛宴。志愿服务的精神就如同舞台背后的道具团队,他们默默无闻地付出,不求回报,只为给他人带去温暖与欢乐,同时也为自己留下了难忘的回忆与成就。

　　在"壹基金温暖分包装"活动中,我们早早从东门启程,到达目的地后便迅速投入工作,分组进行包裹打包、搬运及整理分装等任务。"交小志"们鼓足干劲,齐心协力,确保每一个包裹都能准确无误地递送到贫困山区孩子们的手中。这种温暖的传递不仅是对社会的回馈,更是对社会主义优越性的生动诠释。作为一名中共党员,我深感应时刻秉承"从群众中来,到群众中去"的理念,践行一切为了人民、全心全意为人民服务的宗旨。同时,我也坚信,志愿服务的强大感染力将不断激励着一代又一代青年志愿者投身于公益事业,共同为社会进步贡献力量。

自从我加入青协以来，"交小志"们就一直秉承着"家"的理念。"欢迎回家"是我们每次例会的主题，更是我们心中温暖所在。青协一直就像家一样，为我们提供了一个庇护的港湾。在这里，大家一起为心中那份纯真的志愿初心而共同奋斗。在这个大家庭里，我们一起组织参与志愿服务活动，一起学习相关技能，一起探讨志愿活动内容，一起帮助需要帮助的人。我们共同进步、共同成长、共同收获喜悦。作为大家庭的一员，青协的荣辱与我们每个人都息息相关。

正所谓"赠人玫瑰，手有余香"，在这个大家庭里，我们学会了奉献，让别人得到温暖；我们学会了宽以待人，让别人拥有机会；我们学会了给予，让别人收获幸福。青协是一个值得依靠的"家"，让我们得以成长，让我们展现热情，让我们收获奉献的快乐。我相信，"寒冰"也会被我们"交小志"灼热的心融化，世界也会因为"志愿"二字而处处充满爱。在青协的一点一滴，充实了我的青春，陪伴着我的校园生活，温暖着我，感动了我。

大二的暑假，我参加了两个大型的校外志愿服务活动。一是由重庆市人民政府台湾办事处组织的"台湾大学生重庆社会实践"志愿服务活动，二是由中国科技协会组织的"全国青少年机器人大赛"志愿服务活动。

刚看到"台湾大学生重庆社会实践"志愿服务活动时，我的心情格外激动，同时也充满了好奇。顺利通过面试后，第一次和台湾小伙伴见面，是在接机的晚上，当时我非常激动，希望给对方留下一个美好的印象。在一系列活动中，两岸学子从最开始的陌生到逐渐熟悉，并在启动仪式上共同合作，为大家带来了精彩的表演。双方还互相交换礼物，拉近了彼此间的距离，传递了友谊。我带领他们参观校园时，他们对交大也给予了高度的评价。从"趣味拓展运动会"到"解放碑快闪"，再到科技馆的"流浪地球"等活动，大家愈发默契，让我感觉志愿工作非常值得，能够让台湾同胞感受到重庆人民的热情。我的台湾结对小伙伴林昱伶说道："我很喜欢周六与大家一起活动，能够跟更多人一起玩耍、交流，开阔了我的眼界，领略到了大陆的繁华。感谢这次与重庆的相遇，使我在这个暑假留下许多充实又快乐的回忆！"

至于"全国青少年机器人大赛"志愿服务活动，因为和我的专业相关，所以也是怀着很大的兴趣参加。我通过了英语组的面试，被分到国际助理裁判组。作为裁判组一员，我们需要和来自国内外的参赛队伍沟通交流，维持比赛秩序，扮演吉祥玩偶，协助裁判放置道具等。赛后，我们还获得了国内外小朋友们赠送的小礼物，感谢我们在比赛期间的默默付出，确保了比赛的正常进行。我也获得了优秀志愿者的荣誉表彰。我也不禁感叹"长江后浪推前浪"，现在的小朋友们都如此优秀祖国的未来寄托在他们身上，中华民族伟大复兴定指日可待。国际赛事的举办，充分展现了祖国的实力蒸蒸日上，国家越来越繁荣，人民越来越幸福。

临近毕业季,时间好像流沙,看起来漫长,却无时无刻不在逝去;想挽留,一伸手,有限的时光却在指间悄然溜走。毕业答辩,散伙筵席,举手话别,青春散场,各奔东西……

这就是我的大学,我的志愿生活,我的美好青春在此暂时落下了帷幕。至此列车就要到站了,我也将启程前往下一个新的起点。我将永远牢记共产党人的信念和宗旨,不忘初心、牢记使命,继续开始我的新征程。志愿服务之路虽漫漫,吾将上下而求索!

点 评

杨朝棚同学在志愿服务领域所展现出的默默奉献精神,不仅体现了"两路"精神中的不畏艰险、勇往直前的品质,更彰显了无私奉献、服务他人的高尚情操。从初入校园的腼腆新生,到成长为一名优秀的"交小志",他的志愿服务之路充满了坚持与付出,展现了新时代青年应有的责任与担当。

在杨朝棚同学笔下,我们看到了一个共产党员的初心和使命。他始终秉持着"从群众中来,到群众中去"的理念,全心全意为人民服务。在幼儿园志愿服务中,他与小朋友们建立了深厚的感情,用耐心和爱心陪伴他们成长;在大型活动中,他承担起了道具安排的重任,确保活动的顺利进行;在温暖分包装活动中,他更是将爱心传递给了贫困山区的孩子们。值得一提的是,杨朝棚同学在志愿服务中还充分发挥了自己的专业特长。在全国青少年机器人大赛中,他作为国际助理裁判组成员,用专业的知识和技能,为比赛的顺利进行提供了有力保障。将个人发展与志愿服务相结合,不仅提升了自己的能力,也为志愿服务事业注入了新的活力。

临近毕业之际,杨朝棚同学并没有因为即将告别校园而减弱对志愿服务的热情。相反,他更加珍惜这段时光,用实际行动为大学生活画上了圆满的句号。这种对志愿服务的执着与坚守,展现了他的坚定信念和崇高品质,令人深受感动。

《雁过留声》不仅是一篇记录志愿服务经历的文章,更是一篇充满感悟和思考的心灵独白。杨朝棚同学的志愿服务之路,让我们感受到了志愿服务事业的巨大魅力,这正是践行社会主义核心价值观的生动写照,是传承弘扬"两路"精神的最好体现。我们坚信,在杨朝棚同学等优秀青年志愿者的共同努力下,志愿服务事业将在未来继续发扬光大,绽放出更加绚丽的光彩。

(作者:杨朝棚　点评:张迎迎)

青春，因为有你而更美

——志愿你我，温暖人间

"岁月如梭，韶光易逝。重回首，去时年，揽尽风雨苦亦甜。夜阑珊，读无眠，听尽春言，每天都是新的一片，不再清闲，望着洒满月光的星星一路向前。"

世间最宝贵的是时间，最有情的是时间，最无情的亦是时间！握在每个人手里的时间是相同的，但不同的人却在相同的时间里留下不一样的精彩。在大学的美好时光里，我的生命就因为志愿服务，有了不一样的美好！

大学时光，应当是一生最纯净美好的年华。作为当代大学生，我一直认为不能单纯读书，所以从踏进大学校门那一刻起，就告诉自己要做一些有意义的事情，不负我的青春年华！因此，在大一社团招新的时候，我毅然决然地加入了青协。中国古代著名文学家司马迁说过"人固有一死，或重于泰山，或轻于鸿毛……"虽然我知道自己跟"泰山"无关，但生命的重量就是在人生的道路上一点点增添，所以人们才会不断丰富自己，不至于让自己在世间宛若"鸿毛"。人间因为有爱而美好，加入青协，让我有更多机会帮助别人，既能播撒爱，也感受别人回赠的爱！

雷锋叔叔的故事，每一代人从童年起就耳熟能详。雷锋精神从小就洗涤着我的心灵，伴随着我的成长。当有一天我成为一名志愿者的时候，心中充满了喜悦激动，因为我终于可以用自己的一份力量去帮助别人。

还记得大一刚刚加入青协，仅凭着一腔热血前行，但经过两年的志愿服务洗礼之后，我也能独当一面。我至今仍记得第一次为小朋友备课时的忐忑，仍记得第一次踏上讲台时的紧张，记得第一次得到小朋友对我讲解肯定时的震撼！在那些日子里，我们走在志愿的道路上，收获了来自不同院系不同专业的同学友谊，碰撞出不一样的火花。虽然每次志愿活动的合作伙伴可能不同，但是我们却都有一颗相同的爱心，也因此能走到一起，并且一直走下去！

我从前总是问自己：人生的快乐是什么？是得到小时候渴望已久的一颗糖果，是作为学生不再烦恼作业，还是拥有一栋属于自己的大房子？直到我真正走在志愿服务的道路上，看到孩子们那一双双对知识渴望的眼睛，看到他们因为小老师的解惑而开心的模样，听到孩子们那一声声亲切的呼唤:"姐姐,你终于来了!""哥哥,上次那个姐姐没来吗?""姐姐,姐姐,我今天……"我豁然开朗,此时感受到的被需要的幸福,任何物质利益都替代不了,这是一种精神上的满足!当我们和老人们一起歌唱,看到他们因为我们的表演而哈哈大笑时,看到他们不再孤单的神情时,此时我感受到发自内心的快乐。当为那些需要帮助的学生包装物品时,尽管辛苦,但是一想到孩子们收到东西时高兴的脸庞,我感到很欣慰的时候,我知道我找到了快乐的源泉!不是自己所得多少的满足感,而是因为别人快乐而感到快乐的幸福!

我印象最深刻的有两件事:

其一,是第一次给孩子们上课。那是给钟鹤村留守儿童开展的一堂课外拓展,外加作业辅导的课程。我积极报名参加了这次活动,自己起草教案并在上课之前提前演练。虽然过程辛苦,但当我来到钟鹤村,来到这处用一间会议室改造成的课堂,在我看见孩子们课堂上积极踊跃地参与发言,看见孩子们兴奋好学地问各位小老师课后题的解法,看见他们那一张张满足的脸庞时,突然就觉得那些辛苦都不算什么。又有什么事情比看见这些从小就缺乏父母关爱的孩子脸上露出的开心笑容更重要呢?

其二,是第一次去敬老院看望孤寡老人。白马镇的这家敬老院跟城里的不同,建在公路边上,没有漂亮的房子,没有光滑的地砖,只有几棵还算高大的树木,一块不算太大的水泥坝子。我们两人一组去敲房门,跟老人们聊天。看着老人家脸上轻松的神情,我仿佛也看见了他们的过往,看见了他们年轻时候的不易。但看见他们开心地参加我们设计的小游戏里时,突然又释怀了。因为现在我们正走在帮助他们的路上,也许我们的力量不大,但是我们一直在努力!

赠人玫瑰,手有余香。志愿者离我们并不遥远,只要有一颗帮助别人的心,人人都是志愿者。只要理解志愿者精神,你就会明白志愿服务从来不在乎形式,只要有心,就能让我们的生活充满爱,就能让我们的大家庭更加温暖,就能感受到什么是生活的美好!

作为新时代的大学生,我们需要有"无私奉献、友好互助、共同进步"的志愿精神!青春短暂,韶华易逝,更应当抓紧时光,尽己所能回报社会,丰富生命的重量!让我们的青春,因为有你的奉献而更美!

点　评

《青春,因为有你而更美——志愿你我,温暖人间》,讲述了周小琳同学在大学与志愿服务结缘的故事,只是捧读一二,都能感受到那温暖心灵的人间大爱。

从事志愿服务,不仅需要爱心的善举,更要有滴水石穿、久久为功的恒心和毅力。将青春奉献在志愿服务上,更是"一不怕苦,二不怕死,顽强拼搏,甘当路石"的"两路"精神的具体体现。

数十年前的先辈们,走在民族团结、建设西部的道路上,用青春与热血,在巍峨雪山与苍莽高原,筑起通往"世界屋脊"、艰险而又美丽的"天路"。十几万筑路军民战天斗地、勇闯"生命禁区",修通了川藏公路和青藏公路,"把五星红旗插到喜马拉雅山上",结束了西藏没有现代公路的历史,创造了世界公路史上的奇迹。

而在今天,我们走在一条名为志愿服务的道路上,这是一种品格的修炼、意志的磨砺、心灵的旅行,更是对于"两路"精神的传承。从校园里的青协,到社会上的志愿服务;从大学生支教的课堂"初体验",到敬老院的慰问孤寡老人,我感受到了作者笔下的那份温暖。诚然正如作者所说,生活不易,但也有更多人同作者一样,正走在帮助他们的路上,走在志愿服务的路上。也许每个人的力量都很微弱,但他们一直在努力,点点星光,终将汇聚成一条璀璨的星河。

青年人都爱美,而志愿者就是美的践行者和代言人。在学会接受爱、传递爱的过程中,温暖的行动早已改变我们周围的世界。蓦然回首,志愿服务早已经让青春、让生活、让世界变得更加美好。

(作者:周小琳　点评:易虹)

我们在"三下乡"的路上

　　走过了春的旖旎,迎来了夏的蓬勃,是这般的缤纷绚丽、灿烂热烈。大二下学期暑假,我作为志愿者参与了大学生"三下乡"社会实践活动。我们组建了重庆交通大学经济与管理学院"乡村文明,族志溯源"暑假"三下乡""同心燃梦"社会实践队。这个七月,志愿者们踏上了前往国家深度贫困乡——天元乡的征途。我们从江津双福校区出发,途经奉节、万州等城市,经历两天时间,最终到达目的地。本次实践活动主要是向当地进行精准扶贫政策、家风传承和垃圾分类的宣讲,为当地种下文明和环保的种子。

　　一张白布,几个板凳,一个院坝,九个队员,绿水青山为布景,六根横梁为支柱,构成了整个院坝课堂。前来上课的孩子们都居住在天元乡吉龙村附近,甚至有的是跋山涉水来到这里。志愿者们为了使小朋友能够更快融入课堂,尝试将"123木头人"的游戏和垃圾分类知识联系起来,让不同的队员扮演不同角色的垃圾,要求小朋友们在规定的时间里,拿着写有垃圾名称的便签奔向不同的队员。有趣的游戏让留守儿童们敞开了心扉,融入了院坝课堂。大家不再是初见时羞涩不语的模样,开始主动和队员们接触交谈,欢声笑语弥漫了整个课堂。志愿者们开展的画团扇、练毛笔字、学垃圾分类知识、唱垃圾分类歌谣等活动,都以院坝课堂的形式进行,大家踊跃参与。

　　山里的孩子基本不会写毛笔字,只能以生疏的握笔方式,写出春蚓秋蛇的字迹。但他们都学习得特别认真,志愿者们也进行一对一的教学,"头正、身直、臂开、足安,然后提、勾、折"。有个孩子在练习纸上写出了"老师,谢谢你们",令我很感动。我们把自己会的东西教给他们,把我们的所见所闻讲给他们,而他们也在心里默默写下了对我们的感激。虽然我们相处的时间不长,但早已结下深厚情谊。

　　志愿者们通过PPT、动画视频的方式,进行有关垃圾分类知识的讲解。小朋友都踊跃举手,回答有关垃圾分类知识的有奖竞猜。同时,志愿者们采用了自弹自唱的模式,将垃圾分类的内容以歌谣的形式呈现出来,寓教于乐,让每个孩子都能将垃圾分类知识铭记于心。"当某天,你若看见,垃圾遍布代替了田野;当某天,你若看见,鸟儿不再去寻找春天;当某天,绿色重现,是否世界会继续改变……"童稚清亮的歌声唱响在了院坝课堂的上空,孩子们的声音如展翅欲飞的蝴蝶,扑闪着灵动的翅膀,余音袅袅,不绝如缕。队员们以歌谣形式,让小朋友们将垃圾分类的知识铭记于心,以独特的方式,让文化扶贫更加精准有趣。每天的活动结束后,志愿者会留出一个小时,对留守儿童们的假期作业进行一对一辅导,耐心地解答他们的疑惑。

"爸爸,还有几天就是我的生日了,虽然知道不大可能,但是还是想问一句,你会回来陪我过生日吗?"一字一句都是孩子们的真情流露,许下了一个个小小的愿望。志愿者们通过帮留守儿童邮寄家书,让孩子向父母表达自己的思念,用爱心接力,让留守儿童感受到亲情的温暖。志愿者们向当地捐赠了图书、篮球、足球,尽微薄之力温暖孩子们的心灵。

志愿者们走村入户进行调研,在前期准备时充分了解当地的扶贫政策,在走访时重点对空巢老人进行扶贫政策宣讲,并进行家访调查留守儿童手机使用情况,开展暑期少年儿童安全知识普及。同时,志愿者们通过分发传单和问卷调查,了解当地垃圾分类处理情况,并主动协助当地垃圾处理工作人员搬运垃圾。在与当地村民的交流中我们了解到,近年来村里的经济情况和居民的房屋居住情况变化很大,村里特别为贫困户提供了从河里捡垃圾可以得到补助的优惠政策。在政府及当地老百姓的努力下,天元乡的深度贫困得到了极大的改善,村里房屋也得到了修缮稳固。扶贫不只要扶物质,也要扶精神。留守儿童缺乏父母的陪伴,志愿者们在活动中对他们关爱有加,还教会他们垃圾分类知识,在文化和精神层面上给予他们帮助。

天元乡党委委员、组织委员熊洪充分肯定了志愿者们在当地进行的"三下乡"社会实践活动,"你们的积极走访,为我乡精准扶贫入户走访和调查工作的开展提供了帮助;你们开展的一系列文化扶贫活动,促进了我乡扶贫工作的多元化的发展;你们开设的暑期院坝课堂,让留守儿童在知识拓展上得到有效改善。"志愿者们在天元乡进行了社会实践基地挂牌仪式,还与当地负责人开展了座谈会。

这就是我们组织的"三下乡"社会实践活动,也是这个暑假,最有意义的时光。志愿者们的友情因朴实而纯粹,因纯粹而真实,又因真实而历久弥新。"三下乡"社会实践队的队友都是学院的精英,每个人都有自己的一技之长,能够和他们一起参与此次活动是我的荣幸。生活中我们相互帮忙,活动时我们并肩作战。像战友,又像家人。记得我们一起准备物资,一起写活动策划,一起送小朋友回家,一起举办活动,有困难互相安慰,有欢乐共同分享。以后哪怕时光荏苒,一想起本次"三下乡"之行,我都会由衷感到幸福,因为我曾和这群优秀的人并肩作战过!

作为大学生,通过"三下乡"活动走出学校,进行实地调研,真正地去了解社会和民情,我感觉自己获益匪浅。"艰辛知人生,实践长才干",只有勇于尝试,并坦然接受过程中的酸甜苦辣和成败得失,人生才会更精彩。"三下乡"虽然结束了,可是收获却是如此的丰硕。经过这次活动,我也更加坚信:意气风发的我们还需暴风雨的洗礼,象牙塔里的我们绝对不能"两耳不闻天下事,一心只读圣贤书"。年轻的我们拥有绚丽的青春年华,需要走出学校,踏上社会,去书写一份令自己满意的青春答卷。在这些贫困地区,大学生们一两周的教学,也能让留守儿童拓宽眼界,更加向往大山之外的世界。文化扶贫不是一朝一夕所能完成,我们都愿在扶贫之路上前进,通过自己的努力为社会作出贡献。

点 评

　　大学生"三下乡"活动是一项具有深远意义和价值的社会实践活动。通过参与"三下乡"活动,同学们深入农村基层,了解农村现状,为农村发展贡献自己的力量,展现着当代青年的担当与责任。而在这个过程中,认真践行"两路"精神,更是为活动增添了一抹亮丽的色彩。

　　"同心燃梦"社会实践队的同学们不怕艰苦的环境,积极投身到农村基层,为农民们带去了知识、技术和希望。他们以顽强的拼搏精神,努力克服各种困难,为农村的发展贡献自己的智慧和力量。在"三下乡"活动中,同学们甘为新农村发展的铺路石,通过教育帮扶、科技推广、文化传播等方式,为农村地区的发展注入了新的活力。

　　同时,"三下乡"活动也培养了大学生们的社会责任感和团队合作精神。在活动中,他们学会了与他人合作,共同解决问题,体验到了奉献的快乐和成长的喜悦。这种精神的培养将对他们未来的发展产生积极的影响。正如作者所说:"通过'三下乡'活动走出学校,进行实地调研,真正地去了解社会和民情,我感觉自己获益匪浅。"同学们在活动中深刻体会到农村发展的重要性和紧迫性,从而更加自觉地肩负起社会责任,为实现乡村振兴贡献自己的力量。

　　在"三下乡"活动认真践行"两路"精神,不仅使活动更富意义,也为大学生们的成长和发展提供了宝贵经验和精神财富。希望这样的活动能够越来越多,让更多的交大学子参与其中,为农村发展和社会进步作出更大的贡献。

(作者:邬巧　点评:徐洁)

青春向党　时代向前

"人的一生可以燃烧，也可以腐朽，我不能腐朽，我愿意燃烧起来。"唯有燃烧，才能报效祖国；唯有燃烧，才可为国建功。作为新时代的青年，从踏入大学校门的那一刻起，我的心、我的理想，便全部交给了党、交给了祖国，我愿意为人民服务终身。

一心向党　信念坚定

初入大学校园的我，在生活中懵懂过，在学习上松懈过，唯独不变的，是我那颗立志为党、为人民奉献的心。从 2017 年 12 月递交入党申请书开始，我时时刻刻以党员的标准严格要求自己。当时作为大一新生，我对自己的要求是：学生应当学好自己的专业知识，尽己所能地为同学们服务，为学院作出贡献。因此，我参加了学生会，在这里除了能够更好地为同学们、为学院服务以外，我还深深感受到了集体的力量和团结协作的重要性，更是让我在为人处世方面受益良多。

在学习十九大报告时，"青年兴则国家兴，青年强则国家强"这句话，深深地触动着我，也时刻激励着我。作为新时代的青年，我们是祖国的未来和希望。因此，无论是在工作、学习还是生活中，我都在不断鼓励自己去做新的尝试，也利用自己的课余时间去参观红色博物馆，在清明节跟随党组织去为英烈扫墓。

许多人认为"90 后"是慵懒散漫的一代，对此我坚决不认同。作为一名"90 后"，我虽不能马上干出一番大事业，但依然以坚定的决心，坚持做好每一件事。刻苦学习、参加志愿活动、担任学生干部……干好每一件小事，都是在给予自己希望，给予自己动力。青年是国家的未来。我们"90 后"可以肩负起祖国的希望，可以担负起振兴中华的重担。

古人云："天将降大任于是人也，必先苦其心志，劳其筋骨。"从那时起，我便要求自己勇敢面对诸多的困难和挑战，以创新、发展的眼光看待事物，孜孜不倦地学习，踏实苦干、善于创新。

脚踏实地　拼搏奋斗

时光荏苒，我逐渐步入了大二、大三，对自己的标准也不仅仅是刻苦学习，还有服务同学、奉献力量、提升自我、丰富阅历。我继续留在学生会为学院服务,也尝试担任班级班长、社团负责人等职务,在不同的岗位上奉献自我、磨炼意志、锻炼本领。经过不懈努力,我连续三年拿到了"校优秀学生干部"称号,同时也获得了校优秀学生奖学金。这些荣誉和奖励都在激励我不断向前。与此同时,我也成为一名入党积极分子。生活忙碌而又充实。

古人云:"道自微而生,祸自微而成。"对于大学生活,我不想把时间荒废在寝室,更愿意出去走走、看看。因此我给自己制定了时间表,坚持做到自律、自立:作为一名学生,以学业为重,孜孜以求,同时拓展课外知识;作为一名学生干部,我时刻规范自己的行为,努力做同学们的好榜样;作为一名入党积极分子,我时刻以党员标准严格要求自己,无论在学习、工作、生活中都努力发挥榜样的力量。

我在学习"时代楷模"杜富国的英雄事迹时,那句"你退后,让我来"震撼了我。正是青春绽放的年华,在命悬一线的瞬间,他本能而坚定地将战友守护在了身后。在那一瞬间,我仿佛看到了他的无畏与担当。不仅如此,受伤后的他,也并未自我放弃。他那积极上进的态度打动着我、他那坚持不懈的勇气激励着我、他那"让我来"的精神鼓励着我……在担任学生干部期间,我一直要求自己干好每一件事,尽可能地去公平地对待每一个人。在遇到困难的时候、在工作到很晚的时候,我就会想到杜富国那句"让我来"。他一直是我心中的榜样,在我迷失时为我指引方向。我也常常将他的故事讲给身边的同学听,让他们记住这位英雄。

不忘初心　不惧风霜

转眼间,我的大学生活也逐渐步入了尾声,我也成了一名预备党员。大家都在为自己的未来做打算,而我选择了一条别人"看不上也不愿走"的路——去基层。在此期间,听过各种各样的劝说,但我依然选择坚守初心,勇往直前。或许前路艰难,但我会一直坚持下去。

"人生的扣子从一开始就要扣好。"❶习近平总书记多次鼓励青年大学生扎根基层,只有到基层中去、到实践中去,才能真正知道所学的知识如何去发挥、如何去为社会作出贡献。习近平总书记对新时代青年成长的殷切期望,让我获益匪浅。作为一名预备党员,更要到人民需要的地方去,为人民服务。

作为祖国的未来,民族的希望,青年应当不负期望、勇担使命,应当追求卓越、奋进争先,以青春力量书写时代篇章。"时代楷模"黄文秀,放弃留在大城市的机会,毅然决然回

---

❶ 习近平. 青年要自觉践行社会主义核心价值观——在北京大学师生座谈会上的讲话(2014年5月4日)[N]. 人民日报,2014-05-05(02).

到家乡。她巾帼不让须眉,主动担任百坯村驻村第一书记,勇担全村脱贫重任。她挨家挨户走访调研,因地制宜发展产业,带领全村实现整体脱贫,让全村发展驶上了快车道。她是习近平新时代中国特色社会主义思想指导下成长起来的优秀青年代表,是我作为一名新时代青年的榜样,将激励我为党和人民的事业勇于担当作为。

作为一名学生党员,我的青春将奉献给祖国、奉献给党。我会到人民最需要的地方去服务人民,到党最需要的地方去建设祖国。作为新时代的青年,我坚信青春向党,时代向前,我会为祖国的建设贡献力量,以青年之微光,添国之荣光。

点　评

"人的一生可以燃烧,也可以腐朽,我不能腐朽,我愿意燃烧起来。唯有燃烧,才能报效祖国;唯有燃烧,才可为国建功。作为新时代的青年,从踏入大学校门的那一刻起,我的心、我的理想,便全部交给了党、交给了祖国,我愿意为人民服务终身。"

多么有理想有抱负的青年一代啊!这是作者内心的呐喊,这是我们年轻一代学子的真实写照!

"一心向党,信念坚定"。作者是这样说的,也是这样努力的。

从进入大学开始,作者就严格要求自己,勤奋努力、刻苦学习,积极参加公益活动,全心全意为同学服务,取得了较好的成绩,连续三年荣获"校优秀学生干部"称号,获得了校优秀学生奖学金,并成为光荣的共产党员。

临近毕业之际,作者积极响应习近平总书记鼓励青年大学生为社会做贡献的号召,发扬"一不怕苦、二不怕死"的"两路"精神,选择扎根基层,勇担使命,砥砺前行。

愿我们每一位新时代的青年,都以青春向党,用实际行动书写时代篇章,以青年之微光,添国之荣光。

(作者:张茹　点评:漆振羽)

四

顽强拼搏精神 篇

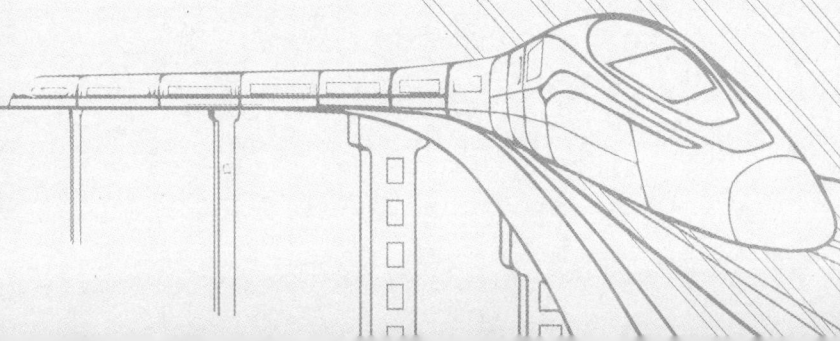

筑梦交大,诗写青春

记得教学楼通明的灯火,宿舍屋檐下淡淡的槐香,李子湖畔冉冉蒸腾的水雾,来往同学们的欢声笑语,我们夜沐星光辗转来到校门口站定的那刻,从未想过在这里度过的四年会是这样精彩纷呈。

起·禹门已准桃花浪,月殿先收桂子香

清晨闹钟叫早,第一回发现校园里也可以不紧不慢,我井然有秩地慢慢收拾好书包,打扫完卫生,再回头瞥一眼室友昨晚刚侍弄好的花花草草瓶瓶罐罐,合门离去。路过食堂,买了一杯甜度适口的豆浆和香香脆脆的炸煎饼,欢脱地往教室走去,进门前不忘核对门框上的号码牌和课表里是否一样。教室里的座位可以随意选择,先到先得,若想不辜负"师恩似海",还是尽量靠前坐,保证会满载而归。第一堂课是高等数学,讲台上站着我最喜欢的张老师,她一直坚持手写教案,密密麻麻的公式诠释着她对学生的谆谆教诲。每一次上课,教室里所有的黑板都"座无虚席",板书娟秀的字迹却是让我们有些叫苦不迭,不过配上老师独有的口诀记忆术,课后作业就变得简单起来。铃声一响,大家三步并作两步出门,而后就是背着书包在各大教室争夺心仪座位的时刻,仿佛在各自选定的位置上就可以运筹帷幄,决胜千里。傍晚饭毕,劳碌了一天心安理得地打开手机,先给牵肠挂肚的家人朋友去电,分享学习生活、畅谈心得感悟。完成当天任务之后,我戴上耳机,或在音乐的世界里沦陷,或可追剧,或可聊天。如此周而复始五天,就迎来了为期两天的周末,携三五挚友,相约校门口奶茶店,集齐抹茶、奶咖、杨枝甘露和奥利奥口味就可以召唤优惠券。中学的时候,家长会在校门口接送我们上下学,鲜有这样的悠闲时光谈笑欢歌。只有在中学时代吃过该吃的苦,历经艰难才能换取今后的光明前途。同时,也对家长聊表感激之情,督促劝学之恩定当铭记于心。

承·且将新火试新茶,诗酒趁年华

也许所有人都存有侥幸心理,在全靠自觉的教学模式下,总想耍点小心眼,偷个懒,补

个觉,考前通个宵,遇事不决掷橡皮……然而这类做法着实不可取。前行路上深深浅浅的脚印,都是我们自己努力的印证。人生没有白走的路,每一步都算数。

曾经有段时间,我总喜欢耽于安稳,吊儿郎当混日子。然而大学里许多东西都需要倾注大量的心血。进入大学,相当于迎来了一个全新的世界,应该及时调整心态,改变原有习惯,朝着最适合自己、最想走的方向发展,努力不止,永葆初心。如果平日留心,积学有素,就会如有源之水,触类旁通。人生需要磨炼,学习也是如此,专业技术的打磨更是要水滴石穿的功夫。实在坚持不下去时,回头看一看,所有人都在负重前行,所有人都在面朝大海,只要脚踏实地,你一定会迎来春暖花开。

转·算来好景只如斯,惟许有情知

少年人往往阅历浅薄,经验欠缺,若还是不思进取,最终仍是不堪大用。知识积累不是一蹴而就,关键是久久为功,功在不舍。术业有专攻这句话,不仅是说个人的学习兴趣不同,更重要的是,想真正精通一门专业,不是坐在教室里高谈阔论,觉得已经听懂了讲解就真正学会的,还需要自己切身体会,实践操作。我们的专业老师不仅专业知识储备丰厚,可以在课堂上传道授业解惑,在电气设备运作维护方面也是一把好手。我从心底里钦佩这样的人才,不仅自己学得好,还可以融会贯通,把晦涩枯燥的理论拆解得如此通俗易懂,实在是精妙绝伦。而我们经常为了应付考试,或是耍一些投机取巧的小心思,或是死记硬背、一叶障目,更不用谈举一反三,以不变应万变。殊不知许多结论和规律都要深入理解,并应用于实际生活。在专业人士的眼里,书本上的知识都可以对应到具体的设备中,犹如庖丁解牛,各路章法了然于心。因此在学习和研究方面,要有长期吃苦耐劳的精神。不积跬步,无以至千里;不积小流,无以成江海。

随着接受的教育更上一层楼,我才意识到进步需要耐心等待的,三天打鱼、两天晒网的做法尤其不可取。幸得前辈不吝赐教,我也开始转变,积极参加活动和竞赛,改变学习思路,枯燥的编程语言成了我与机械交流的密码,在消防文创活动中与"火"共舞;在"中华魂"中雕刻民族血脉,提振元气;在"互联网+"中奋力创业,与队友一起披荆斩棘,乘风破浪。而今也算小有成就,未来也必将以梦为马,勇创辉煌。每个阶段遇到的人和事,不论如何,都值得仔细思考、认真对待、不留遗憾,同时要对自己负责,人生的价值应该在百折不挠的执着中表现出来。一旦目标确定,便义无反顾,勇往直前,既不因暂时的成功而志得意满,也不因暂时的逆境而不思进取,始终抱定一颗恒心,努力不止,这样的人生才会有大河奔流的气度,才会展现出非凡的价值。

合·人间四月芳菲尽,山寺桃花始盛开

流光容易把人抛,红了樱桃,绿了芭蕉。历尽重重辛苦,辗转于各个楼层之间,游走于各书本的字里行间,我终于完成了大学学业。细数酸甜苦辣的各种经历,笃定信仰,满怀希望地拼力前行,蓦然回首,已经到了毕业季,四年光阴悄无声息,幸不辱命。我虽然有时也是一个特立独行的人,终究是被可敬的老师和顽皮的朋友磨平了棱角。真的非常感谢这段缘分,我上过的每堂课,遇到的每个人,经过的每条路,看过的每片天,虽然不能完全记住,但是,每每回想起这一帧帧影像,总可以找到幸福而温暖的归属感。这并不是我们此行的终点站,春风鼓浪,勇立潮头,应怀着赤子之心继续修炼,愿归来依旧是少年。

人生真是一次奇妙的航行,我们要经历多少次选择,才能换得这样的旅程。幸得交大的老师和同学们相伴前行,感念相遇相知,唯有感叹:筑梦交大,诗写青春,成就更好的自己。终于要奔向那似锦的前程,却忘不了图书馆的肃穆之景,忘不了学至专注的忘我之境,忘不了深夜从教室一直亮至办公楼的清辉,忘不了一路从双福到南岸的所见所闻。最不想忘的,是将要展露在毕业合影上你我的欢颜。

-------------------------------- 点 评 --------------------------------

重庆交通大学建校源于"两路"精神。学校始终秉持"甘当路石"的光荣传统,一代代交大人用行动践行"两路"精神,用汗水浇铸"明德行远 交通天下"校训,绘就了重庆交通大学最为亮丽的底色,为共和国书写了珍贵的国家记忆,为交大人烙上了厚重的人生信念。学校注重培养学生在学术和人格上的追求,李银珠同学在校学习和生活的经历,正是这种精神的生动体现。

在"起"章节中,李银珠同学描述了自己适应大学生活的过程,从早晨的起床到夜晚的自习,她的生活充满了自律和努力。她不仅在课堂上积极学习,还在生活中学会了自我管理,通过不断学习和实践,培养过硬的专业技能和综合素质。在"承"章节中,李银珠反思了自己的学习态度和方法,意识到了坚持不懈、持之以恒的重要性。在大学里需要投入大量的心血,更要不怕辛苦、顽强拼搏,这是践行"两路"精神的生动体现。同时,学习不仅仅是为了应付考试,而是要深入理解和掌握知识。在"转"章节中,李银珠提出了对真知的追求,认为学习是一个长期的过程,需要不断的积累和实践。她对专业老师的敬仰,以及对自己学习方法的反思,都彰显了她的不懈追求和积极态度。在"合"章节中,李银珠通过自己的经历和感受,表达了对于大学生活的感慨和对于未来的期许,语言优美、情感真挚,充满了对于母校和同学的感激之情。

　　总的来说,这是一篇充满感情和回忆的毕业感言,值得细细品味。李银珠同学的大学生活是"两路"精神的生动实践,她的经历告诉我们,只有通过不懈的努力和实践,才能真正掌握知识、提高素质,成为对国家和社会有用的人才。

(作者:李银珠　点评:王世佰)

宝剑锋从磨砺出,梅花香自苦寒来

    时光飞逝,流年似水,三年的硕士研究生生活即将告一段落,还未真正驻足停歇,便又要准备踏上人生的下一段旅程。回首这三年的时光,所有的酸甜苦辣都将成为我人生中宝贵的财富。也曾翻山越岭,也曾灯火阑珊,也曾孤单迷茫,但依旧背起行囊寻找方向,栉风沐雨一路走来,收获今日的成长和蜕变。

不经一番寒彻骨,怎得梅花扑鼻香

    在这三年研究生时光中,若没有经过艰苦的奋斗和辛勤的付出,就如同茧没有经过痛苦的挣扎而永远不会变成美丽的蝴蝶,河蚌没有经过砾沙的磨练而永远不会孕育出晶莹的珍珠一样。研究生生活如同一片沃土,赋予我们最丰富的人生思考和最甜蜜的欢乐时光;研究生阶段犹如珍贵的时光之匣,蕴藏着知识的宝库。在这里,思绪如风,洋溢着智慧的芬芳;在这里,汗水如雨,浇灌着成长的花朵;在这里,岁月如歌,奏响着青春的旋律。

    回首这三年阳光灿烂的日子,美好却显短暂有遗憾,但更多的是欣慰。作为一名研究生,我一直把科研摆在第一位,三年来时刻保持冷静思考,自我雕琢、严谨治学。研究生和本科最大的区别在于,不再局限于学习本专业的课程知识,也不是盲目追求课程绩点,而是运用所学的基础理论,开展自己的学术研究,如通过基础理论开展相关实验,利用所学的流体力学理论构建相关数值模型,开展数值模拟研究等。为了能够充分运用基础知识,我大量阅读文献,了解前沿动态,在此基础上开展创新性的研究。这个过程如同修炼武功秘籍一般,漫长而奇妙。作为一名全面发展的研究生,不仅需要在学术领域取得建树,更要积极融入社会活动,参与各类课内外竞赛。社会活动如同一面明镜,映照出我们的责任与担当意识;竞赛则如同一场挑战,锤炼着我们的意志与勇气。在这样的历练中,我们不断磨砺自我,不断超越自我,不断探索无限可能。

    一分耕耘,一分收获。虽然一些付出看似石沉大海,但在这过程中潜移默化地磨砺了我沉着冷静、不急不躁的品质。三年来积极参与摄影比赛、MIKE21数值模拟大赛,连续三年获得学业奖学金,保持着优秀的课程平均成绩,并且发表了一篇SCI学术论文。不经一番寒彻骨,怎得梅花扑鼻香;不经历风雨,怎能见彩虹。研习室的挑灯夜战,野外的风餐露宿,那些汗水和泪水,都打开了我通往成功的道路。

益重青青志,风霜恒不渝

时光荏苒,三年前的入学报到仿佛还历历在目。重庆交通大学人性化的管理让我们拥有组建宿舍的自主权,我与复试时结识的几位志同道合的兄弟,顺理成章成为一个和谐的"四口之家"。在"家"里我们毫不吝啬地分享各自的目标和追求,打造一种共同进步的奋斗环境,这让我真切领略到一群奋斗者相互交流的魅力。我很喜欢的电影《中国合伙人》,讲述了三个大学同学共同奋斗的故事。我们的故事也同样热血,大家朝着自己的目标努力。虽然从事着不同方向的研究,忙碌着不同领域的事业,但我们依旧互相鼓励,互相帮助,在各自的领域里闪闪发光。

研一期间,我们选择了各自感兴趣的方向开展学习,为之后的研究打好了扎实的基础。闲暇时间我们秉承"学好也玩好"的生活理念,去探寻重庆的人间烟火,让原本枯燥的学习生活不再乏味。研二时,为寻求更好的发展,其中两位兄弟选择参加校外的联合培养。我们不忘初心,依然保持联系,相互鼓励和支持,在实验室开展研究的同时,还参加了各类科研培训、论坛、讲座等,以寻求全面提高,朝着"通百艺而专一长"的目标进军。研三是充满压力的一年,毕业论文撰写、小论文发表、就业、升学等各种压力扑面而来,我们唯一能做的,就是按部就班地在每一个节点来临之前做好准备,沉着冷静地迎接挑战。我感谢曾经努力奋斗的自己,为现在的选择提供了更多的可能性。人生也是如此,一环扣着一环,环环相连。时光的车轮不能逆转,我们理应不负韶华、不负使命、不负将来。

现在的我,已经成为一名中国科学院成都山地灾害与环境研究所的准博士。我希望通过自己的努力,为社会的发展作出力所能及的贡献。能够为自己热爱的事业努力,何尝不是一种幸福。过程虽然充满着艰辛和坎坷,但一切都如此值得。如今即将离开庇护了我三年的母校,所习得的将终身受益,所经历的将回味无穷,这段历程也将永远刻在我内心深处。

春风化雨育桃李,润物无声洒春晖

研究生三年时光,我在"明德行远 交通天下"校训的指引下奋勇前行,终有所获。回首这三年的点点滴滴,所有收获都离不开母校的支持。学校秉承科学发展的理念,充分考虑学生自身兴趣特长,因材施教,鼓励全方位发展,培养出一批批优秀学子。

三年期间,学校组织的学术论坛和相关讲座,极大地激发着我们的科研兴趣,并为我们各自寻找科研方向提供了明亮的灯塔;学校制定设立的各类奖学金,对同学们努力付出的成果给予了高度的认可,并且提供了精神鼓励和物质支持。感谢母校给予我们如此宽广的平台,天高任鸟飞,海阔凭鱼跃。重庆交通大学仿佛是一个巨大的舞台,任凭着我们在其中舞蹈,一切美好都在聚光灯下上演。为此,我真诚感谢母校为我们付出的一切,祝愿母校春风化雨、桃李满园。同时,感谢导师的悉心栽培、感谢所有在我身处黑暗找不到方向时向我伸出援手的朋友们,祝你们前程似锦、未来可期。

宝剑锋从磨砺出,梅花香自苦寒来。如今这一段奇妙的旅程即将结束,我们都将背起行囊奔向心中的诗和远方。祝愿我们拥有"长风破浪会有时,直挂云帆济沧海"的意志,祝愿我们不缺"仰天大笑出门去,我辈岂是蓬蒿人"的豪气,祝愿我们"欲买桂花同载酒,依旧恰似少年游"!

点 评

本文以作者研究生生活中的成长与感悟为主线,展现了他和宿舍兄弟之间的互相支持,在学术研究、社会活动和学科竞赛中的不懈努力并取得了满意的成就。通过对三年研究生生活的回顾,作者表达了对学术研究、全面发展和社会责任的追求,以及对母校、导师、同学的感激之情。文章以"宝剑锋从磨砺出,梅花香自苦寒来"为主旨,表达了对挫折和困难的坦然面对和努力克服,显示出了"一不怕苦、二不怕死"的顽强拼搏精神。

在作者的回忆中,不仅有对学术研究的执着追求,还有对全面发展的坚持。作者不满足于仅学习本专业的课程知识,而是通过参与社会活动、学科竞赛,全面提升自己,并希望回报社会。正如作者所言,研究生生活既是沃土,赋予了欢乐时光,也是珍贵的时光之匣,蕴藏着知识的宝库。这种全面发展的追求正是"甘当路石""坚韧不拔"的体现,不仅带给作者个人的成长,也体现了对国家和民族的责任和担当。

作者关注自身的发展的同时,还注重社会责任和团队合作。文章中对母校的感激之情和对导师、同学的祝福,都充分展现出作者的感恩之心和团结之义,最后的祝愿也为整篇文章增添了温暖和感人的情感色彩。他的成长历程充满了正能量,也给予我们启示:只有坚持不懈、勇往直前,才能在人生的道路上取得更大的成就。相信在未来的征程中,作者将继续发扬"两路"精神,勇攀科研高峰,为社会发展作出更多有意义的贡献。愿他在人生的舞台上继续绽放光彩,助力民族复兴的伟大梦想!

(作者:向文　点评:龚潇)

岁月骛过不负己

"有些诗写给昨日和明日,有些诗写给爱恋,有些诗写给从来未曾谋面,但是在日落之前也从来未曾放弃过的理想。"而我,则想写给我如诗的青春——我的大学。

起·孤身陌城红领路,天桥荷塘月偷怅

"重庆北站到了,请各位旅客有序下车。"

第一次远离自己的家乡,孤身一人拖着行李箱下了火车。在硕大的火车站里漫无目的地走着,到处都是陌生,不熟悉的口音以及匆匆奔走的人群。我该怎么走?怎么去学校?这个问题困扰着我,只能拖着沉重的行李,向前朝着大概的方向走着。我四处张望,终于发现一个红色的牌子,上面写着"重庆交通大学迎新点"。于是我飞快地朝那个方向走去,也许是因为有了目的地,行李箱也轻了很多。

"同学,你是到重庆交通大学吗?"一个穿着红色志愿者衣服的学长说道。"是的。"学长从我手中接过了那个沉重的行李箱,告诉我学校派了专车来迎接新生。我默默地跟在学长身边,听着他给我描述学校的情况。

在车上我望着窗外,沿途的车水马龙、山城风景,一切那么的陌生,但此刻已经没有了害怕,只有无限的憧憬:我的学校也会这么美吗?

很快就到了学校门口,映入眼帘的是雄伟壮观的学校大门,一座桥梁立在绿地和蓝天之间,门口有很多鲜花。这一幕仿佛在梦中见过,这就是我的学校呀!

进入大门以后,是宽敞的大道,正前方是李子湖。正值夏季,阳光下微风拂过湖面,也轻轻吹动湖边盛开的荷花。几只天鹅在湖中慵懒地拨动湖面,引起阵阵水波,如诗如画。"同学们,重庆交通大学到了哦。"这个声音将我的思绪从湖中拉了回来,这就是我的学校,美丽的重庆交通大学!

刚刚下车,就有学姐来引导我们去报到,并介绍校园情况。我快速地完成了新生报到,带着行李箱去往寝室。在寝室楼下办理入住手续时,遇到了同车来的一起报到的同学,我们居然是同一个寝室,而且床位就在我对面。于是我提议,收拾完以后出去逛一逛,我一个人感觉会迷路。他来了一句"我也是路痴。"然后两个路痴还是一起把学校逛了一

圈校园很大,我们俩也真的迷路了,最后还是一个学长把我们带了回来。

夜晚,来自天南海北的我们在聊着各自对于未来的憧憬,以及今日的各种遭遇,却没有发现高挂夜空的月光已经通过寝室的玻璃门,偷偷溜进我们寝室,偷听着我们今日的美好,也顺手带走了我们的害怕和孤独。

学·无拘无束任君游,唯有自律绘佳卷

"同学们上课时间到了,请有序回到教室准备上课。"这是我高中上课的铃声,每次我都会在"准备上课"的这四个字播完之前回到我的座位。有时候我会躲在书山后面,和同桌吹吹牛,聊一聊对于大学生活的向往。我在大学一定也会努力学习,为自己的梦想而奋斗。

可在大学的校园里,上课的教室是不固定的。所以,每天我们都必须为了不同的课程而多次转移阵地,因此我们每次都要提前去找教室。

上课的经历是如此的"曲折",但是我们俩没有任何的害怕,更多却是彷徨。除去上课时间,其他的空闲时间都是我们自己安排,没有固定的教室,也没有班主任盯着我们自习。除了回寝室,白天的空余时间就没有地方可以去。图书馆总是人满为患,教学楼的自习室里,桌子已被高高的书本堆满。其实除了这些地方,还可以在一些空的教室或者咖啡馆自习。可遗憾的是,初来乍到,胆怯阻碍了我们这么做。

这些对于习惯了高中快节奏生活的我们来说,都感觉难以适应。所谓的无拘无束的大学生活,不过是没有了繁重的作业,没有了早上 7 点到晚上 10 点半的课程,没有了班主任坐在讲台上盯着我们……可是与此同时,我们的课程也变得更难;没有了老师的监督,我们学习的状态好像也没有变得更好。还记得高中许下的心愿:到了大学也会更加努力认真。这时的我们非常迷茫,心怀目标却无从下手,总是质问自己,我们的理想生活应该如何实现呢?自由的大学对我们的要求反而更高了,奖学金和比赛都需要自己花更多的课外时间准备,去各种平台上学习相关的专业知识。

思·大山小溪困百姓,千里柏渠表吾心

"老张,你的部分准备得咋样了?我们过两天就要交论文了。"大二以后,我就到处参加各种各样的比赛,有的与我专业相关,有的则不相关,如桥梁设计大赛。这是我从来没有接触过的领域,起初我觉得可以尝试一下,最后发现自己还是低估了困难。

当时我们团队四人,都是从来没有接触过桥梁设计的同学,就凭着一腔热血参赛。比赛需要学会 CAD 绘制,需要数据处理,需要调查使用什么样的水泥,还要设计相关的桥梁图,必须实地考察。

于是我们四个小家伙,在期末考试的前夕,跑到山区里做桥梁的实地考察。到达时已经快晚上,学校对接的当地政府派人来迎接,并给我们安排了住宿。第二天早上6点半起床,前往桥梁修建地实地考察。我们以为会是一条很宽很深的大河,结果却是一条大约3米宽的小溪,水流也很小。我们有些失望,觉得有点怀才不遇,但是和附近的居民沟通后才知道,每天会有很多人通过独木桥经过那条小溪。遇到雨季涨水后,河对面的人无法过桥,严重影响日常生活。对我们而言是一条小溪,对当地人来说,却是一条大河,他们的生活与之息息相关。

"逢山开路、遇水架桥!"我们十分认真地探测数据,查询相关的资料,设计桥梁时,也尽量考虑当地居民的各种需求,预判防范可能发生的一些情况。虽然比赛结果并不如意,但我们让当地居民知道了交大学生的努力、知道我们想为他们建一座桥。我们还为那座桥起了一个很有意义的名字——柏渠桥,不仅仅是因为那附近很多柏树,更是我们想为百姓解决困难。

期·昨日少年不年少,明朝期我成我期

"老张,你感觉自己的大学咋样呀?"

如今,我站在交大的门口,一切仿佛昨日重现,但是那个稚嫩的少年已经不再彷徨。在大学里,我有过挑灯夜读终于理解某个知识点的快乐,有过在讲台上得到老师认可的欣喜,也有过在校园里和朋友侃大山的喜悦。

时光的扁舟无声无息地漂流在历史的长河中,沿途精彩的、苦涩的、忧伤的景色都化作了过眼云烟,空留下一段令人难以忘怀的回忆。蓦然回首,三年所发生的一幕幕,都从我的脑海中浮现。大学是人生中一次难忘的回忆,更让我明白了交大先辈们"让高山低头、叫山河让路"的精神气魄!青春是一首诗,一首当用自己去朗诵的赞美诗!

点 评

文章用一个个小故事,构筑起了完整的四年大学生活。什么是青春?作者说,青春是一首诗,一首当用自己去朗诵的赞美诗!青春,也是"让高山低头、叫山河让路"的精神气魄!从稚嫩到成熟,从胆怯到从容,人的一生也如大学四年般,短暂却充满着精彩。

作者在参加桥梁设计大赛这一从未接触到的专业领域时,起初认为实践场地是一条很宽很深的大河,当见到是一条约3米宽的小溪时,难免有些失望,觉得怀才不遇。但经过与当地村民的深入交流后才发现,小河并不"小",反而承载着当地人的工作与生活,与他们的日常息息相关。小桥建好后,作者团队为桥梁

取了一个颇具意义的名字——柏渠桥,寓意为当地百姓解决实际困难。

在大学生活中,同学们也许会遇见诸多感性上认为没有意义的小事,但只有深入实践、动手去做、潜心了解后,才会发现小的事情也许更会蕴含着更大的意义和作用,重庆交通大学的"小桥大爱"便有力佐证了这一点。这说明,只有潜心学习、认真钻研、心无旁骛,才方能在所学专业领域有所建树。

"明德行远 交通天下"。愿作者以及像作者一样努力着的交大学子们能戒骄戒躁,脚踏实地,在沉心静气中作出更大的贡献。

(作者:张光斌　点评:黎昱睿)

你的人生更应该是旷野
——记我与交大的四年

初见，勇气之始

重庆，令我魂牵梦萦的山城。三年苦读后，我终于走进这里。巴山麓，渝水旁，我大口呼吸着山城的空气，感受这座城市与众不同的独特气质——热烈、直白且坚韧。我为重庆着迷，因为我总觉得这里拥有一颗勇敢的心，像小说里的江湖侠气，也如历史中那般在次次战斗中重生。

事实上，我的确急需勇气。我丢掉学了三年的理科，只因为热爱选择了英语，成为一名在理工院校的文科学生。我明白文理学科思维的差异，更清楚未来就业前景不乐观。可是当选择降临时，我猛然发现无法忽视自己的热爱，所以准备放手一搏，给实现梦想一个机会。重庆，两份庆祝；双福，双倍祝福。在此处开启我的漫漫前路，或许会有崭新的人生故事。

原来，人在做自己喜欢的事情的时候，是完全不一样的状态。结合交大的强项，外国语学院在培养方案中，将传统的英语专业与工程特色融合起来，并将通过入学选拔，组建工程翻译实验班(简称"工翻班")。了解到培养方向后，我不禁感叹："这不就是为我这样的学生量身定制的吗？理科脑子加文科专业。"于是我暗暗下定决心，要考进工翻班。那是我经历的第一次英语面试，记得上台前脑子里反复过着自我介绍，记得手心里的汗，记得回答问题时的磕磕绊绊、语无伦次。我在那短短的几分钟里顿时明白：从小城市走出来的英专生，注定要吃哑巴英语的亏。开学典礼上现场公布名单，我拽住衣角，紧张地祈祷着老师能念到我的名字。最终，我以倒数的成绩考进了工翻班，新的挑战即将开始，进步刻不容缓。

探索，初生牛犊

"学习不是大学生唯一的任务。"我总是听着这样的说教，所以大一的我将全方面发展做到了极致，就像是还没学会爬就想站起来跑的小孩，把每天安排得满满当当。

我加入了学生会文艺部,为了参加舞蹈大赛和大家一起排练。那段时间的 B01 底楼飘荡着不同的乐曲,每一处玻璃门都倒映着青春的身影。我们排练到深夜,身体极度疲惫但头脑很是活跃,昏暗路灯下穿着长裙的少女们奔跑着打闹,这是我脑海中最美好的场面。我还记得舞台上被灯光照亮的指尖,记得裙摆上的金色花边,记得旋转起来飞扬的裙角,那是一去不回的岁月。

我还是广播台的播音员,晚饭时候听到的节目,就是我和搭档的唠嗑现场。我们总是互相打趣,小小的播音室里有着大大的梦想。提前标记好的稿子、同事们打着的手势、轻拿轻放的话筒……"文学牵动我心,青春伴我同行"直到今天也是我们的专属暗号。这句话现在也能听到,周四还会在交大响起,只不过我们已经站在了话筒的另一端。

另一段故事则要漫长且曲折许多,我将其称为我的"人生转换器",这段经历转变了我对大学生活的定义,也转变了我对人生的态度。大一那年,我跟着朋友面试了学院辩论队,意外入选,从此成为一名辩手。代表学院参加"交大杯"辩论赛的第一年,靠着初生牛犊不怕虎的冲劲打进了八强,还收获了许多学长学姐的好评。最重要的是结识了知心好友,在未来的这几年里,我们形影不离。当然那时的我们从未猜到后来的故事,约定第二年一定要捧杯,要一起书写从不被看好的小院到辩论赛黑马的奇迹故事。大二的我们从纳新开始,步步前进,顶着繁重的学业带队,一起熬夜讨论写稿,竟然真的实现了去年的豪言壮志,创造了学院有史以来最佳成绩。辩论队拿着奖牌的那张照片,后来出现在了各种场合:湖滨广场的宣传栏上、学院办公室的走廊上……我们好像成了学院的杰出人物,也成了"交大杯"辩论赛的传说故事——那支只靠几个人勇夺亚军的辩论队。

后来我从院队走到校队,代表交大参加重庆市的比赛,结识了更多厉害的辩友。直到临近毕业的现在,我仍然是辩论队的成员,还在挂念着队友,还在怀念着当年的时光;聚光灯下,想说的话站起来能就说,信赖的人侧身就能看见。辩论让我看到了更广阔的可能性,我们可以为了一个辩题快速学习新领域的知识,可以用自己专业的思维去解决许多现实生活中的问题,可以探索人类的思想与语言,可以去追问人性的善恶。辩论队是个如此神奇的地方,高强度产出观点的要求,让每个人必须在短时间内展现出深层次的自我,从观点的碰撞到共识的建立,让我们之间的沟通更加顺畅。在后来我遇到的每个艰难时刻,因为有他们在身边,总能等来光明。

沉淀,第二人生

疫情的影响下,我的快乐探索时间很快结束。来到专业课繁多的大三,我完全回归学业,开启苦行僧的生活。

大三我的目标是保研。作为"保研边缘人",我的每一天都在学习和备战竞赛中度过,因为深知自己的实力暂时不足,每一步都走得很是艰难。第一次接触口译我就沉迷其中,因为它与辩论相似,都是在高压条件下做迅速的转化与输出;更因为它所蕴含的特质是我一直所期望拥有的,那样果敢、疯狂而又沉稳。于是我考虑读口译专业的研究生,练习的足迹遍布交大各处,B01的同传室、致远楼的平台、李子湖的台阶、德园宿舍的楼梯间,从清晨到凌晨,从夏天到冬天,我悄悄追寻着心中那遥不可及的梦想,盼望着在九月能够翻身。但结果很残酷,我落榜了。情绪低落半月有余,我又时不时想起和他们在一起创造的那些奇迹,不甘心就此放弃,可也没力气继续奔跑。

我逼迫自己面对现实,坐上回重庆的高铁。当飞速前行的列车越过一座座山,山的尽头是山城锃亮的高楼大厦,我才反应过来,该去追求的是那片旷野,而不是某条既定的轨道。交大教的是修路、搭桥,不是要让我们在这一条路上走到黑,而是想让交大的孩子们明白"逢山修路,遇水架桥",将所有的障碍变成路上的风景,而"两路"精神的深刻内涵更让我明白,面对挫折与失败,唯有铆足干劲继续向前,才能够最终迎来胜利的曙光。我想失败不会是我的最终结局,此刻会成为新的开始。

日本有一种工艺叫"金継ぎ"(金缮),匠人们用金粉修补陶器的裂缝,让裂痕更加耀眼。我想,这就是我对待人生旷野的态度。因为有伤疤,所以更值得珍藏。就在我打上前一个句号的时候,我收到了拟录取通知。所以这篇文章又多了这么一行,我的大学生活也迎来了最后的圆满结局。

感恩四年,我将继续在旷野狂奔。

点　评

《你的人生更应该是旷野——记我与交大的四年》讲述了田诗雨同学在交大求学四年的成长轨迹。选择重庆就读是因为其独特而充满魅力的山城气质。重庆,两份庆祝;双福,双倍祝福,这是一段新人生之路的开篇。

在重庆交大这一所偏重理工科的高校学习英语专业,田诗雨同学带着一丝犹豫与茫然——自己三年的理科学习所造就的逻辑思维,是否就此荒废?未来的就业、继续深造是否一片光明?但因为热爱,她选择了继续坚持。得益于具有重庆交大特色的本科生培养方案体系,"工程+英语"的结合,让田诗雨同学充满了期待,毅然决然选择通过选拔加入外国语学院工程翻译实验班,并充分将理科思维融入英语学习中,起到了事半功倍的效果。

大学学习是一个综合能力培养的过程,田诗雨同学积极参加各种特色活动,参加舞蹈大赛、担任播音员以及加入辩论队等。这些经历不仅丰富了校园生活,也培养了她的领导能力和团队合作精神。特别是在辩论队中的经历,让其更深刻地理解到人生是一场旷野而非轨道,每一次的转向都意味着新的遇见和成长。这种积极向上的心态和对未知的勇敢探索,是非常值得肯定的。

在即将毕业的两年里,逐渐沉淀、自我思考成为主旋律。"两路"精神孕育了交大,也造就了她面对挫折不怕困难,敢于挑战的意志。这段大学生活,如同一幅鲜艳的画卷,在岁月的雕刻下愈发绚丽多姿。

(作者:田诗雨　点评:王婷)

少年应对平庸说不

2019 年的那个盛夏,我敲开时间的大门,大步踏入了成年人的世界。那一天,是我大学开学的第一天,也是我 18 岁的第一天。我提着崭新的行李箱,背负着满腔的热忱与期待,踏上了那趟开往重庆的火车。车厢里十分拥挤,几乎都是和我年纪相仿的准大学生,他们的眼底,也盛满了藏不住的希望与星光。我还记得那块迎接新生的醒目提示牌,也记得热情的志愿者们,记得那趟接我们的校车,也还记得那一天满怀期待的我。光阴流转,每当回忆起那时的事情,如今只剩怀念。那些青春留下的痕迹,拼成了一幅独特的画卷,便是我的大学生活。

伊始·少年意气

大一学期的第一天,上一届的代班学姐为我们精心准备了一个欢迎会,我们依次上台进行了自我介绍。我有些局促,因为不太善于表达,总感觉在这么多人面前介绍自己,有一种莫名的尴尬。我提到开学的一天亦是我的生日,没想到欢迎会结束的时候,学姐送了我一个蛋糕,并给予了我美好的祝福。那是我第一次,收到一个陌生人的生日祝福。

两周的军训生活很快开始。现在回想起来,"饿"是军训留给我的最深刻的记忆。每次中午训练一结束,就能看到一个个穿着迷彩服的"小绿人"冲向食堂。军训期间每天都盼望着快点结束,可真正到了结束那天却又依依不舍。至今我的手机相册里,还保存着当时整个十二连的大合照。大家身着迷彩服,在阳光下笑得灿烂。

军训结束之后,我们正式开始上课,拿着课本迷茫地找教室,奔波于教学楼之间,汲取书本上的知识。最初总难免不适应的,觉得课程内容晦涩难懂,宛如天书。后来随着学习的深入,渐渐进入了学习状态。彼时,社团招新也进行得如火如荼,被称为"百团大战"。我和室友们都选择了自己心仪的社团,同时也迎来了自己的第一次面试。招新结束后,我成功加入了学生会、新闻社和文学社。之所以选择偏文字工作的社团,是因为我比较擅长写作,那些说不出来的话,在笔下却能够更流畅、更清晰地表达出来。现在想想,如果我没有选择工科,或许会选择文学类专业,那我的人生也许就是另一个模样。

加入社团让我每周的日程又增添了一个项目,那就是社团例会。周末则会和室友一起去学校周围玩耍。毕竟这片土地对于我来说,还是一个未开拓过的全新领域。

大一上半年就这么过去,下半年疫情暴发,我们开启了"网课时代"。在家里上课总归是有些懈怠的,直到期末考试才幡然醒悟——我就这么迷迷糊糊地度过了大一。

其中 · 朝益暮习

到了大二,疫情有所好转,我们终于盼来了开学。大一下学期我的成绩不佳,在全年级只能排到中游。我是个性格要强的人,在大二伊始看到别的同学评优评先,还拿到奖学金,便在心里暗自发誓要好好学习,明年成为他们中的一员。周末我没有再频繁地出去玩耍,社团也只选择保留文学社,空余的时间几乎全用于学习。

渐渐地,我好像终于发现了大学真正的意义——它依然是一个学习的平台。与九年义务教育不同的是,没有人再管着你,没有人再督促你,你只能依靠自己,在这四年里交出一份答卷。它甚至有可能决定了你人生未来的走向,所以只有自己对自己负责。

结局 · 向阳而生

一转眼到了大三,我们从科学城校区搬到了南岸校区。"搬家"的那一天很累,我在堆积如山的编织袋里寻找自己的行李,还要把它们从 3 楼搬到 9 楼。那天太阳炙烤着大地,行李沉重,人群熙攘,气氛十分热烈。

三年级开始,我凭借着前一年还算不错的绩点,专业分流之后名列前茅。这次进步极大地鼓舞了我的学习士气,开始更加努力地学习。那一年我的课业极其繁重,甚至有几周全天专业课排满,周末也安排了实验课。每天最大的愿望,就是赶紧下课回宿舍休息。

随着时间的推移,我发现自身能力很大地局限于课本上的知识。作为一个工科生,我竟然只学习理论而缺乏实践。于是我开始积极地参加各种竞赛。过程不可能一帆风顺,一些比赛甚至连校级奖励都没有得到。但我没有气馁,依然精神饱满,拼命汲取知识,争取下次做得更好。那段时间我极其忙碌,每天不仅要上课、比赛、做课程设计,还要准备考研,毕竟推免的事情还没有定论。至今仍记得某次竞赛的前几天,我几乎住在实验室,最后一天和小组的几个成员通宵测试数据。或许在故事里,如此拼命的过程应该有美好的结局。但是很遗憾,现实是我们并没有取得很好的成绩,最后只拿到省部级三等奖。竞赛结束的那天上午,我从实验室回到宿舍,在楼下买了几个包子,吃到了两天以来的第一顿饭。

大三下半年的暑假,我选择了留校,出于两个原因:其一是有一场竞赛进入了国赛,时间在 8 月中旬;其二是我想准备考研。由于前几个月都在忙于其他事务,我想趁着暑假这段时间,弥补考研的知识。

8 月底我回了一趟家,并利用在家里的那段时间,整理好推免材料发给了负责人。当时并没有报以太大期望,所以等推免成功的结果公布的时候,对我是巨大的惊喜。父母得知了喜讯,也为我开心,但同时也叮嘱我要更加努力,不可以骄傲自满。至此,我发现奋斗的青春终于有了回报,经历过的点滴都变成了自己的羽毛,最后在羽翼丰满之时翱翔长空。

大四的日子也正式拉开了帷幕。9 月底确认了推免的学校之后,我心里的石头终于落了地,整个人都有一种如释重负的感觉。后面的日子里,我也有更多时间充实自己,每天读一点书,看一些纪录片,了解一些专业领域外的相关知识。春招的时候,我也去尝试投了简历,想提前实践以后的工作。现在的我正准备毕业设计,也在憧憬未来的前程。再次回顾大学四年生活,拼搏是我的主旋律,尤其感谢来自母校不留余力的培养。我将始终牢记"铺路石"精神的甘于奉献,"两路"精神的应对挑战、敢于拼搏,继续书写我的人生篇章。

人间骄阳正好,风过林梢,我们正当年少。在这莽撞而又热烈的青春里,无论做什么,我们都应当先做自己。少年有梦不应止于心动,更要付诸行动。我们的眼界不应该被局限,我们还是少年,少年应对平庸说不,少年应当热烈地活着。我知道月光不会为我停留,也知道夏风永远短暂,可我仍会为那零星光亮奋力奔跑。

点 评

如何厚积薄发、自我奋斗,在不断提升综合能力的同时最终实现目标? 黄佳同学给出了最好的答案。

文章以 2019 年夏天的大学开学第一天为起点,描述了黄佳同学怀着满心期待,背着崭新行李箱踏上了前往重庆的火车。车厢里满是和他年纪相仿、充满希望与梦想的新生,这一场景让人仿佛感受到,那种蓬勃的青春气息。

或许每一位新生的大学第一年,都是在迷茫而又充满新鲜感中度过。在军训、社团活动、课程学习中,黄佳同学逐渐找到了对交大的归属感。而突如其来的疫情,迫使学生们进入"网课时代",困扰与懈怠接踵而至,恐慌与无奈伴随其中。对学习的醒悟,从意识到大学学习与义务教育的不同开始。这是一个开放的平台,在多元化发展的过程中,约束少了,或许懈怠便多了起来,四年的答卷将决定未来的走向,而对自己负责才是最重要的。很庆幸黄佳同学能够及时意识到,更加刻苦努力,在学业上得到突破,在学科竞赛中斩获佳绩,并成功获得推免资格。

从朴实的语言中,我们能够感受到黄佳同学青春的活力与追逐梦想的力量,正如文中最后一句引用的名言"我知道月光不会为我停留,也知道夏风永远短暂,可我仍会为那零星光亮奋力奔跑"。

（作者:黄佳　点评:王婷）

"舞"我所想

　　台上聚光灯倾洒而下,台下鼓掌声此起彼伏,优美的音乐旋律伴着轻快的舞蹈步伐,这便是我大学生活中必不可少的一部分——舞蹈。

　　和众多朋友们一样,小时候的我曾无数次幻想过我的大学生活是否会如梦境般美好顺遂,是否会如电影般轰轰烈烈,又是否会如星辰般璀璨耀眼。而真正经历过才明白,生活其实平淡如水,大学生活亦是如此。若是一味放任它从指尖穿梭而过,那便不会掀起任何风浪,甚至不会激起一朵浪花。但很庆幸,因为舞蹈,我的大学时光虽不至于轰轰烈烈,但也没有悄无声息地向我走来,又悄无声息地离我而去。

　　舞蹈于我的大学生活,是泥泞坎坷,带我体会辛酸与迷茫。

　　我的大一生活可谓是忙忙碌碌,无比充实,甚至做不到忙里偷得半日闲。我在半年里参加了大大小小十余场舞蹈的比赛、演出,而在台下练习的时间,更是几乎占据了我除上课和休息外的其他所有时光。排舞大赛、舞蹈大赛、迎新晚会……已经数不清登上了多少舞台,校艺术团、院学生会文艺部、班级文艺委员……已经记不得加入了多少文艺组织。

　　我在一次次舞蹈编创中经历,感受着舞蹈的故事和魅力。其中印象最深刻的,莫过于对"两路"精神和校史的学习。我在编排舞蹈动作时,想象着自己仿佛是川藏铁路上的飞鸟,翻过一座又一座高山。我想,当初的重庆交大人,在开拓这条道路时,那"一不怕苦,二不怕死"的精神,正也是他们坚持的动力所在。

　　时光飞逝,在又一次因为排练而匆忙啃着面包时,我也忍不住迷茫:这样的日子于我而言算什么?日复一日排练,忙忙碌碌地参与一次次跳舞,也就仅仅是跳舞而已。在向朋友分享我因跳舞而获得奖项的喜悦时,朋友却疑惑地问我,"虽然我也替你高兴,但这些舞蹈奖项有什么用?我们又不是舞蹈学校,这样的奖项的分量不会太重"。在向父母展示自己在舞蹈方面获得的成果时,他们委婉地提醒我,"还是要把学习放在第一位。"

　　毫无疑问,跳舞不能为我带来奖金,不能为我带来父母所谓的荣誉,更不太可能作为我一个工科生未来的谋生手段。与之相反,它带给我的,或许只有累到极致后的迷茫和不被人所理解的辛酸。

　　舞蹈于我的大学生活,是苦杏黄连,带我痛苦与悔恨。

至今记得大二那年，一个舞蹈组织的干部改选，我踌躇满志地参与竞选。本以为十拿九稳的自己，却可笑地占据了唯一落选的名额。当晴天霹雳落在头顶，巨大的落差，不可置信的心态，周围人的眼光，压抑得我呼吸都困难。我甚至失去理智，冲到评选人员面前质问原因，但无功而返。此后的很长一段时间内，我经历了痛苦三部曲：漫无边际的愤怒、控诉与抱怨，自暴自弃、持续低迷甚至行尸走肉般的生活状态，最后到平和、镇静却无法再向旁人诉说的压抑。

仔细想来，大学期间沉浸在舞蹈里的原因，也有迹可循。从小到大，每当别人问我有什么兴趣爱好，我都会毫不犹豫地说出："我喜欢跳舞。"我从小就可以不顾旁人眼光，在任何时间任何地点，跳自己想跳的舞。但长达八年的舞蹈学习生涯，让我渐渐厌倦了这样枯燥的生活，也越来越不能忍受舞蹈基本功练习带来的身体上的疼痛。所以那时的我，放弃了继续学舞。后来每次看到舞台上其他人曼妙的舞姿，我都会因为身材反弹式长胖和长时间不练舞导致肢体硬化不能跳舞而深感后悔。但对于舞蹈而言，一旦断了练习，就基本不可能再恢复如初，总之，那时的自己放弃得有多决绝，现在每次看见别人在舞台上熠熠生辉的时候，心里就有多后悔。曾经无边的悔意和现在承受的打击，交相摧残着我的斗志。

舞蹈于我的大学生活，更是春花绚烂、星河璀璨，带给我刻入灵魂的自由自在，带我感知"存在"与"期待"。

即将大四毕业的我，现在依然坚持参与舞蹈活动。倒不是说非要达到什么成就，仅仅是为了"舞"我所想。四年以来的种种往事都如过眼云烟，当初大一的自己身心俱疲，却忘了劳逸结合，忘了享受生活，或许只是为了弥补小时候犯下的错误，弥补那个对自己的亏欠而做出的报复式练习。大二的我也在跳舞，却被一些眼前利益，蒙蔽了双眼，不再自信，无所作为，跳舞变成了任务，生活失去了光彩。大三上学期的我忙于参与科技类竞赛，却几乎没有再获得过奖项，本来，除了舞蹈方面有些天赋，其他领域尤其是学习，我好像真的只是泛泛的平庸之辈。我彻底淹没于人群之中，无人问津，变成一粒沙子，不再闪着金光。好像背后有一双无形的手推动着我做所有事情，但没有一件是我真正想做。我恐慌地发现，我快要感受不到真正的自己的存在了，或许我只是一个提线木偶，机械地完成着周围人对我的想法和期望。

大三下学期，又一次有朋友找到我，参加毕业晚会的演出。我再次伸展开自己的身躯，挪动轻快的舞步时，每一个细胞都在告诉我，我真的存在于这个世上，这是我真正想要去做的事情。不被人理解又怎样？梵高、哥白尼等谁又是被当时人所理解的呢？天才与疯子之间也只有一线之隔，小时候的我尚能不惧他人眼光，现在又岂会被困住？出于种种客观因素，我没有办法在舞蹈这个领域做到顶尖水平，但那又怎样呢？我想跳舞，不是因为它带给了我多少荣誉，多少赞美，也不必达到多高的成就，而是切切实实的快乐。

回想大一，我真的很累，但同样收获了很多。因为我拾回了曾经丢掉的舞蹈技能，拾回了从小就有的热爱，用舞蹈动作表达自己的欢喜，寄托自己的忧愁，抑或是大汗淋漓地跳一场疏解自己的烦闷……

更何况，我还收获了一大批朋友、无数的感动、俏皮的小得意和丢失的自信。"一哒二哒三哒四，五、六、七哒八"，这是我们辛苦排练形成条件反射的口号；"为庆祝我们居然拿到了第一，那我就给大家劈个叉吧"，这是我们不负汗水，终得回报时近乎疯狂的庆祝；"我跟你说我最近又学会了一个新的舞蹈技能，可厉害了"，这是掌握新的本领后，美得冒泡的小得意；"哎你看我跳舞的汗水把我的妆弄花成什么样了哈哈哈"，这是上台表演后，笑中带泪的感动……太多太多或高兴或感动的瞬间冲击着我，一桩桩一件件都照耀着我这样的我才是一个二十来岁活泼欢脱的小姑娘吧，这样的我才是有血有肉的鲜活的人吧，这样的我才是真正存在的吧。

所以，大四的我，慢慢能够兼顾好学习的本职和自己的兴趣爱好，能够合理地调节两者的时间，能够静下心来享受它们为我带来的一切。谁说舞蹈不能为我带来什么？谁说荣誉一定只有学习上？谁说兴趣爱好就必须成为谋生的工具？客观上说，我凭借这项技能获得了不少的荣誉，荣誉的重量由我自己评定。它们不仅没有拖累我的学业，甚至给我的成绩添上了浓墨重彩的一笔，这些都是源于我后来的坚持。主观上说，它亦友亦师，既像朋友倾听我的诉说，陪我度过青春，让我的大学生活没有像水一般悄然流过，又像老师带我体会大学生活的酸甜苦辣，并从中学习道理。"谁的人生都不会一帆风顺，那样也很无趣不是吗？各种滋味都尝一尝，也不枉来人间走一趟。"带着这些收获，也让我有勇气面对以后步入社会的生活，让我对每一个明天都充满期待。

其实不仅仅是跳舞，若喜欢学习，那就埋头苦干；若想唱歌，那就放声高歌；若想参军，那就报效祖国……只要那是我们心中所想。我很庆幸，当有人问我兴趣爱好时，我能毫不犹豫地说"舞蹈。"也真心祝愿，每一个心有所想之人，都能大胆去做。

面向太阳，不问春暖花开，蓦然回首，你何尝不是别人眼中的风景？

点　评

生活就是舞台，作者就是舞者。作者以舞蹈为主线，生动描绘了大学生活的点点滴滴，文章内容感情真切，让身为读者的我们伴随着作者的经历，潮起潮落。

作者从大一开始的生活就与舞蹈紧密结合，参加了许多舞蹈比赛和演出，几乎将所有课余时间都投入舞蹈的练习中。这种对舞蹈的热爱和执着令人动容。但在过程中，作者依然要面对朋友的不解、父母的担忧，以及自己遭遇的迷茫和心酸。"舞蹈于我的大学生活,是泥泞坎坷,带我体会心酸与迷茫","舞蹈于我的大学生活,是苦杏黄连,带我体会痛苦与悔恨。"作者不怕艰苦,但却在意别人的眼光,他人的评价,但终于在舞蹈中找到了属于自己的价值和意义,再一次愿意为之付出努力。

作者不仅在舞蹈比赛中重新获得了荣誉和奖项,更重要的是找到了内心的自由和快乐。这种快乐和满足感,让她愿意将更多的时间和精力投入舞蹈的学习和练习中。比起精神上的满足,身体上的疼痛和心理压力似乎便不算什么。

大学,是学生们迈向社会的前哨站,是成为为自己所有行为负责的成年人的历练场。我们在大学有所爱、有所恨、有所欣慰、有所后悔,但大学经历相比于人生起伏,都只是小事。当走入社会时才发现,自己大学期间的坚持和"不怕苦"的毅力,更显难能可贵,才会让这些成为自己最珍贵的财富。

(作者:冉伊龄　点评:宋子荣)

男儿在世需自立

大学四年时间已悄然过去，这是我人生中最难忘的一段时光。在这里，我不仅学到了知识，还收获了许多珍贵的经验和友谊。大学校园是一个开放、自由、多元化的地方。我可以选择自己感兴趣的专业，参加各种社团和活动，接触到来自不同文化背景的同学，开阔了自己的眼界。在这里，我还学会了如何独立生活，处理人际关系和应对挫折。这些都是我在成长路上必不可少的经历。

"两路"精神是重庆交通大学的建校之基。在学习的过程中，我也会遇到各种难题，"顽强拼搏、甘为路石"始终激励我树立正确的世界观、人生观和价值观。我从中学会了坚持不懈地努力，通过不断尝试和实践，最终攻克了困难。这样的过程给我带来了巨大的满足感和自信心，也让我渐渐变得自立又自强。

起始·金工实验

大学生涯的第一个独立实验就是金工实验，对此我充满了期待与担忧，期待着自己终于可以大展拳脚独自进行实验，担忧的是没有独立实验经历，害怕会出差错。

金工实验是一种手工制作和金属加工的实践，通常需要使用各种工具和技术。在实验中，需要学习和掌握如何使用锤子、钳子、切割工具、钻头、砂轮等工具，以及如何使用不同的金属材料进行铸造、打磨、焊接等操作。在金工实验中，最需要的是耐心和细心，因为一些操作需要非常小心地进行，以避免受伤或损坏材料。同时，我们也会体验到满足感，因为我们可以亲手制作出美观实用的金属制品。

金工实验的第一项任务就是电焊。当看到电火花飞起的时候，我的身体不禁颤抖，脚步后退，心中已经在思考，怎样才可以不需要自己动手就能完成。但老师要求每个人焊接一块钢板，大家都忙着自己的工作，我也只能硬着头皮自己上。在拿起焊笔的时候，我的心里是恐惧的，生怕烫到自己，动作十分小心。结果可想而知，焊接出来的作品不堪入目，我也十分沮丧。回想起学校的前辈们在川藏公路建设中，工人们面对恶劣的自然环境和艰巨的工程任务，凭借坚定的信念和顽强的毅力，一锤一锤、一钎一钎地开凿出通往天路的奇迹。正是这种精神激励着我克服内心的恐惧,拿着焊笔的手也不再颤抖,仅仅一次我就焊接出完美的作品。

在这之后,我仿佛突然觉醒。机床、车床、雕塑等实验,我都能迅速完成。老师每次安排新任务,我也都是积极参加,逢战必先。甚至在闲暇之余,我还经常帮助同学们训练技巧与方法。在这样积极的氛围下,我们的金工实验圆满完成了。在最后的成绩评定阶段,我拿到了 97 分的好成绩。我的内心十分兴奋,不止是因为高分,更多因为自己的心理素质的强大。

升华·电子电工实验

大学生涯第二次独立实验,也是对我影响最大的实验,就是电子电工实验。这是电子信息类专业的一门基础实验课程,旨在帮助学生深入理解电子电路的原理和应用,培养学生的实验操作能力、数据处理能力、创新意识和团队协作精神。

电子电工实验通常包括模拟电路实验、数字电路实验、电子器件实验、通信电路实验等多个实验项目。在实验中,学生需要进行电路的搭建和调试、仪器的使用和校准、数据的采集和处理等操作,同时还要进行实验数据的分析和实验报告的撰写,以便深入理解电子电路的基本原理和实际应用。

在电子电工实验中,学生不仅可以学习电路的基本原理和技术,还可以掌握实验方法和技巧,提高实验能力、创新能力以及团队协作能力,为今后的专业发展和科研工作打下坚实的基础。

实验当天,我们小组成员心中十分忐忑。因为这次是团队综合大实验,不仅要从前期的线路规划绘制线路,而且中期需要通过协作选择零件与线、制作线路板,并将元件焊接在线路板上。实验的最后,老师会检查元件是否是一个通路且是否符合规则。我们团队精诚合作、各司其职,不但第一组完成,还交上了一份完美的答卷。当我们走出实验室的时候,我感觉天更蓝了,空气更新鲜了,整个世界都是明亮的,终于又完成了一项重要实验。正如当年的青藏公路建设者们在高原缺氧的条件下,依靠团队合作和创新思维,解决了一个又一个技术难题,最终建成了这条连接西藏与内地的生命线。在实验中的坚持和最终的成功,正是"两路"精神中团队协作和创新意识的体现。

终章·毕业设计

大学的最后一个重要实验应该是毕业设计。它是一个真正的大型综合实验,不仅要把四年以来所学的所有知识灵活运用,还要自己开辟出新的思路,尝试从没接触过的新领域。当年"两路"建设者们在条件极其艰苦的情况下,依靠自己的双手和智慧,完成了看似不可能的任务,我也鼓励学弟学妹们在毕业设计的旅程中,无论遇到多大的困难,都要保持自立自强的态度,勇敢地迈出每一步。

1.寻找合适的导师:选择一位与自己兴趣领域相关的导师,他们能够提供有用的指导和建议。

2.确定研究主题:根据兴趣领域和导师的建议,确定一个具体的研究主题。

3.制定研究计划:根据研究主题,制定一个详细的研究计划,包括研究方法、实验设计、数据收集和分析等。

4.开始实施研究:按照研究计划展开研究,并及时记录数据和结果。

5.撰写论文:根据研究结果,撰写一篇结构清晰、逻辑严谨、语言流畅的毕业论文。

6.准备答辩:根据学校要求,准备毕业答辩所需要的相关材料和演讲稿,并认真准备。

我在交大的生活是绚烂多彩的。"两路"精神激励着我在面对挑战时,发扬不畏艰难、勇往直前的精神,不断超越自我,实现自己的梦想。每个人的际遇不同,生活也不同。祝各位前程似锦,不忘初心。

点 评

这篇文章是刘丰硕同学对四年学习生活的回顾。通过他的叙述,我们不仅能够感受到他对大学时光的珍视,还能够看到他如何在面对挑战时,以"两路"精神为动力,不断克服困难,实现自我成长和突破。

他的大学生活充满了探索和挑战。他通过参与金工实验和电子电工实验,不仅学习了专业知识,更重要的是在这个过程中体会到了团队合作的力量,学会了面对困难时的坚持和勇气。这些经历让他变得更加自立自强,也为他未来的职业生涯奠定了坚实的基础。

在金工实验中,面对电焊的恐惧,他没有放弃,而是通过自我鼓励和实践,最终成功完成了任务。这种不畏艰难、勇于尝试的精神,正是"两路"精神的体现。而在电子电工实验中,他和团队成员共同面对挑战,通过协作和创新,顺利完成了实验任务,同样展现了"两路"精神中的团队协作和创新意识。

在毕业设计的部分,他提到了自力更生的重要性,鼓励学弟学妹们在面对毕业设计的挑战时,要有勇气承担责任,勇敢迈出每一步。这种精神不仅适用于学术领域,也是现代社会中每个人都应该具备的品质。

　　总的来说,刘丰硕的故事是一个关于成长、挑战和自我超越的故事。他的经历告诉我们,无论面对什么样的困难,只要有坚定的信念和不懈的努力,就能够实现自己的目标。"两路"精神不仅是他个人成长的动力,也是他在未来人生道路上的宝贵财富。通过这段文字,我们可以感受到刘丰硕对未来充满希望和信心,同时也激励着每一位读者去追求自己的梦想,不忘初心,勇往直前。

(作者:刘丰硕　点评:宋子荣)

人生三见·终见真我

  青春是一本太仓促的书,值得我们一再诵读。蓦然回首,18岁的自己正茫然而又好奇地站在李子湖畔,翘首以盼未来的每一个日子。细细回味这四年的收获与感悟,种种滋味涌上心头。四年很长,如同去往致远楼的银杏路,一眼望不到头;四年很短,如同食堂的饭菜,虽满口留香却意犹未尽。如果回忆有味道,我想一定是甜的,是路过雨后清晨的李子湖时空气的甘甜,是天刚蒙蒙亮时图书馆里学子们翻动书页带来的清甜,是月色正浓时她依偎在我怀里时发丝携缕缕星光带来的幽甜。

  我喜好文学,热爱山川湖海,偶尔自诩是浪漫主义者,不过年少时锋芒太盛,难免伤及他人。如果不是因为高考和奇妙的缘分,我不会离开父母和好友们,来到这座改变我一生的山城。雾都的雾很大,模糊了我的视野,也藏匿了我的锋芒。这座城市里的人和事洗涤着我的灵魂,影响和改变着我的思想和认知。

  君子当藏器于身,待时而动,以海纳百川之胸怀,见天地,见众生,见自己。

人生三见·见天地

  身未动,心已远。我把"读万卷书不如行万里路"作为人生箴言,信奉"身体和灵魂总有一个要在路上",认为"说走就走,是人生最华丽的奢侈,也是最灿烂的自由"。

  时至今日,我途经22个省,驻足过17个省。西至甘肃月牙泉,东至吉林鸭绿江,北至宁夏青铜峡,南至澳门新葡京。有趣的人生,一半是人间烟火,一半是山川湖海。

  我是贵州梵天净土的生灵,是梦回云梦泽的山川之子,是都江堰的见证者,是穿梭于城市森林的雾都行者,是构架了桂林山水甲天下和巍峨万仞张家界的桥梁,是青铜峡下的摆渡人,是踏足厦门鼓浪屿的旅人,是杭州西湖畔的才子,是苏州园林的烟雨,是天津之眼上的眺望者,是天安门的朝圣者,是万里长城的守卫军,是鸭绿江大桥上的对望者,是山东曲阜孔圣座下的书童,亦是山西平遥古镇的一场梦。

  山水一程,三生有幸。

  大抵是选对了专业,相比于学业繁忙的其他专业同学,新传专业学子可以在闲暇之余,进行一场说走就走的旅行。这一场又一场旅行,何尝不是一次又一次人生的修行。

　　记得大三刚搬离新校区来到老校区，我特别喜欢去南滨路散步，吹吹嘉陵江的晚风。到后来偶尔感到烦恼时，我会一人倚靠在消浪石边，感受着河风夹杂着江水浸润嘴唇时带来的微甜，甚至借月光与江景作诗一首："白月低悬似坠落，末途灯塔暗夜停。漫漫河堤穿江过，半片寥若似晨星。"

　　文字是浪漫者留下的足迹，为此我曾驱车千里至白帝城，当然一切要从那首千古绝句说起。公元 759 年，唐肃宗乾元二年，烟花三月。李白被流放至夜郎，走到白帝城下，正逢朝廷大赦天下，他掉头返回。客船顺江而下，一天即到江陵。此刻他诗兴大发，写出这首千古绝句："朝辞白帝彩云间，千里江陵一日还。两岸猿声啼不住，轻舟已过万重山。"

　　真正的旅行，在去之前是要花费极大的心力准备的。对于要去的地方，至少应阅读一些文献，了解它的历史、人文、景色等等。这样当自己到达时，才对得起在它身上所消耗的时间和金钱。

　　低头赶路，敬事如仪，自知自心，其路则明。

人生三见·见众生

　　青年的动人之处，就在于勇气，和他们的远大前程。在大学的时光里，我遇见了形形色色的人，有的人志存高远，胸怀宇内，成就一世之功名；有的人心地善良为人谦和，却处处被他人挤兑；有的人天生丽质众人追捧，却是金玉其外败絮其中；也有的人出生寒微，却刻苦努力极具人格魅力。他们中的大多数，都有着独特且闪光的特质，仿佛林间硕果，让人不禁想要与其结交。

　　从小到大，教过我的老师有很多，有的严厉，有的温和，但是我从未遇到令我感到极其厌恶之人。相反，大部分老师都对我照顾有加。刚上大学时，我依旧展露了自己锋芒毕露的一面，从众多竞争者们中成功竞选团支书一职。这无关乎责任，而在于我对事物发展进程有着强烈的参与感和掌控欲。大学四年里，因为工作中的失误，难免伤及一些同学的利益和感情，但总体上没有什么大的纰漏。幸运的是任职期间，我遇到了非常好的辅导员，我们都亲切地称呼她"玥姐"，感谢她一直以来对我的包容和信任，在我工作出现纰漏时及时指正，教会了我遇见各种棘手的问题要以何种方式应对，改正了我急于求成和锋芒过盛的毛病，使得我在日后的工作上更加从容不迫、得心应手。当然能圆满完成四年团支书的任期，也离不开同学们对我的理解和工作上的支持。

　　鸟欲高飞先振翅，人求上进先读书。很难想象这是一位同龄人在出国前给我留下的箴言。一次在欧米茄表店的偶遇，让我结识了对钟表有独到见解的佳哥，也因为他的引荐，我得以结识白兄和宇兄。

　　在众多好友里，白兄和我兴趣相投，但对待未来的观念却截然相反。他出身于书香门第,文字功底了得,一次谈论人生规划,我问道:"你的文字功底这么好,为什么不考虑从政?"他张口就是一首古词回应我,"蜗角虚名,蝇头微利,算来著甚干忙?事皆前定,谁弱又谁强。且趁闲身未老,尽放我、些子疏狂。百年里,浑教是醉,三万六千场。我与你不同,我可不想踏足名利场,我过段时间去芬兰留学,游历世界岂不美哉。"

也许是成熟了,我开始愿意与父亲分享一些自己的观点和见解,父亲也是十分乐意倾囊相授,巴不得我20岁的年龄拥有40年的人生阅历。父亲在我眼中是一座宏伟的高山,哪怕经历了大风大浪,他的性格里仍有一种从容不迫的力量,不依靠、不等待、不幻想甚至不期待,就是很笃定地面对现实,遇到问题,就耐心解决问题。偶尔透过他的目光,就能发现他的坚毅和一丝疲惫,因为在他身后承载的不仅仅是一个家庭的重量,更是一座城市万家灯火的责任。

我们常说天道酬勤。但事实上,人生的许多成就,个人的努力虽然重要,但自己能决定的其实很少。在重要的关头,贵人的相助必不可少。所以只能以感恩的心来接受,并希望在自己有能力和有机会时也能够去相助他人。

人生三见·见自己

走错很多路,做错很多选择,无数个睡不着的夜晚我都在想,究竟要成为什么样的人,才能满意地过完这一生。

大学四年,有很多遗憾,最大的两个遗憾,一是没有得到国奖而失去保研竞争力,二是在选调生考试中棋差一筹而无法上岸。有时想起这些事,我只能用柳永的《鹤冲天·黄金榜上》来安慰自己,"黄金榜上,偶失龙头望。明代暂遗贤,如何向?未遂风云便,争不恣狂荡。何须论得丧?才子词人,自是白衣卿相。"

但愿我看过的书能化作我的脊梁,让我在这个世界坚持做我自己,坚持去看我要看的花,去走我要走的路,去成为我要成为的人,而不是困于世俗。即便是痛,我也要清醒地浪漫一生,绝不让步。

在事中认清真相,在途中认清自己,人生最大的意义在于认清自己本身最大的价值,发掘自己,相信自己。在途中所遇到的困难要做到迎接困难、面对困难、挑战困难、解决困难。见天地、见众生、见自己,这就是我大学四年最大的收获,与君共勉。

点 评

这篇文章是一篇深情的回忆和人生感悟。作者通过细腻的笔触,描述了自己在大学四年的成长与经历,以及对人生的思考和见解。文章主题明确,层次清晰,语言流畅,体现了较高的文学素养和人文情怀。

在"人生三见·见天地"部分,作者通过描述自己的旅行经历,表达了对大自然的热爱。作者用诗意的语言,描绘了自己走过的山川湖海,让读者仿佛置身于其中,感受到了大自然的壮丽和美丽。同时,作者也通过旅行,思考了人生的意义和价值,表达了对生命的敬畏和珍惜。

在"人生三见·见众生"部分,作者通过对大学期间遇到的各种人物的描述,表达了对人性的深刻洞察。作者通过对不同人物性格和命运的描绘,展现了人性的复杂和多样。同时,作者也通过自身的经历和感悟,表达了对人生的乐观和积极态度,以及对未来的坚定信念。

在"人生三见·见自己"部分,作者通过对大学四年的回忆,展现了自己从茫然到逐渐明确人生方向的过程。作者用丰富的比喻和生动的描绘,让读者感受到了他内心的变化和成长。同时,作者也表达了对未来的期待和憧憬,展现出了积极向上的精神风貌。

总之,这是一篇优秀的回忆性散文,通过深情的回忆和独到的思考,展现了作者在大学四年的成长和人生感悟。同时,文章也体现了"两路"精神的内涵和价值。对于读者来说,不仅具有文学欣赏的价值,也具有深刻的思想启示的作用。

(作者:代瑞杰　点评:宋敏)

繁花依旧

墙角数枝梅，凌寒独自开

记得那是 2019 年的冬天，是一个人在异乡，独自走过的冬天。

重庆的冬天是多雨的。天潮潮，地湿湿，即使在梦里，也似乎得有把伞撑着。然而仅凭一把伞，又怎能抵挡住那寒雨。李子湖畔，是我能感到释然的唯一地方。独立桥头，一切都隐没在浓滞的雾色里。天地一片苍白，只留下河岸的动影。

初入大学，当一个人面对陌生的城市、陌生的校园时，我还有些不知所措。高考的失利，像一个幽灵，时不时地缠绕着我，让我思绪混乱、茫然无措。

但它从不曾真正压垮我，努力学习、不懈奋斗仍然是我大学生活的主题曲。

重庆的冬季，早晨 7 点，天还是一团漆黑。我努力睁开困顿的双眼，开始了一天自律的生活。每天第一节课开始之前，我必须完成一套英语四级听力，并修改订正。经过长期训练，我的英语听力水平有了很大的进步。大一的课程比较多，任务也比较繁重。在课堂上，我总是坐在前排，认真听老师讲课，积极回答老师的提问；课后，我总是主动复习当天所学知识，整理相关笔记，认真完成老师布置的作业。为了打好扎实的数理基础，我尤其重视对数学、力学的学习。在高等数学的学习中，我始终以考研数学的难度要求自己，不仅完成了书上的所有课后习题，还额外购买了试卷资料巩固练习。

我身边的很多同学，并不能理解为何我上了大学还要保持高强度的学习，甚至还发出了质疑的声音。"莫听穿林打叶声，何妨吟啸且徐行。"面对他人的不解和质疑，我始终坚守自我。王实甫在《西厢记》中曾言："投至得云路鹏程九万里，先受了雪窗萤火二十年。"我始终坚信，每一个成功者都经历过长期"黄卷青灯"的学习，都忍受过无数"雪窗萤火"的寂寞。"冷板凳总要坐的嘛！"我总会如此自嘲。

寒冷的冬日，独坐于图书馆一隅。一阵冷香幽韵，旖旎清绝。抬头望去，原是蜡梅孤傲地怒放于这百花凋零的时节，俏丽地点缀在无叶的枯枝上。我暗笑，古有陶渊明归隐采秋菊，今有我王羿勤读伴蜡梅。繁花，不一定只盛开于功成名就之时，也会在你的人生低谷时绽放,激励你前行。

君志所向,一往如前

时间很快来到大二。与大一的懵懂相比,大二的我更加明确了目标。没有了社团的工作任务,我将更多的时间投入学科竞赛,参加的第一项竞赛就是数学竞赛。此外,我还参加了国际工程力学竞赛、重庆市力学竞赛以及周培源力学竞赛,巩固了自己的力学知识,也取得了不错的成绩。

然而,我知道自己仍然存在很多不足,和真正优秀的同学仍然存在着相当大的差距。因此,从大二的暑假开始,在导师们的带领下,我开始接受学术训练,主要研究负泊松比结构、负刚度结构、可编程结构等力学超结构。其间,我学习了 ANSYS Workbench、Ls-Dyna、HyperWorks 等有限元分析软件,阅读了大量的中英文文献,深入了解超结构前沿的研究方向和内容,积极开拓自己的学术视野。

大三以来,我将大量时间投入到学术科研。第一,我加入了一项国家级大创项目"IBES 仿生防撞梁变刚度设计及抗冲击性能研究",主要负责收集、整理最新的铁甲虫仿生结构的相关英文文献;利用 ANSYS-Workbench 分析铁甲虫三种断面形态在静压下的力—位移曲线等。第二,我参与了导师课题组项目——"Large torsion deformation: centrosymmetric reentrant honeycomb",主要利用 Ls-Dyna 研究中心对称内凹六变形环形阵列后,在冲击荷载作用下的能量吸收状况。第三,我参加了第十七届交通科技运输大赛项目"基于仿生超材料的车载缓冲垫轻量化设计",主要负责利用 Ls-Dyna 对三种新型仿生车载缓冲垫进行动力学仿真模型,分析其能量变化曲线。第四,我主持了省部级大创项目"基于体素超材料的棚洞缓冲层防护性能研究",设计一种新型可编程可恢复的防护结构,用于棚洞缓冲层。目前,我已经完成了动静力学仿真以及可编程性能的探究,发表了一篇国际会议期刊。

大量的竞赛科研任务并没有让我焦头烂额,更没有因此忽视专业课程的学习。我制定了详细的学习计划。早上 8 点,是固定的英语学习时间:背单词、练口语、熟记专业英语……当每天第一缕阳光洒向教学楼的走廊时,总能听到我背英语时的琅琅诵读声。接下来,便是每天最重要的课堂学习。由于课余时间大部分用于竞赛科研,我只能牢牢抓住上课时间,争取在课堂上就搞懂知识点。午休前,我总会把早上记忆的单词或是课堂上记录的笔记,再温习一遍。下午课程较少,我便开始了我的科研工作。首先,我会阅读一到两篇英文文献,了解该方向的最新的科研成果,并提高自己的专业英语阅读能力。然后,我会在网上自学有限元软件的使用方法,结合我们项目的模型,进行有限元的仿真计算。

到了晚上,我会把当天在课堂上以及自学到的知识做一个整理归纳,并用一本专门的笔记本记录成册,以便今后的复习巩固。一天的学习任务结束后,我还不忘进行体育锻炼,以强身健体。

早春三月,走在去往图书馆的路上。一路上,红梅、桃花、樱花竞相开放,一派欣欣向荣景象。繁花,会在每一个平凡的时光中陪伴着你,陪伴你一步步向前进。

投至得云路,鹏程九万里

大三下学期,我更加明确我努力的方向——保研。除了日常的专业学习和科研任务,我还要时刻关注各大高校的招生信息,准备好相关的申请材料。

时间很快来到了 6 月,即将迎来保研的第一战——夏令营。复旦大学是我面试的第一所高校。面试时间刚刚公布的时候,还有不到一周的时间。我既要准备面试,又要开始期末考试的复习,还有一些课程设计、实习报告需要完成。事务繁多时间紧迫,压力巨大。幸好通过一位已经被复旦大学录取的学姐,了解到复旦面试的流程,感谢她给我提供的帮助,最终,我幸运地获得了复旦大学的录取资格,打好了夏令营的第一仗。

此后,我还参加了同济大学、东南大学等 9 所高校的夏令营以及浙江大学等 2 所高校的预推免,总共获得复旦大学、浙江大学、东南大学等 9 所高校的录取资格。最终在众多高校中,我选择了东南大学作为研究生院校。

记得在 2022 年的 4 月,我荣获 2021 年明德奖学金,颁奖仪式上,每位明德奖学金得主都获得了一捧鲜花。繁花似锦,因为它是由汗水和热泪灌溉的。

然而,就算是姹紫嫣红开遍,却都要付与断井颓垣。我想,这便是花的意义吧。再美好的鲜花也会有凋零的时候,所获得的荣誉也会随时间而淡去。我们不能总是沉浸在成功的昨天,而是要向更加美好的明天继续前行。我相信,明天依然会有繁花陪伴我一路前行。

繁花依旧,因为我永远保持勤奋和上进的初心。

点 评

"繁花依旧",一个美好而别致的标题。

虽说繁花似锦,但它却是由汗水和热泪灌溉的。书山有路勤为径,学海无涯苦作舟,每一个成功者都经历过长期"黄卷青灯"的学习,都忍受过无数"雪窗萤火"的寂寞。作者在这篇抒情散文中,详细记叙了在交大四年的学习生活。读后,使人浮想联翩,好像与作者一样,重回了难忘的学习生涯。

梅花香自苦寒来,辛勤的汗水终于浇开了绚丽的花朵。作者成功保研,将继续勇攀科学高峰。

为建设强大的祖国而刻苦学习,正是我们当代青年学子应具备的素质。愿我们每个青年学子都像作者一样,为美好的明天刻苦努力。

(作者:王羿　点评:漆振羽)

荷长戟一苇以航

时光悠悠,在弹指间流逝,如浮云流过这片充满回忆的蓝天。四年的大学青春岁月,也在快门按下的那一刹那而定格。往事种种,四季轮回,曾经的稚嫩因岁月的沉淀而化为心中的凌云壮志,像鲲鹏般执着飞往南冥。四年时光,我们在书墨的长河中驾一叶扁舟,画出了人生经历上的浅浅墨痕,荷一杆长戟,一苇以航。

壹·隙中窥月染书香之气

相较于其他年龄段,大学期间有更多的自由。而对于空余时间的利用,我更倾向于投入到书籍之中,通过那些黑笔白纸去感悟作者的良苦用心,去感受文学的魅力所在。

朱光潜在《文学与人生》中,以理性的角度去解释文学与人生的关系:"在让性情怡养在文艺的甘泉时,我们霎时间脱去尘劳,得到精神的解放,心灵如鱼得水地徜徉自乐。"比起电子书的方便快捷,我更偏爱摩挲纸张时停留下的温暖。每当我为生活琐事而焦虑、烦躁时,便会阅读手边的书籍,从精神家园中获得短暂的灵魂安宁,从卡夫卡的《审判》中感受到社会的另一面,从田耳的《夏天糖》中体会到小人物的酸甜苦辣,从其他许多优秀的文学作品中去学习不同的语言风格和思想感悟。四年的阅读时光内化为人生独特的经历,尽管"年少读书,如隙中窥月",但日积月累的书卷气将会伴随着我今后的成长岁月,潜移默化地影响着我的思维模式和处世原则。

贰·学海泛舟悟经纶之理

身处"盖将自其变者而观之,则天地曾不能以一瞬"的时代巨浪之中,我们应如深海的鲵鱼一般,化危险为机遇,将专业知识与实践相结合,为未来的职业规划提供基本支持。大学四年学习生活,我始终将学习作为首要任务,不断丰富自身知识水平,提升专业能力,勤奋钻研,兢兢业业做好本职工作,不驰空想、不骛虚声,以严谨而纯正的态度打磨自己,为科研带去更多元的视角,在具有社会意义的项目中,结合专业知识系统性地提出解决意见。

我的专业成绩一直名列前茅,综合测评排名也位列专业第二,多次获得"三好学生"

"优秀学生干部""国家励志奖学金"等荣誉,并在完成课程学习任务之余,积极准备考研。但保研机会意外降临,对于提交推荐信、面试等程序我并不十分了解,感谢有老师、同学们的帮助和鼓励,让我有幸保研至湖南大学。我也一定会在未来的研究生学习生活中,始终保持着潜心科研、勤奋学习的积极状态,刻苦自勉,推陈出新,实现理论知识与实践投入的结合。

学习是永无止境的,处于时代巨浪下的我们,越是具备扎实的专业知识技能,就越能游刃有余、进退自如,进而在日新月异的时代实现自身的职业价值和社会价值。前方绝非是繁花似锦的康庄大道,唯有执着于眼前,始于足下,让不断的学习成为大学最美好的回忆。

除了学习,我也会抓住每一次锻炼自我能力的机会,通过参与多项竞赛开拓自己的知识领域,结交更多志同道合的朋友,为自己的大学时光添上一笔精彩的履历。我带领团队获得了 2020 年第六届中国国际"互联网+"大学生创新创业大赛优秀奖,虽然没有获得更好的成绩,但通过亲身实践,我才明白创业的背后,既需要对市场和时代发展的仔细洞察,也需要日常的研究与创新,而不是套用他人成功模板。学习借鉴固然重要,但创新才是市场发展的真正目的。倘若一味地踩着别人的脚步走路,不敢独自开辟一条可能会泥泞但却崭新的小路,那么永远留不下属于自己的脚印。

叁·少年意气获阅历之浅

舞蹈家特怀拉·撒普说过:"在我成长时期,感情和欲望都令我羞涩。而通过舞蹈,我终于可以应付自如,而不再觉得羞涩。"在从小到大的舞蹈经历中,我除了体会过光彩夺目的瞬间、荣获奖项的喜悦,更多的应是练习的疼痛和想过放弃的挣扎。日复一日地抠动作细节和膝盖处的瘀青,一度让我心生退意,却还是在家人朋友们的鼓励下而一直坚持。在跳舞时我也体会到自信的魅力,潜移默化地锻炼了我的勇气。基础决定高度,心态决定状态,避免怯场最有效的武器,就是不断提高自己的能力水平,对自己有充分的信心。

我将舞蹈作为自己的一项特长,小到学校文艺活动,大到市级文艺汇演,不断地挑战自己,在与更优秀的人同台演出时,学习更多的经验方法,在舞蹈中体会到动作背后传达出来的强烈情感。苗族歌舞《一抹红》流露出人与自然相融的和谐状态,《负者歌于途》展现了从低谷到欢快的情绪变化,经过整个团队的共同努力,这两支舞蹈均荣获重庆市第六届大学生艺术展演的二等奖,同时我也有幸获得了市级普通高校 2021 年度"艺术教育活动先进个人",为自己的履历添上更丰富的内容。有些事不是看到了希望才去坚持,而是因为坚持才会看到希望,从练舞这件事情上,我深刻理解到坚持自我的重要性,最大限度地发挥自身优势,走出自己的"一亩三分地",去寻求更适合自己的爱好,邂逅更加绚烂的自我。

大学四年,我一直担任着班长、舞蹈部部长等身份,每一次组织班会等活动,都让我学习到很多新技能。职位越高,承担的责任也就越大,但应当始终坚持的便是为学生服务,有效搭建起学生需求和学校指示之间的桥梁,为有困难的学生提供力所能及的帮助,同时也致力于学校社团的多样化发展,搭建起充满活力的校园舞台,为有才华的学生创造展现自我的机会。匆匆四年,感谢学校提供的丰富活动平台,让我能够在人生的黄金时间得到了宝贵的锻炼机会,在工作岗位上不断培养起责任感,就像梁启超所言:"人生须知负责任的苦处,才能知道尽责任的乐趣。"在获得老师、同学们的高度肯定后,我感受到强烈的幸福感和满足感,也因此度过了充满意义的大学四年时光。

四年时光转瞬即逝,蓦然回首,已成回忆,正如电影《千与千寻》中的一句台词:"当陪你的人要下车时,即使不舍,也该心存感激,然后挥手告别。"感谢因缘分而相逢的每一位,在有限的时光内照亮了彼此的心灵;也感谢每一个舞台,我们在聚光灯下发现更优秀的自己。时光悠悠,即使离别,各自走上不同的人生道路,但"山海自有归期,风雨自有相逢",在未来的漫漫旅途中,我们荷一杆长戟,一苇以航。

点 评

在这篇文章中,余海霞同学从书香之气、经纶之理、阅历之浅三个方面,全面而细致地描绘了她在大学期间的成长与收获。她以饱满的热情和坚定的信念,在知识的海洋中航行,在实践的道路上前行。

在书香之气的部分,余海霞深刻体会到阅读对个人成长的巨大作用。她通过阅读文学作品,不仅汲取了丰富的知识,更在精神层面得到了滋养和提升。她通过书籍的陪伴,在忙碌的大学生活中找到了片刻的宁静,也学会了用阅读来丰富自己的内心世界。

在经纶之理的部分,余海霞以自身的专业学习和科研经历为例,展现了她在专业知识上的深入学习和实践应用。她通过勤奋学习和积极参与科研,取得了优异的成绩,获得了保研的机会。这种对专业知识的极致追求和钻研精神,正是"两路"精神中不畏艰难、敢于挑战的体现。正是受到"两路"精神的滋养,余海霞同学擦亮理想信念底色,发出"始终保持着潜心科研、勤奋学习的积极状态,刻苦自勉,推陈出新,实现理论知识与实践投入的结合"的科研志愿,积极践行不畏艰难险阻的革命英雄主义精神。

在阅历之浅的部分,余海霞通过自身的舞蹈经历,强调了经历对于个人成长的重要性。她通过舞蹈这一爱好,不仅锻炼了身体,更提升了自信和勇气。同时,她也通过参加各种比赛和演出,拓宽了视野,增长了见识。这种敢于尝试、勇于挑战的精神,正是"两路"精神中敢于创新、不断进取的体现。她的舞蹈经历不仅让她收获了宝贵的经验,也让她在人生的道路上更加坚定和自信。

　　整篇文章充满了积极向上的气息,展现了余海霞对于未来的信心和期待。她以"两路"精神为指引,在大学四年期间不断追求卓越、挑战自我,实现了个人的成长和蜕变。

　　综上所述,这篇文章不仅是一篇优秀的大学四年回顾与总结,更是一篇体现"两路"精神的生动案例。它告诉我们,只有不畏艰难、敢于拼搏、不断学习、勇于创新,才能在人生的道路上不断前行、实现自我价值。

(作者:余海霞　点评:宋敏)

青春·在校园·我的大学

"大家好,我是人文学院新生代表,江奕龙。很荣幸在这里做大学生活第一次发言。来兹双福,云天低垂……"

微带颤抖的声音,略显局促的表情,不知所措的双手……我站在双福致远楼的讲台上,面对台上台下三百多名师生,讲出了在寝室背诵不下十八遍的文言文版新生代表发言稿。

都说,人总是会在即将进入新的人生阶段的时候,对于某些时光的记忆愈发深刻。

毕业季来临,那段时光已经连续出现在我的梦境很多天。

画面时而是新生代表发言时的紧张不安,时而是课堂互动时的意气风发,时而是站在舞台中央手持闪亮话筒,时而也是逃不开的那些话题。

回想大学四年,有初入校园时的谨小慎微,有一如他人的踏实勤奋,有一步一个脚印的欢乐成长,还有独属于十八九岁的疯狂,独属于大学生的狂放和独属于青年人的乐观……

大学四年,我们始终如一,我们还是当年的那个孩子,用热情破冰,用心温暖身旁的人。

大学四年,我们长大成人,我们积攒了足以迎接社会大考的技能和勇气,也结识了一群志同道合、共沐青春的好伙伴。

毕业,你好。大学,再见。

青春·生懵懂

18岁,我们初入校园,正是懵懂而求知的年纪,青春迎面而来。

我踏着年轻的步伐,带着一种对大学专业的希冀,一种对新生活的憧憬,一种对大展宏图的期盼,一种对友情和爱情的幻想,还有一种对未来的膜拜,站在李子湖畔眺望校园。

新闻传播学是我在高中就认定的梦想专业,如愿录取让我激动了一个暑假,连旅游拍照都格外注重技巧。接下来的一切,像是被上天赠送了一份莫大的嘉奖——如愿当上班级团支书,如愿进入有共同兴趣爱好的社团组织,如愿加入了学生集体,如愿当上了晚会主持人……

我第一次知道，原来自己好像没有想象中那么普通，自己好像真的能为学院、为学校、为这个世界，创造一点价值！

18岁，世界在眼前展开，一切看起来那么美好，对大学生活的感受也被无暇思考的新生忙碌所替代——

原来大学真的像曾经的老师们所说，有大把可自由支配的时间；但又不如他们所说，有数不胜数的娱乐时光。

闲暇毕竟是少数，被未知推着前行，不论是一次学科竞赛的初涉，还是一次心甘情愿的跋涉，都是我们与大学的第一次相遇。

背负行囊，一路前行，路上的那些风尘、那些奔跑、那些孤独、那些繁华、那些守望、那些星空和海，见证我们年轻的无畏和柔情。

18岁以前，梦里一直都有许多期盼。我想拿起手中的笔，记录事实、书写正义；我想站在舞台上，表达自己、传递情怀；我还想发掘内心创意，将对青春的追逐、对梦想的付出，拍摄成片……

在一次次追寻梦想的过程中，我们不知不觉地把自己走成路上最好的那一道风景，美若秋叶，灿若夏花。

18岁的你，对未来充满向往。你以为那只是空想，可你从未想到，积善成德，而神明自得，老天不负有心人，四年后的自己，会被书写成现在这样。

如果提前让你看到，或许会为自己感到骄傲和自豪吧！

青涩驱使着对未知的好奇，你的思绪飘向了远方，全靠一颗懵懂的心把持着方向。

18岁，身未动，心已远……

在校园·战峥嵘

我不爱城市的浮躁喧嚣，不爱社会包裹的吵嚷热闹，我所爱的不过是在20岁出头的青春里，有奋斗、有努力、有破茧而出的峥嵘，最好还有明媚的阳光相伴，简单又温暖。

不知道多少个明媚的清晨，我在闹钟声的催促中，一如既往地因惊吓而睁开眼睛。自己就像个始终绷着弦的弓箭，随时待命发射，冲向比赛场地。

四年大学生涯，竞赛就占了一半多的时间。一个只有自己能听得到的枕边闹铃已是常态，舍友也不至于被过分叨扰。

窗外的世界没有让我失望，一缕好似散发着清香的阳光迎面扑来，洒在脸上。惊叹于重庆春日温和阳光的同时，我也会心存感激，感谢这替我缓解压力的一片金黄。换好正装，在镜子前仔细打量，顺便在这阳光下多享受一会儿战斗前的片刻宁静。

即将迎来的是重庆大学生主持人大赛，这是我第一次参加省部级个人大赛，难免紧张。

大赛的第一项是才艺展示,为此,我特地把陪了我近10年的"老伙计"萨克斯带了过来。我将它晒在阳台上,金属侧身尽是阳光跳动的美丽弧线,光带一般闪耀、温和、唯美。透过镜子,我看见光亮反射进我的眼睛里,目光纯粹、清晰。

我出生于军人世家,自幼便在部队大院中沐浴着党的光辉,热爱祖国、尊敬军人,骄傲于新中国成立70周年,敢于在"青春心向党,建功新时代",不畏临场考验,敢于即兴发挥。

既知如此,只要尽力而为,任何比赛结果我都可以接受。

但非专业组第一名、校史最佳的成绩,不仅出乎我的意料,也彻底打破了高中三年牢固的自卑心理。

江奕龙,你被认可了!

原来,你也可以优秀的。

于是,接连的科普讲解大赛、"学宪法·讲宪法"演讲比赛、华辩赛、"中华魂"演讲比赛、大学生艺术展演朗诵比赛、模拟求职大赛、"互联网+""挑战杯""大广赛"……我树立起坚实信心,鼓起敢于迈出第一步的勇气,无一不积极参加。

毫无疑问,比赛必然伴随着遗憾和失落,也有看似准备万全后的发挥失常。当努力了,却依旧辜负身边人信任时,内心将无法抑制地纠结愧疚,开启艰难的心理抗争。

我花了很长的时间想通:世界上本就没有全才,不可能万事如意,每一段成长,都伴随着曲折的过程。而心态的调整,就是披荆斩棘战峥嵘,克服万难磨内心!我沉下心思,放下一切包袱和心理负担,心无旁骛,踏实地完成眼前任务,将"不好受"的情绪化为"向前冲"的动力,在真刀真枪检验之下,努力证明自己。

抛开鸡汤,换个角度思考,就我们自己而言,即便失败,又如何?年少何惧失败?向阳何惧忧伤?每个人年少时都有一个这样的阶段,或是为了梦想不顾一切,或是一场不计得失的追逐。因为年少,所以无畏,而那些看似落寞的经历、"惨淡"的曾经,许多年以后,或许就成了我们对青春最好的怀念。

拥抱失败,迎接未来。

我的大学·忆青葱

"毕业像一首情绪复杂的歌,开始是兴奋过程,让人深刻,却在结束时愈发悲伤。回忆与书写是毕业的见证,它意味着一场躁动青春的结束,同时也开启了另一段漫漫人生路。"

站在人生的交叉口处,我们正面临着毕业季。

回忆和留恋成了我们不得不最后再珍惜一次的主旋律。

往日的欢笑浮现在眼前,嘴角也不由得微微上翘,青葱岁月从指尖溜走,再从思绪中浮现,感慨万千……

感觉曾经的自己似乎太过执着于奔跑,奔跑在校园学习、奔跑在备赛竞赛、奔跑在实习社交、奔跑在前途未来。

我们好像从来没有想过停下来,驻足欣赏身边的风景。

走得太快,想得太多,还在路上就已忘了出发的初衷。

不如在毕业前夕,寻找一种慢下来的节奏,抛弃一切浮躁,开启一段返璞归真的生活,随心游走在过去与未来之间,我们也许能把自己和这个世界,看得更清楚。

无可避免,随着大环境的变化,纷至沓来的毕业焦虑也开始了,迷茫于就业、考公、考研、出国还是停止选择、等待机会。

有人依靠大学四年所积攒的实力,提振起工作前夕放纵的勇气;有人收拾行囊,整理精神,用准研究生的新身份开始预告起一段崭新人生;也有人带着余额不足的图书馆使用卡,为决定未来前景的社会考试而不懈奋斗。

也有人,前途已定,但依旧不舍,无关社会压力,留恋反倒成为毕业焦虑的主因。我,就是其一。

我想,我会怀念李子湖的天湖、怀念湖滨广场的旗杆、怀念双福的书香小镇、怀念第一教学楼的课堂实验、怀念明德楼旁边的荧幕大屏、怀念交大三号门对面的烧烤、怀念一切即将告别的眼前人……

其实我是个乐观的人,但我忍不住,留恋是抑制不住的,分别也必然是痛苦的。

但最关键的是,未来和前途,一定一片光明。

接下来,不论遇到什么,我都会对自己的生活笑着说,没什么值得忧虑。烦了、累了,还不如跳着蹦着跑。

我知道,面朝大海,冬日,也会花开。

研究生的新生活,毕业后的新世界,未知的社会压力……

请相信,我准备好了。

点 评

从青涩懵懂的大一到收获满满的大四,从那个“微带颤抖的声音,略显局促的表情,不知所措的双手”的新生代表到“不论遇到什么,我都会对自己的生活笑着说,没什么值得忧虑”的研究生。四年的成长,对于江奕龙来说,意味着什么?

重庆交通大学因川藏公路而创建,是“两路”精神的孕育者、传承者。七十多年来,“两路”精神已经深深融入每个交大学子的血脉。这种融入是潜移默化的,是春风细雨的。

对于交大学子来说,践行“两路”精神就是面对困难和挑战时,勇于吃苦、不怕困难,坚持不懈地努力,培养自己的坚韧品质。正如文章所说:"接连的科普讲解大赛、'学宪法·讲宪法'演讲比赛、华辩赛、'中华魂'演讲比赛、大学生艺术展演朗诵比赛、模拟求职大赛、'互联网+''挑战杯''大广赛'……我树立起坚定信心,鼓起敢于迈出第一步的勇气,无一不积极参加。"

对于交大学子来说,践行"两路"精神就是要努力学习,提高自身素质,通过刻苦学习,不断提高自己的知识水平和实践能力,为将来的发展打下坚实的基础。

对于交大学子来说,践行"两路"精神就是要有明确的人生目标和追求,为实现自己的理想而努力奋斗,不怕牺牲个人利益,积极投身到祖国的建设和发展中去。

对于交大学子来说,践行"两路"精神就是要培养社会责任感,关心社会问题,积极参与社会实践,将所学知识运用到实际中,为社会作出贡献。

(作者:江奕龙　点评:徐洁)

青春正当时, 少年踏梦来

时间, 顺着一日三餐、顺着上课铃响、顺着操场四百米跑道、顺着图书馆的灯光……肆意流逝, 恍然间四年已过。这些惬意安适的大学时光, 终于还是成了让人无限怀念的故事。

见　梦

是夜, 我做了一个梦。黑夜的星辰漫天, 星光倒映在浅河中, 一叶小舟缓缓而来, 摆渡人压低了帽子, 没有停下的意思。我没多想只是纵身一跃, 忽见小舟上还有个拿着梅枝的小女孩, 枝上点缀着粉色的五瓣小花, 松松散散。小河上蓦然飘起白雾, 倒映的星光在泛开的一圈一圈涟漪上跳动。没多久, 到了彼岸。浓稠墨色不均匀地撒在高高的榕树叶上, 面前有一条石子铺的小路。摆渡人转身消失在蒙蒙雾气中, 女孩一直向前奔跑, 很快没了踪影。刹那间, 怅然若失, 这条路注定只是我一个人的行程。

星光逐渐微弱, 前路黑压压的, 我开始害怕, 不敢向前。"小姑娘, 怎么才走这一点路就妄图退缩了?"前面出现了一个说书人, 他先是摇头轻笑, 合上折扇, 忽而到我面前, 用折扇敲了敲我的头。我依然停滞很久, 前方有黑暗和恐惧, 但心中已然腾起希望。空气里渐有了勇气的清香, 抬眸, 前路皆是绽开的梅花, 一簇簇立于风中。说书人步履轻快, 指向分岔路口, 一边满是荆棘, 一边溢满荣华, 告诉我说:最终走向何方, 全看自己的选择。我微微颔首, 向心的方向走去。这片独自空旷的时光, 将用我的信念填满。

梦醒了, 我惊觉这便是我四年大学生活的印证。保研, 从一开始便是条充满荆棘之路。

解　梦

2018 年踏入大学校园, 父母伴我左右。在李子湖旁, 父亲推着我的行李走在前面, 母亲与我跟随在后。我与二人说着未来的期待与憧憬, 言语中尽是脱离高中后解脱的愉悦。看不见父亲是什么表情, 但看步伐轻稳, 想必心情不错。母亲更不用说, 看着我目光里尽是宠爱。然而, 我尚未高谈阔论多久, 父亲低沉铿锵的声音从前方传来:"进入大学, 虽说与高中大不相同, 但更考验你自己的耐性。没有人督促你去学习, 自己更要有主见。不说要熬夜学习, 早起背书, 但也要平衡生活与学习。既是学生, 当以学习为重, 做到劳逸结合。小学到高中,我和你母亲始终伴你左右,为你的生活、学习保驾护航。不过从今天起,一人在外地,能做主的事多了,要分清各项轻重缓急。"也许是怕自己啰唆,父亲去湖边看鹅。母亲也被湖边树上的花吸引,拉着我去拍照。九月的阳光印在湖面上,波光粼粼。片刻后,离开湖边,母亲接上父亲的话头念了一句古诗:"宝剑锋从磨砺出,梅花香自苦寒来。"我对母亲颔首。

父母仅在重庆待了两日便走了,大学四年的路还得我自己走。有了父母引路,我大一便认真对待课业,仔细准备考试,因此取得了不错的成绩。待到大二,我参与了大量专业竞赛和创新创业活动,且被社团活动强烈吸引着,很快就感到身心俱疲。

周五下午我只愿参加各项热闹的社团活动,周末只想与三五好友相聚玩耍,似乎在刻意忘记群里发的各项竞赛的通知。那天从校门口进来遇见老师,他一眼看出了我娱乐过后透出的阵阵焦虑,便与我一同在求实广场散步。我将近况与心中的焦虑统统说出,心里止不住地害怕,害怕这样的自己,也害怕即将面对的一切。老师听完,先是摇头笑了笑,随后便对我说:"这很正常,你能跟我说完这些,就已经说明你与旁人不同。你明白自己行走在不太正确的路上,并且也想改变现状。其实,那些竞赛活动你可按照自身的兴趣与能力,选择参与即可。社团活动能给你带来愉悦体验,正好可以用来缓解你竞赛过后的紧张。当两者冲突的时候,老师建议你先完成手头的竞赛任务。不要怕,我见过很多学生,选择继续奋斗的才会最终走向胜利。"听完,我心中豁然开朗,开始有序安排时间,并下决心让自己坚持下去。

无论是"引路人"我的父母,还是"说书人"我的老师,都在大学四年的转折点上深刻地影响了我,为最终成功保研奠定了坚实的基础。

忆　梦

2021年10月,我收到来自西北大学的拟录取通知。我的心情复杂,除了被录取的快乐,更多的是努力三年收获果实的满足和舒心。在这肆意的青春里,我终于完成了心里那个梦。

我忘不掉期末考试前,为加深记忆手写所有的考试重点;忘不掉长夜漫漫在图书馆里奋力解答数学建模题,为了赶时间再想睡也要把论文写完的坚持;忘不掉隆冬时节缩在电脑前,翻译美赛论文的紧张;忘不掉早起去教室背英语,走出寝室时外面还是漆黑一片;忘不掉暑期两月,准时每周开会安排任务完成大创;忘不掉参加数学竞赛,演算一题用掉的五张草稿纸;忘不掉准备推免复试,一边搜集信息一边不停背诵专业知识点……

收到拟录取通知的那一刻,一切都值得释然。

启　梦

漫漫保研路,带给我的不仅是"准研究生"这一个结果。它是一种延迟满足,即先经过长时间令人痛苦的付出阶段,收获远超日常的满足感。而在这长久的磨炼之中,人的品格也会得到升华。做事效率、思维方式、思想品德、学习模式都在这漫长的旅途中逐渐优化,最终形成最适合自己的宝贵经验。

我的保研路,实则非常简单。从最开始只是单纯的"认真听课"到"严谨考试"再到"参加竞赛丰富自己"最后在课余"及时查漏补缺",到遇见保研机会时,已然水到渠成。

少年的大学四年,是普通的,普通如图书馆门前皂角树,四季静候,叶落而后绿芽出;少年的大学四年,是热烈的,热烈似早晨八点的日光,褪去黑暗,满是耀眼;少年的大学四年,是坚实的,坚实像"明德行远 交通天下"的校训,厚重悠长。

我并不把这当作终点,这只是大学阶段的圆满结局。而人不能始终在原地踏步,人总要向前看。我以"保研"为起点,开启我的下一个梦。在此时此刻的大四,毕业设计是当前最要紧的任务,稍长远些,是研究生阶段的规划安排,再往后便是以某种形式实现自己的人生价值,例如找到心仪的工作抑或是继续深造攻读博士。我启的梦,便是找到自身价值并实现。

我相信大学四年带给我的,远比我感受到的多,它溶入血液奔流全身,将会在未来任何时刻助我实现下一个梦,是助我在不知所措、踌躇不前的黑暗里找到支撑我的烛光。

多年后,无论在哪里在做什么,我仍然可以想起初夏六月,穿着红色长裙,梳着低马尾,背着墨色书包,蹦蹦跳跳路过绿油油的花圃时,嘴里吟唱着:"隐形的翅膀,让梦恒久比天长……"那个青春肆意,踏梦而去的少女。

点　评

每一个人都渴望梦想照进现实,作者也是一个爱做梦、爱追梦,更爱通过努力让梦想变为现实的人。

作者的梦想其实就是她对美好人生的描摹、对心中理想的刻画。哪怕在梦里遇到困难,也会在梦里遇到"高人"指路。这个"高人"不是别人,恰恰是那个对未来充满憧憬的作者自己。

从初入大学的迷茫彷徨,到经历锻炼不断提升,作者始终是一个为了梦想变为现实而不断努力的人。当保研被录取的那一刻,这三年来的一个梦终于成为现实,她又开启了新的"梦"。

唯有孜孜以求,方能硕果累累。祝福她始终是那个爱做梦的女孩!

(作者:百晓莹　点评:李坤)

青春与感恩和知足结伴而行

大学四年,青春正好,一点一点在指尖慢慢流逝,却让人感受不到它的离去。蓦然回首,已是即将离开的时候。

三毛曾说:青春结伴,我已有过,是感恩,是满足,没有遗憾。

现在的我,亦是如此。

青春结伴,我已有过!大学四年,身边的人走走停停,却总有人与你羁绊甚深,陪你度过大学最美好的时光。许是坐在图书馆里,享一时安静,阅万千书籍,看你专心致志;许是走在李子湖畔,沐夕阳西下,数几只游鸭,看你笑靥如花;许是跑在操场道上,迎微微晚风,挥无形汗水,看你健步如飞。

我的伴,是我大学生活中最亮眼的存在!在某段黑暗的时光,我就像陷入一个循环,不停地自我否定,不停地难过消极,一直走不出来,但就如克伦威尔所说:如烟火,当四周漆黑之际最为显露。她们会陪我散步,陪我吃饭,讲述革命先辈修建川藏、青藏公路的事迹,给我力量。她们的引导和帮助,就像在我的世界里面点燃了一束烟火,升上天空,化作星辰,温暖了我。

感 恩 之 心

是感恩!随着大学青春的逝去,想感恩的人与事越来越多。似乎从前也不是"矫揉造作"的人,却在此刻深有感触,或是时间让人成长。

感恩家人,家庭是我温暖的港湾,给我温暖让我有勇气去拼搏闯荡!我知道,就算我再狼狈,家人也不会嫌弃,在父母那里我总是一个还没有长大的小孩。我也很开心能做我家人的小孩。奶奶的饭菜总是那么可口,爷爷的谆谆教导铭记于心,爸爸看似严肃的表情却总是带着小傲娇,妈妈的各种小唠叨萦绕耳旁,弟弟也喜欢和我打闹玩耍……他们的存在让我更有勇气和力量向前奔跑!

感恩学校,学校给我们坚强的后盾,也给我们更大的平台。在这里,我们可以展现我们独特的魅力;在这里,我们慢慢成长,学校也在慢慢推进我们与社会接轨。在学校里面,作为毕业生,感受最深的是学校的春秋招聘,给我们提供了很多优质的公司,让我们凭着自己的专业以及意愿去，追寻我们自己的未来！

感恩老师，老师是一盏明灯，授予我们无尽的知识。他们将自己所学、所见、所感凝结成精华，教授给我们；他们给我们讲述学校的起源、"两路"的由来，让我们想到先辈的筑路逐梦精神，深深地影响着我，给予我震撼和力量。师者，所以传道、授业、解惑也。在人生的十字路口，老师指引我们方向，让我们看见蓝天、大海以及最真实的自己。他们上课或幽默、或风趣、或严肃，但都表达出对我们的殷殷期盼。

知 足 常 乐

是满足！知足常乐，还是我！我很容易满足，似星星，满足于能发出一时的光芒，或第二天你见到的不是我，但我依旧欢喜，在你眼里留下过痕迹；似玫瑰，能满足于散出一室的芬芳，或许第二天我即将枯萎，但我依旧欢喜，在你鼻尖留下过香气。

常满足于穿梭各个老师的课堂，接受老师们的智力风暴，每一个老师都有自己的上课特色，讲台犹如舞台一般，他们就是最闪耀的 C 位明星，带给我们不同的体验。我们认真听课，做好笔记，抓住重点，遇见上课不懂的问题，在课后积极向老师请教，学习氛围很是浓厚。

常满足于寻觅各种各样的美味，挽着我的小伙伴，东瞅瞅西看看总能有不一样的发现。是科学城校区南门那荤素搭配的鸡公煲，也是我喜爱的酸溜溜的烤冷面，更是我们著名"487 高校"的一绝烧烤！每逢夜幕降临，总是人声鼎沸，或是普通话，或是各地方言，或是外语，大家相聚在一起，谈天说地，不亦乐乎，这也是一天里的放松时刻！在这里，大家没有任何区别，都是一个普通的享受美味的人，也是这美味，增进了大家的感情。

常满足于挥洒汗水泪水的球场，谁能想到以男生为主的机电学院还有一个女子篮球队，谁又能想到一个个娇小的身躯却能在球场上运筹帷幄。我在高中第一次接触篮球，从此痴迷到不可自拔！在风雨篮球场上，一次又一次的运球，一次又一次投篮，一次又一次的对抗，都在诉说着我对篮球的喜欢。我很满足在大学里面有一项属于自己的兴趣爱好，并能代表学院参赛。我们虽是女孩子，但也可以像男孩子一样在球场上展现我们的风采，去为我们所喜爱的东西而拼搏。每一次跌倒我们都会重新站起来，再接再厉，从不灰心丧气。

青 春 无 悔

没有遗憾！回首往昔，是否遗憾自己大学生活还没有好好珍惜就已经结束？是否遗憾自己的青春一去不复返？是否遗憾自己还没有做出任何成就？其实总感慨自己还有许许多多的遗憾，但我并不觉得那是我们的遗憾，那是我们需要为之更加努力的地方！

大学的成就,没有遗憾!因为在我认为最重要的,是让自己能够感到自豪和快乐。首先,在大学里面保持成绩优秀,每个人都有自己的衡量标准;其次,通过四六级考试,对于以后求职是一个强有力的优势;再次,参加各种让人感兴趣并为之奋斗的比赛也是很好很有成就的事情;最后,培养一项自己的兴趣爱好,最让人有成就感,我喜欢打球,在球场上挥洒青春,你们也应该为自己喜欢的东西而努力,不论是吉他、跳舞或者是其他的东西,都要勇敢追寻!

大学短暂,青春易逝,但是我们要一直向前!大学时光并不会因为我们的遗憾而重新来过,就如辛夷坞所说:故乡是用来怀念的,青春就是用来追忆的,当你怀揣着它时,它一文不值,只有将它耗尽之后,再回过头看一切,才有了意义——爱过我们的人和伤害过我们的人,都是我们青春存在的意义。

因为大学,我们相遇在这里,一起深呼吸,一起感受青春的魅力。它之所以如此耀眼,如此美丽,是因为我们的存在,温暖而张扬。

青春结伴,我已有过,是感恩,是满足,没有遗憾!

点　评

《青春与感恩和知足结伴而行》一文,展现了一位即将毕业的大学生对大学生活的深深眷恋与感恩之情。文章以此为主线,传递出作者对青春岁月的珍视和对未来的美好憧憬。

文章开篇即引用三毛的名言,点明青春的美好与无憾,奠定了全文的情感基调。随后,描绘了自己与大学伙伴们在图书馆、李子湖畔、操场道上的美好时光,展现了大学生活的丰富多彩和深厚情谊,勾起了读者的共鸣。

在感恩之心的部分,作者表达了对家人、学校和老师的深深感激。家人是温暖的港湾,给予作者无尽的支持与鼓励;学校提供了优质的教育资源和广阔的发展平台,让作者能够充分展现自己的才华;老师则是明灯般的存在,特别是用革命先辈筑路逐梦"两路"故事和关爱,给予作者力量,引领作者前行。

知足常乐的部分则展现了作者的乐观与豁达。作者以星星和玫瑰自喻,表达了自己对于能够发出光芒、散出芬芳的满足与欢喜。在球场上挥洒汗水与泪水的经历更是让作者感到满足与自豪,展现了作者顽强拼搏、坚韧不拔的精神风貌。

文章结尾部分,作者再次深情地强调了青春的无悔与满足,字里行间流露出对自己大学生活的无限珍视与深切怀念。同时,作者也借此机会鼓励每一位读者,要勇敢追寻自己的梦想与兴趣,不畏艰难、不惧挑战、顽强拼搏,让青春在充实与精彩中绽放出最耀眼的光芒。

整篇散文情感真挚、语言优美,细腻地展现了作者对大学的感情与回忆,让读者感受到了大学生活的美好与珍贵。它让我们重新审视自己的大学生活,珍惜那些美好时光,同时也激励我们在未来的道路上勇往直前、筑路追梦。

(作者:谌金玉 点评:易虹)

思以明德,志为行远

生活就像在黑暗中走路,我们需要自己摸索,然后找到一盏明灯,确定自己前进的方向。

因为要回科学城校区给学弟学妹们进行保研宣讲,为充实 PPT 素材,我打开手机翻出大学这几年留存的照片,看到一张张的照片,一点点的片段,脑海中的思绪也不断地涌现。

时间回到 2017 年的那个夏天,回到收到录取通知书的那个欣喜的早晨。快递员小哥面带微笑地对我说祝贺,自己和爸爸妈妈一起从快递包裹中拿出通知书,一起笑得很甜蜜。"有些诗写给爱恋,有些诗写给未曾谋面"。当时的我已经开始憧憬着我的大学生活,期待着自己去写好与重庆交通大学共同度过的四年时光。

告别迷茫,奔赴热爱

多经历,多体验,才能真正知道自己喜欢什么,才能更加明白自己真正的追求。

刚入学时,在期待着如何书写大学生活。获得一个较好的学习成绩,拿到一次奖学金,然后遇到大学的爱恋,许多这样美好的事情都值得我向往,这样的热情驱使我度过了大学的第一个秋天。在大学班级第一次班会也就是班干部选举中,我成为班级的班长,现在也一直很感谢同学们对我的信任,自己也庆幸没有辜负班级同学们的信任。

从最开始的满怀激情地期待大学生活的许多新鲜事物。过了几个月之后思考未来的不确定性,开始对自己的专业、对自己的未来产生了迷惘。记得当时是大一下学期,我填写了转专业申请表,但是由于一门课程没有达到 85 分,转专业未能实现。那段时间确实比较迷惘的,各项活动及课程安排都比较宽松,闲暇时间很多。

我在空余的时间喜欢上了阅读,科学城校区的图书馆一楼有各类的文学作品。当时的阅读就全凭自己喜好,行万里路与读万卷书总是令我神往。大一下学期广泛阅读各种书籍,有晦涩难懂的美学和哲学类书籍,也有令人心驰神往的冒险游记,还有许多感同身受的作者对历史对个人事件的反思总结。后面逐渐发觉,只有去多经历、多体验、去主动把握机会,才能真正知道自己想要的是什么。如果觉得无事可做,那就去认真生活吧!

大一大二时参与了很多社团活动,当时真的很受触动。无论是作为普通同学参与或者作为成员组织,都给我的大学生活留下了美好的回忆。从在学生活动中心二楼开始第一次的表演,到作为主持人主持几百位师生参与的大型校园活动,还有第一次作为社团负责人协调组织200人以上的活动……这样的经历,都让我变得更加勇敢,让我至今仍然感激。

明其志,方能之所赴

在很长的一段时间,我都不太清楚自己真正想成为一个什么样的人,是碌碌无为、虚度年华?还是拼搏奋斗、踏踏实实?经过不断的探索和经历,我才找到自己的目标,才逐渐明白大学学习的意义。2020 年 10 月 12 日,我收到了华中科技大学的待录取通知。随后的 11 月 27 日,我迎来了我的首个政治生日。加入中国共产党和推免研究生,这两件事情是我大学期间最大的收获。

"明其志,方能之所赴。"在大二的上学期确立了推免的目标之后,我更加专注地投入了自己的学业学习。大学的生活丰富多彩,但是学习还是我们学生的首要任务。确定了目标之后,我更加认真对待每一门课程,除了认真的课堂学习之外,图书馆成为我的第二"阵地"。空想无用,人生的精彩是建立在有明确的目标并且愿意为之付出努力的前提下。大二下学期时和同学们组队参加学科竞赛,从最早期的大学生创新创业项目立项,到后面一次次和老师、同学沟通,经过 5 个月的不断完善,我们的作品进入国赛。在哈尔滨答辩现场,与国内几十所高校和科研院所的精英们同台竞技,我们最终荣获全国"特等奖"。在校期间每周六天的学习时间,早上 8 点到晚上 9 点,这样的充实的日子,我并不觉得很辛苦,为了学习专业知识、积累科研经验还有对自己综合素质的培养。我不去想,是否能够成功,既然选择了远方,便只顾风雨兼程。每一段的学习与积累,都是在让我成为更好的自己。

千钧将一羽,轻重在平衡

回顾接近四年的大学时光,在学业上我力学笃行,在学生工作和实践活动中我也同样尽职尽责。大学是一个综合发展的平台,在完成学业的同时,我也重视综合素质的培养。担任班级班长、社团会长和参与150 多个小时的志愿服务活动,都是值得我自豪的经历。

大学四年担任班级班长,在生活中我一直严格要求自己,积极主动、待人诚恳。大一通识课的宁老师在课堂上的一句话,我至今铭记:"看一个班的学风状况,基本上只需要看班级的班长,如果班长坐前排认真学习,那么班级的成绩肯定都普遍较好。"是啊!别人怎么看待这个班级,首先就会想到这个班级的班长。作为老师和同学们沟通的坚实的桥梁,我在班级内积极协调同学关系。回顾四年的大学生活,我很高兴在同学们遇到困难的时候能够帮助他们,自己遇到困难时也受到了同学们的帮助,班级的学习成绩以及各类评优评先人数,也都名列学院前茅。

组织多次的社团活动和参与社会实践活动,也锻炼了我的组织协调能力,从社团文化节和各个兄弟社团交流经验,到成功组织多个社团活动,获得社团活动先进个人和学校"十佳社团"等。此外,我还参与了海洋知识普及进校园、种鹤村看望老人、义务植树和台渝大学生交流活动等多种志愿服务活动,既为自己在学生工作和实践活动中取得的成绩而高兴,又为获得的锻炼而感到振奋。

学业、个人事务、学生工作还有实践活动,几乎占满了我的日常,锻炼了我办事的效率和逻辑思维能力。每天我会在起床之前安排好今天的各类任务清单,虽然有时候会劳累,但这种充实的感觉让我很满意。

3月30日在操场跑步时,我的手机响起"您已运动800千米,继续加油哦",这个声音时我的内心深受触动,因为重庆到武汉的距离也是800千米。

湖滨边的桃花和湖面粼粼的波水很美,南岸的香樟和清晨的炊烟也伴随我度过多个日夜。于我而言,重庆交通大学是我的第二故乡。星光不问赶路人,岁月不负有心人,真的很感谢和母校的遇见,感谢老师和同学们,他们传授我知识、教会我相处,让我在人生的黄金时刻得以更好成长。大学四年,我收获了一份份宝贵的知识与经验。也许在多年之后,大学期间的许多专业知识都会被遗忘,但留下来的那些看似不起眼的能力,将会成为我安身立命的宝贵财富。思以明德,志为行远,交通天下的追求将不断勉励我辈,去更好地传承一代代交大人的初心与使命。

点　评

《思以明德,志为行远》这篇文章回顾了作者在重庆交通大学度过的四年大学时光,字里行间流露出对母校的深深眷恋和对未来的坚定信念。文章以时间为线索,将作者的成长经历划分为几个阶段,每个阶段都充满了挑战和收获,充分体现了作者不畏艰难、敢于拼搏的进取精神,这与"两路"精神的内涵正好契合。

作者在大学期间经历了从迷茫到坚定的过程,通过不断的探索和努力,找到了自己的目标和方向。在学业上,作者始终保持着对知识的渴望和对学术的追求,认真学习每一门课程,积极参与学科竞赛和科研训练,最终获得了推免研究生的资格和多项荣誉。正如作者文中所言:"空想无用,人生的精彩是建立在有明确的目标并且愿意为之付出努力的前提下。"这也体现出了作者不畏艰苦、敢于拼搏的优秀品质。

　　除了学业上的成就,作者还在学生工作和社会实践活动中展现出了自己较强的组织协调能力。担任班级班长和社团干部期间,以身作则,积极为同学们服务,为班级和社团作出了力所能及的贡献。同时,还积极参与志愿服务活动,将爱心和温暖传递给更多的人。这种团结协作、共同进步、乐于奉献的精神,正是"两路"精神的生动体现。

　　这篇文章以真挚的情感展现了作者在大学期间的成长与收获,充分体现了"两路"精神在青年一代中的传承与发扬。这种精神不仅是作者个人成长的宝贵财富,更是新时代广大青年应该秉持的价值观念。

(作者:周锦龙　点评:李世辉)

五

自强不息精神 篇

青春永不落幕

岁月匆匆流逝,青春永不落幕。

——题记

提笔至此,感慨颇多,突然不知从何说起。回望过去三年遇到的那些人和经历过的那些事,它们不仅增长了我的见识,丰富了我的眼界,还让我的三年研究生生活变得更加充实完整。

......

当硕士毕业论文落笔致谢时,我的学生生涯也将匆匆落幕。抬眼望着图书馆窗前飞驰的轻轨,我的思绪也被猛地拉回三年前。

拜师门下·科研启蒙

"教师不仅是知识的传播者,而且是模范。"——布鲁纳

"你找到导师了吗?""你导师是谁呀?"

2020年,初入研一,这是身边同学议论最多的一件事。"导师"一词,开始频繁出现在我的生活中。自从拜师门下,我时常庆幸与这样优秀的学者有过一段命运上的交集。恩师学识渊博、治学严谨,是我科研路上的引路人。

他说:"中国的山水都是很美好的,隧道能够在保留这些美好的前提下对交通运输事业作出贡献。""党员是很优秀的,什么大灾大难,党员永远冲锋在前,无所畏惧。""论文需要逐字逐句地斟酌。"他说着对隧道的热爱,对祖国的热爱;说着他在遇到灾害时冲锋在前的故事;说着那些最前沿的学术方向。在导师的影响下,我们从来不需要刻意去学习。他讲到隧道领域时的满腔热情,讲解专业知识时的神采奕奕,指导学业时的严谨认真,这一切的一切,都已深深植根于我的脑海,热爱科研的小芽在我心中萌发,入党的决心扎根我

心底。自此,我一改往日的懒惰拖延,慢慢向着更优秀的自己迈进。

参加比赛·成功滋味

"人不是等优秀了才去参加比赛,而是在比赛中变优秀的!"

研究生期间参加学术讲座和课外活动,都为自我能力的提升创造了条件。其实,我向来不是积极又拼搏的人,但因各种机缘巧合,成了创新设计大赛的负责人。但正因这次经历,让我发现自己原来那么坚韧。整整三个月时间,我带领团队完成了设计报告的撰写。我们利用所有空闲时间聚在一起,朝着同一个目标努力——在比赛中获奖。

争执、摩擦、口角,也时有发生。最终,也许是我自身安排不得当,也许是大家熬夜后的烦躁情绪,也许是大家太想赢而又不知结果如何的迷茫感,队友们心灰意懒、不愿行动,摆烂的怪异气氛弥漫在团队之间,最终一场争吵爆发了。

但我明白,当下情绪的宣泄并不是坏事。待情绪稳定后,我们心平气和地进行了一场交流,解开了心结。而后我调整方向,合理安排,队友们也放平了心态,大家齐心协力,终于完成了报告的撰写,并荣获了全国二等奖。我也明白尽了最大的努力去做,那就是给自己交出的最好答卷。我们在比赛中的所思所想和沟通协作,也使我们变成了更优秀的自己!也是这次经历让我明白,有时候争吵也并不是那么可怕。在情绪宣泄后,我们尝试着去理解对方,尝试着去沟通解决问题,理智地分析原因,这才是最重要的。

单位实习·刻苦钻研

"那种吃苦也像享乐似的岁月,便叫青春。"——木心

我实在应该用一段文字来描述我的实习经历。炎炎夏日,空气里的热气、烧到1200℃的耐火试验炉、厚重的工作服、脸上戴着的厚实口罩,试验材料里飞出的刺人飞絮和汗水混在一起,黏在皮肤上。回想起在国家工程实验室做隧道结构耐火实验的那段实习时光,该如何用一个词语来描述当时的状态呢?疲惫或劳累?不,我现在更愿意用"热血"两字来定义那段时光。即便当时如何辛苦难熬,但那都是因为心中饱含着对课题的思考和对试验现象的分析,是希望得到理想试验数据的默默祈祷。试验之后的报告撰写、资料整合等工作,更让我的自我学习、钻研能力得到了进一步的提高。

虽然试验很艰苦,但我依然记得微风徐来,触碰到我沾满汗水的皮肤时的欣喜,记得跟试验伙伴们闲暇时打趣的欢声笑语,记得试验结束后,饥肠辘辘去往食堂时的期待感。或许,这就是青春热血的模样吧!

毕业论文·全力以赴

"你要全力以赴,而不是尽力而为。"

办公室内,同学们个个紧锁眉头。毕业论文,检验三年学术成果的时候到了。甚至有的同学就睡在办公室,其努力程度完全不亚于考研。

想要写好一篇毕业论文绝非易事,需要投入更多的时间与精力,并将所学应用于论文之上。细碎的时间并不利于思考,因此,我每天早出晚归,摒弃一切琐碎事务,每天往返于寝室、办公室两点一线,让自己有足够完整的时间用于撰写毕业论文。论文的标题、大纲、绪论、摘要、总结等等,需一点点地去解决好每个问题。为了把论文写得扎实、严谨、环环相扣,我必须认真学习那些优秀学者们的论文写作思路、写作逻辑和专业术语,这有效提升了我的学术水平。我学着去思考怎样去描述试验现象,能够更加简洁易懂;我学着用合适的文字将前后语言连接起来,使得文段条理清楚、逻辑通顺;我学着去斟酌文段里的每一个字是否准确清晰……我反复打磨我的毕业论文,充实其中的内容,使其具有一定的创新性、前沿性和理论性。

考研之路本就充满艰辛,我们依然需要像三年前那样全力以赴,为了自己心中的目标。三年前的目标是来到重庆交通大学求学,来到这个美丽而又独特的山城;三年后的目标则是顺利"离开"重庆交通大学,奔向更好的未来。我们从一个懵懂无知、渴求知识的新生,成长为能够独立思考、略有所成的毕业生。这样一段默默付出、艰难努力的日子,等到再回首时,你将会无比感激当时的自己,感动于当时的每个画面,这会是整个人生中最精彩的时光。那些我们一步一步走过来的路,都将成为我们青春记忆中抹不去的烙印!

回过神来,窗外的轻轨已驶出我的视线,匆匆而去就像我一闪而过的三年研究生生活。时间过得那么快,却在我生命中留下了不可磨灭的印迹。

研究生学习生活虽匆匆而过,其绚丽和多彩却是我们终生不能更改和忘却的。驻足回望求学之路,心中已是百感交集,几分苦涩、几许甘甜。三年间有试验失败时的焦虑和痛苦,有论文被拒时的挫败和灰心,更有新思路出现时的激动和高兴。这三年我从不吝啬于对自己提出新要求,事后证明,付出的时间和努力都是值得的。无意间自己收获了一份简单却来之不易的成熟,我好像在慢慢成为我想成为的那种坚韧而又松弛的大人。

三年时光,说长不长,说短也不短。遇良师,寻真知,觅趣友,实为三年之幸。想过千万遍开头,却不曾想过该如何结束。与其说是感谢,更多的是我藏在言语间的留恋。希望最后相处的日子慢一点,再慢一点,慢到我们有时间好好告别,不至于在时间的洪流中将对方淡忘。

感谢这世界有那么多人,活在我飞扬的青春!

至此致谢落笔,青春却永不落幕,因为我们将永远不畏前路艰难,不失少年意气!

点 评

　　文章以精细的笔触和深邃的情感,细致描绘了作者在研究生阶段的心路历程与自我蜕变。文章紧扣"青春"这一主题,巧妙地将作者的求学、科研、竞赛、实习以及毕业论文等多元经历融为一体,既展现了青春岁月中的拼搏与奋斗,又凸显了在这一过程中所获得的深刻体悟与宝贵收获。

　　作为新时代"两路"精神的传承者与践行者,作者在科研启蒙、参与竞赛、单位实习及完成毕业论文等多个环节,均展现出了强烈的自我驱动力和不屈的拼搏精神。这种精神不仅体现在她对学术研究的严谨态度上,更在面对困境与挑战时,展现出了坚韧不拔的毅力与决心。

　　同时,文章还充分展现了作者丰富多彩的生活与情感体验。从初入校园的迷茫与憧憬,到拜师学艺的喜悦与敬仰,再到参与竞赛的激动与紧张,以及在单位实习的艰辛与收获,每一阶段都凝聚了作者的真实感悟与思考。这些体验不仅为文章增色添彩,更使读者能够深刻感受到作者的成长轨迹。

　　此外,文章还通过具体实例与细致描绘,生动展示了作者的学术追求与人格魅力。例如,在描述竞赛经历时,作者不仅提及了团队成员间的摩擦与争执,更通过对话与内心独白的方式,展现了团队成员间的沟通与合作;在叙述实习经历时,作者则通过描绘工作环境与试验过程,彰显了自己的刻苦钻研与敬业精神。这些实例不仅增强了文章的说服力与可信度,更使读者能够深入了解作者的成长历程。

　　总体而言,《青春永不落幕》是一篇充满感染力与启示性的佳作。它不仅展现了作者在研究生三年间的成长与收获,更通过具体事例与生动描绘,使读者深刻体会到"两路"精神的内涵与价值。这篇文章不仅是对作者个人学术生活的回顾与总结,更是对广大青年学子的一次精神洗礼与激励。它提醒我们要始终保持对学术与生活的热情与执着,勇往直前、不畏艰难,用青春与汗水书写属于自己的精彩篇章。

(作者:李静　点评:张迎迎)

孕育与成长

——人生旅途的"起承转合"

茫茫人海相望时,春夏秋冬四季度。过眼已是风云雾,回首已是前半生。

——题记

　　四年的时间仿若一支时光之箭从我眼前流逝,不知不觉中就发现"大学号"列车已驶完全程。这趟列车很奇怪,只有起始站却未曾告知终点站。此时坐在车上的我感觉迷茫、彷徨,于是不禁发问:"这趟列车究竟要将开往何方?"这个答案困扰了我四年,就在即将到站之际,我才明白大学这趟列车只是我们人生旅途中的短短一程,到站不过是各自选择不同的下一站。坐在窗前,万物划过,我思考着我的下一站该何去何从?似水流年、闭眼回眸,我终于理解了大学站的真正含义——起承转合。

　　起,破土重生梦想开始。满怀热情与憧憬,我拖着笨重的行李箱,站在交大的校门口,心中感叹原来这就是从别人耳里听说了十二年的大学。很小的时候,大人们就在我心中播撒了这一颗种子,一直以来我将其埋藏在土里不断吸收养分。虽然土里的日子黑暗又潮湿,但是每当听到路人讲述外面的美好世界,我便会更加坚定自己的信念。如今,它成功长出了小嫩芽,深呼吸真切地感受外面沁人心脾的空气。此刻,新世界展现在我面前,我暗暗发誓,要跟过去的自己告别。以前的自己懦弱又自卑,但现在我可以选择拥抱新生活,所以我一定要换一种生活的方式。

　　我永远会记得那一天,鼓起勇气踏出的第一步。那天,教室里坐满了陌生的面孔,眼前是全新的黑板、课桌和窗外景色,这让我感到不安和惶恐。今天班会的内容是竞选班委,我第一次有了想要争取的想法。以前的我一直保持着默默无闻的好学生形象,虽然不能说是个缺点,但总觉得这样畏缩的生活不应该是我未来四年大学生活的基调。我想我不应该只是破土,更应该褪去原本的外壳完成重生。于是,我鼓起全部的勇气和信心站在讲台上,发表自己的竞选演讲。那一刻尽管身体发抖、声音发颤，但我的内心却是非常坚定。最后我成功竞选上了团支书，与此同时这也是我梦想开始的时刻，因为它带给了我前行的力量和勇气。

承，热血青春熊熊燃烧。如果说人生是一本书，那么大学便是书中最美丽的彩页；如果说人生是一台戏，那么大学便是戏中最精彩的一幕；如果说人生是一首歌，那么大学便是最动听的旋律。大学生活的画卷已经为我铺开，如何执笔书写是我需要思考的内容，是潇洒沉沦？是闲云野鹤？还是挥洒汗水？我的答案是努力让一切做到最好，不辜负我二十岁的青春年华。大一大二有很多规划：加入社团、管理班级、参加活动、课程学习、考级考证等，因此每一天都忙碌又充实。除了校园生活，我也做了一些全新的尝试，利用空闲时间兼职赚钱。通过自己的努力，大一大二两年我获得了很多荣誉，也有了一些积蓄。虽然算不上多大成果，但这是我用无数细砖碎瓦组成的青春岁月。

还记得刚进校时稚嫩的自己，什么都不懂，什么都不会，只不过是怀揣着对大学生活的好奇与憧憬。如今，当初那个稚嫩的小树苗已经可以逐渐独当一面了，但依旧会努力吸取日月精华和养料，等待厚积薄发，让生命之树因年轻而精彩，让青春年华因活力而生辉。

转，迷惑困顿但仍坚持。恍惚之间，大学生涯已经过半，来到大三，担忧和害怕开始涌上心头。大三是大学生活的一个转折点，我们开始思考毕业以后该何去何从。但我们并不知道大学站的终点站在何方，开始感到前所未有的无助、迷茫和焦虑。我们每个人都在为未来做规划，有人选择求职，有人选择考研，有人选择出国，然而没有任何人能告诉我们，哪一条路才是正确的。现在回想，路从来没有正确与否这种说法，关键在于能否坚定信念往前走，因为不同的选择，只不过沿途的风景不同而已。

大三那年夏天是我人生中最迷茫焦虑的阶段，在考研和找工作之间做了无数次的权衡。每当微博热搜词条"现在找工作有多难"等话题出现，又或者看到老师群里发送的工作信息，我的内心就会动荡一次。那时的自己深陷迷雾中，看不清前路的方向。于是我开始思考，自己真正想要的是什么？无数次的权衡之后，我明白了理想和现实有时候不能兼得，所以我选择放弃考研专心求职。当做出这个决定后，我突然就觉得轻松了很多，也不再每天焦虑。当然我很清楚，换一条路并非解决问题的办法，仍然需要坚强的毅力才能往前走。我很庆幸当时的选择，在经历了磕磕绊绊后拿到了心仪的 offer。这一年我的心路历程非常坎坷，但是风平浪静后，大一在心中种下的那颗种子已经不再脆弱。

合，不断沉淀等待结果。大四这一年没有前两年的忙碌，也没有大三的焦虑，虽然大家都在各自奔波，但我总感觉大学生活好像更加平静了。也许是因为再也没有赶早八的匆忙，也许是因为再也没有繁杂的活动，也许是因为再也没有细碎的作业。同学们相见的次数也越来越少，每个人都有自己的规划，有的忙着实习，有的忙着论文，有的忙着复试，有的忙着找工作……所有人都在自己的领域里继续沉淀，规划着未来的方向。

虽然我已经找到了工作，但我明白自身仍然有很多地方需要提升。大四下学期，我进入公司实习。这次实习可以说是学校和职场之间的过渡期,虽说只有短短一个月的时间,但我也感受到了职场和学校的不同。学校里我们还能受到保护,而职场却是弱肉强食、优胜劣汰。每当晚上拖着疲惫的身体回到学校的时候,就会感觉特别有安全感和归属感。等室友都回到寝室,大家一起欢歌笑语的时光更显得珍贵和快乐。大四这一年事情变少了,感慨变多了,还有最后三个月时间,我就要彻底离开学校这座象牙塔。相比于外面残酷的世界,我多么希望能继续留在这里。但人终归需要成长,列车总归是要到站。珍惜最后的校园时光,我愿在最后这一年里继续沉淀,将大学学到的与人相处之道、职场生存法则、专业知识等内容实现整合。路漫漫其修远兮,我将继续沉淀,等待开花结果。

回忆的思绪到这里结束,我睁开双眼看着眼前的青山绿水,心里五味杂陈。就在此时,语音响起:"各位乘客,本次列车即将到达终点站,请下车的乘客准备好……"曾经一群五湖四海的陌生人乘坐同一班车,如今到站之际不舍之情油然而生。这四年有过勇气、有过热血、有过困顿、有过选择、有过快乐、有过奋斗……但列车还要继续载客,人也要继续前行。我将以饱满的热情,勇敢迎接未知的挑战。虽道阻且长,然行则将至,我已经整装待发,奔赴下一场山海。

点 评

作者用"起、承、转、合"四种状态,从"破土重生梦想开始、热血青春熊熊燃烧、迷惑困顿但仍坚持、不断沉淀等待结果"描绘了大学四年的种种经历。

"我想我不应该只是破土,更应该褪去原本的外壳完成重生;如果说人生是一台戏,那么大学便是戏中最精彩的一幕;我的答案是努力让一切做到最好,不辜负我二十岁的青春年华;没有任何人能告诉我们,哪一条路才是正确的,关键在于能否坚定信念往前走;我愿在最后这一年里继续沉淀,将大学学到的与人相处之道、职场生存法则、专业知识等内容实现整合……"从这些只言片语可以看出,作者在经历磨砺的同时,也在提升、成长和进步。

步入社会,更需要的是从容不迫与坚韧不拔。正如名人所言:哪有什么胜利可言,挺住就意味着一切;更如筑路先辈们一般:在严寒冬季,修路战士手握钢钎时间太久,手和冰冷的钢钎都冻在了一起;公路勘探队员徒步万里获取第一手资料……尽管条件艰苦,却没人叫苦退缩。

乐于奉献和不懈奋斗,一直以来便是一对解不开的人生"搭子"。愿同学们在未知的未来付出百倍努力,开创人生新阶段的壮美华章。

(作者:杜万双　点评:黎昱睿)

春草年年"氯"
——致 2023 级学弟学妹的一封信

好友,见信如晤。

2023 年的夏天,欢迎你们来到重庆交通大学,正如 2019 年的我一般。四年接续,仿佛宿命,好似轮回,于是我在临近毕业之时写下这封书信,致我过去的四年,也致你们未来的四年。

我们平生素未谋面,但终将同行旧路。跨越时空,若君倾耳,我便将我这四载春秋讲予你听。

我想当你至巴山时,我早已下江南。但是若你在明德奖学金的公告栏里看到我,抑或是在与老师或者高年级同学的交谈里谈及我,希望彼时可以带给你们须臾的奋进与思考。

回望整个大学,从第一次考试发现自己位列专业第一,到获得第一个校奖、第一个市奖、第一个国奖;从发表第一篇论文、申请第一项专利,到成为国家级大创项目的负责人;直至成功推免到东南大学院士课题组,并获得了重庆交大最高奖项明德奖学金,蓦然回首,感慨荣誉催人奋进。

但严格意义上,在大学之前我算不上是个好学生。初中厌学休学,高中为了梦想孤注一掷,结果一败涂地。哪怕是升入大学,我也未能让父母安心。

我仍记得开学那天母亲双目通红,她不看我,哑声说:"我真担心你,你这个孤僻的性格在大学可怎么办……"

临别时,我见她把手掌贴在车窗上,望向我的目光氤氲着川渝的潮湿。我背对着阴雨连连,边哭边向北,走向天边微光乍现。

于是当天下午开学见面会,我便鼓起勇气竞选了团支书,出乎意料拿到了最高票。

直到现在,每次坐上校车前往南岸校区的实验室时,我都会试图揣度母亲当时的心境,是担忧?是不舍?还是放手后的决然?

填报志愿时,家人劝我去姐姐任职的学校就读,我执意孤身从鲁北至川渝。我想你们当中会有许多人同我一样,心怀抱负,沐风栉雨,双手合十,于万里之外朝拜云霞。

如今回头再看,似是兜兜转转走了些许弯路。所以,尽可能地,我把所有的曲折与经验说给你们听。

　　其实回望我的保研之路，从来都不是一蹴而就的，往往是屡屡酣战而节节败退，只是命运偶然降下温柔一瞥，我恰好看见。

第一载：焚膏且继晷，兀兀至穷年

　　绩点三年蝉联专业第一，对我而言并不是制胜之道，最幸运的是拥有志同道合的好友。回想起共同为期末酣战复习时，方寸天地均可作书桌。

　　印象最深刻的是和舍友在宿舍楼下的洗衣房通宵复习的日子。那时巡查的保安叔叔会轻敲玻璃门提醒我们早睡，我们摆手，吞下一口涩涩的咖啡，坐看晨叶随清风而行。

　　复习一夜，在天微凉未亮时，我们会趁着将歇的月色，就着睡意在原三栋食堂买一份热腾腾刚出炉的酱肉包和茶叶蛋，和着对书本新鲜的记忆笑嘻嘻地咽下。

　　那时我们会坐在李子湖旁的长椅上，看夜幕低垂倾盖湖上，天鹅交颈，不知名的少年弹着吉他清唱。我们端着书本，一人一句低声背诵。月光倾泻一隅，荷塘虹彩交融着光点渐隐。

　　我们喜欢坐在四栋宿舍的阳台上背诵英语单词，幕天席地，闻风晓云，看门生行程惶惶，看广阔之处高楼拔地。

　　憾至身名无法同日授，幸有心事一言知。

第二载：山虽不让尘，川但不辞盈

　　大学四年，我参与过形形色色的比赛。于我而言，竞赛的高光点不在于拿到证书的那一刻，而是为了同一个目标与队友通宵达旦打磨路演稿，精益求精的瞬间。

　　我们准备三创赛，各司其职而又共同奔走。

　　我们参加混凝土大赛，一起熬夜调试配合比，为合标的坍落度而兴奋不已。

　　我们备战金相技能大赛，把青春化作指尖斑驳的锈渍，织成手指上贴满的创可贴。

　　其实我的竞赛经历算不上顺利，似乎是为了达成某种注定的美中不足，曾经沉溺于此，但即便山呼海啸，我却无法真正看见它。现在能见到时，却又落入四下无声的境地。

　　如今感慨的只是彼时，哪怕蚍蜉撼树，天地倒悬，仍反复不知疲倦，叩问不休。从未苛求美满，只愿共历千帆，仍可在喧哗人世中不至于走散。

第三载：一约当既定，万山却无阻

　　大学四年，我担任过许多学生干部职务，从各种小组长、课代表到大一时的班级团支书，到后来做辅导员助理，再到加入明德学社，到中途担任 20 级代班长，到被推选成为学代会常任代表,最后兼职党务助理。我希望你们可以明白,身兼数职不是居庙堂之高的荣耀,而是处江湖之远的责任与历练。

感谢我的辅导员昙昙姐把我带上了班委之路。我仍记得那日阳光灿烂,她对我笑着说:"来给我做助理吧。"

后来我见她凌晨陪生病的同学就医;见她为了更好地与学生沟通而自学心理;见她为了离学生近一点,甘愿将办公室安置在狭小偏僻且夏季多蚊虫的3栋109;见她哪怕有孕在身,为了我们毕业生的就业东奔西走。于我心中,她更像交大无数默默无闻的辅导员们的缩影,无言但久立,长伴而矜持。

第四载:功崇惟远志,业广惟辛勤

最后谈谈科研经历。在整个大学期间,我有幸发表了3篇论文,1项专利,参与过1项校级大创,主持过1项国家级大创。但是经过一番审视,发觉自己仍旧是那个常常坐在课堂第一排仰头听任课老师讲课企图汲取一点知识的学生。

他们就是我心目中的学者,纯粹,灵动,高傲,质朴,清澈明朗,有着最纯粹的少年感。

锋哥正直洒脱,正如他所研究的长余辉材料,于暗处迸发铮铮荧光。

王老师为人热情,爱护学生,是我逢人常道的良师益友。

田老师春风化雨,润物无声,是象牙塔外的灯塔。

以及我们三创的带队老师:经管学院芒寒色正的张瑞老师,对我们严格要求、精益求精的易世志老师,为我们排除万难的航运学院刘君老师。

马克思主义学院一身正气的孟先生,机电学院治学严谨博学多才的孙世政老师,会站起来为我的应用文课程作业鼓掌、毫不吝啬完美的李小博老师,明德学社高情远致、德才兼备的王玉龙老师。

还有仅仅只上过一堂课却振聋发聩、令我醍醐灌顶永生难忘的曾友谊、李振委、李亚宁老师。

作为学生,我大抵是备受关爱的,以往得到太多关切与爱护,所感所受尽出自诸方庞杂的爱。或者也正是因为如此,我方能取得如今的成就。

所以我想你们也会遇到珍重的老师,他们会影响你这四年,甚至一辈子。

如见吾师,授业胜无言。

如闻吾师,传道恰有声。

只是如今我求学南下,先生仍自育桃李。我深知片言只语难托尺素,唯念新竹胜旧枝之恩情。

纵观全文,我的大学生活好像远比不上同龄人丰富,不是泡在图书馆温习功课,就是活动室讨论竞赛，或者是实验室制备表征。

作为大学四年都守在双福的第一届学生，我似是与它融为一体。我就像是恪守着篱垣与青竹的隐士，坐拥一分良田，温水煮茶。而我所谓的大学生活，便是有知觉而又骄矜地生活，活成春林静水，活成清白文章。

很高兴你们能在此时开启校园生活。彼时你们步伐健朗，仍有我们初入校园时候利落的影子。我落后几步不远不近地跟着，从南向北，至春深处，在庭后竹野前走过，听得百步银杏飒飒得意风，在横栏曲桥行过，傍雨而坐，细细点一点鹊鸟白鹅，觉得一草一木都格外熟稔。

真好啊，万事万物皆在春日，李子湖却在长夏，长风吹动，荷叶婆娑。我想它不只是鸿鹄长舞之所，雀鸟振翅比起风声虽说只是微末，却也有清晰的声响。

春光正好，可近来正值毕设，苦恼于合成未果，后来多番尝试，增加氯化氢，故此峰回路转。

四年的荏苒光阴，你们终会觅得真理。

我写下这篇文章，于我于你，于代代生生，于岁岁年年。

春草年年绿，不知王孙……归不归？

此致

顺颂时祺

郑文潇

2023 年 5 月

点　评

郑文潇同学的书信，犹如一缕春风，温暖而充满力量，以真挚的情感和深刻的思考，为学弟学妹们描绘了一幅坚韧不拔、砥砺前行的青春画卷。

文章以郑文潇的大学生活为线索，细致描述了他在学习、竞赛、班级工作、科研等各个方面的努力和收获。他坦然面对曾经的挫折与迷茫，但更强调的是如何在困难中坚持，如何在失败中崛起。他用自己的实际行动，诠释了新时代"两路"精神传承人的蓬勃朝气和自强不息、顽强拼搏的精神风貌。

在郑文潇的字里行间，青春的步伐跃然纸上，我们仿佛能够听到青春的脚步声，感受青春的热血与激情。他告诉我们，青春就是要敢于追梦，敢于挑战，敢于面对一切困难与挫折，因为只有经历过风雨的洗礼，才能更加坚定地走向未来。郑文潇的奋斗历程，不仅是他个人的成长史，更是新时代青年人的缩影。在这个充满机遇与挑战的时代,我们不仅需要丰富的知识和技能,更需要坚韧不拔、奋发向前的精神力量。正如郑文潇在信中所写:"我们不能选择生活带给我们的困难和挑战,但我们可以选择面对它们的态度。"正是这种积极向上的态度,让我们能够在面对困难时,更加坚定地走下去。

此外,作者在文中提到的那些与他共度艰难时刻的师友,也充分展现了团结协作、共克时艰的力量。正是这些师友的陪伴与支持,让他在成长的道路上不再孤单,也让他的奋斗之路更加精彩。

在信的结尾部分,郑文潇以"春草年年'氯'"为喻,表达了对未来的美好期许和憧憬。他相信,只要保持那份初心和热情,继续奋斗和拼搏,就一定能够实现自己的梦想。作为新时代"两路"精神的传承人,我们一定能够像春草一样,不畏艰难、不惧挑战,顽强拼搏、奋发向上,共同创造更加美好的未来。

(作者:郑文潇   点评:张迎迎)

匆匆那年

  时间匆匆，岁月匆匆，细细算来，今年已是我成为重庆交大学子的第八个年头。大学本科四年、作为重庆交大支教团成员前往酉阳支教一年、硕士研究生三年，我与重庆交大的故事始于2015年秋、终于2023年盛夏。

  2015年9月，我满怀希冀，夹杂着对未来的迷茫与焦灼，迈进了重庆交大的彩虹门，成为数统学院应用统计专业的一名新生。我清晰地记得，一个周四的下午，唐伯明校长为全体新生讲校史，这也是2015级全体大一新生接受的第一堂思政课。"青山处处埋忠骨，何须马革裹尸还。"这是康藏的发展史，更是一代代交大人的奋斗史、创业史。从此，"两路"精神就镌刻在了我的内心深处，成为我人生座右铭和不断奋发向上的精神动力。

  大一大二在充实的课程学习和丰富的校园活动中匆匆度过。数学分析、高等代数、解析几何……作为交大数统学院的学子，"高数"那棵"大树"已经挂不住我们了，我们勇于挑战更多的"大树"。但是为避免挂在这些"大树"上，我们在课程学习上必须付出十二分的努力，前三排的最佳听课位必须提前到教室才能拥有，考试前夕则是我们寝室挑灯夜战和押题的时间。如今翻开我的课程笔记本，上面密密麻麻的笔记证明，数学是真的不简单！大一大二的课余时间，我加入了学院的学生会，成为办公室部门的一员。在学生会工作的这两年，我们组织开展了许多有意义的活动，光盘净桌、趣味运动会、迎新晚会……每次的活动策划与组织实施的过程，都让我获得许多宝贵的技能和经验，同时也收获了许多美好的回忆。与办公室部门的成员商讨活动的策划案、和大家一起在学生活动中心布置晚会场地、每次活动圆满结束后的庆祝……这些事情虽然已过去很久，但回想起来却仿佛发生在昨日。

  大三大四的时光在人生的思考和抉择中匆匆流逝。大三我们从科学城校区来到了南岸校区，校区的转变仿佛让我们的心态也在改变。南岸校区图书馆的位置比科学城校区更为紧俏，在图书馆内随处可见考研、考公的交大学子。同学们也大都步伐匆匆，为了毕业时走向自己理想的工作岗位和理想院校，都在沉淀下来努力拼搏。这样的场景不免刺激到了当时刚上大三的我们，也让我意识到，现在该是为未来规划的时候了。想做什么？能做什么？想成为什么样的人？自己又是怎样的人？曾经有一段时间，我也陷入了深深的迷茫。身边有同学早早就定下自己毕业后的去向，打算读研的同学已经开始了他们的第一轮复习，为了能去理想的院校继续攻读硕士学位，每日在图书馆认真学习；打算工作的同学也开始了忙碌的实习，为自己在今后的岗位上顺利开展工作打好基础。在这个迷茫的人生阶段，很感谢身边的老师和同学用他们自身的经历，给了我很多宝贵的人生建议，同时也引发了我对自身的思考，让我在考研和工作的纠结中最终选择了考研。

时间很快来到大四，在紧张的考研复习准备中，辅导员彭老师发布在学院群里的一个面向毕业生招募学校研究生支教团成员的通知，引起了我的注意。在了解了支教团的工作内容和相关政策并与父母沟通后，我认为这是实现人生价值的难得机会，正如支教团的理念："用一年不长的时间，做一件终生难忘的事。"在父母的支持下，我义无反顾地提交了支教申请，同时也十分幸运地成为支教团的一员。大四这一年，由于我并非师范专业出身，为了能够更好地胜任支教工作，我开始学习专业知识，并考取了教师资格证。

本科毕业后，我作为学校研究生支教团的成员，前往重庆酉阳县进行为期一年的支教活动。我所服务的学校是位于酉阳县花田乡的花园小学，这里如同它的名字一般美丽，民风淳朴、景色宜人。由于村里教师资源的匮乏，学校里的每一位老师都身兼数职。我不仅要承担六年级的科学课、二年级的语文课、六门副科课程的教学，还要兼任二年级班主任。为了深入了解孩子们的家庭情况，我经常在晚饭后进行家访。来回近三个小时的山路，让我真切感受到孩子们的求学不易，更感慨于他们稚嫩肩膀上过早承担了生活的重担。一年的支教生涯，使我开阔了眼界，增加了阅历，收获了温暖与感动，更重要的是让我懂得了一个人的选择只有契合时代要求、符合社会需要，才会有意义、有价值。

2020年9月，我又重新回到母校学习，正式开启了科研之路。三年的科研生活，让我印象最为深刻的是明德楼的那张办公桌，上面的一台电脑、一摞文献，总是显得杂乱无章，却陪伴我度过了无数个查阅文献、推导模型、撰写论文的日日夜夜。我特别感谢硕士导师李豪教授，他为我营造了一个良好的科研环境，也总是十分耐心地为我解答科研路上遇到的种种问题。在李老师的指导下，我完成了三篇小论文的写作，并在2021年感恩节的那天，成功在国际期刊上发表了人生中第一篇学术论文。这三年来，我也多次参加了各种国际国内的学术会议和开放性讲座，在交流的过程中丰富了知识、深化了思考、启迪了思路，进一步提升了自身的科研能力。这三年的科研之路，在一篇篇论文修改打磨、一次次学术会议交流、一个个科研项目参与之中慢慢走完。一路上难免荆棘丛生，难免艰难险阻，但我很幸运地得到了大家的帮助：导师是这条路上的一座灯塔，为我指明方向；师兄师姐是探险队的队长，以他们的亲身经验为我提供启迪；同门是战友，我们相互鼓励共同坚持。三年科研，不负恩师期望、不负日夜的辛勤付出，终于收获许多成果。

行文至此，落笔为终。2023年盛夏，我将离开重庆交大，踏上新的人生旅途，怀揣在母校练就的一身本领,走向社会,走向展示自己的人生舞台。感恩重庆交大,感谢恩师,在未来的人生旅途中我也会铭记母校的教诲,不忘"明德"初心,牢记"行远"使命,传承负重自强、团结奉献的"路石"品质,承继开拓进取、求真务实的"路石"作风,锻造顽强拼搏、甘当路石的"两路"精神,担负起新时代赋予的伟大使命,在实现中国梦的伟大实践中书写自己的精彩人生。

点 评

这篇《匆匆那年》深情回顾了钱扬同学在交大度过的八年宝贵时光,从初入校园的迷茫与焦灼,到逐渐融入这个大家庭,再到在学术和校园活动中的成长与收获,每一个细节都充满了真实与感动。他对"两路"精神的深刻理解与践行,展现了他作为交大学子的责任与担当。在学术上,他勇于挑战自我,付出十二分的努力,追求知识的深度与广度;在校园活动中,他积极参与,策划并实施了多项有意义的活动,锻炼了自己的组织能力和团队合作精神。"用一年不长的时间,做一件终生难忘的事。"在支教期间,他不仅展现了出色的教学能力,更通过家访深入了解了当地学生的困境,展现出了强烈的社会责任感和人文关怀。他在一年的支教生活中,不仅收获了宝贵的人生经验,也更加明确了自己的人生方向。

《匆匆那年》体现了钱扬同学不断追求进步、勇于担当的精神风貌。他的成长历程,也让我们看到了交大学子的风采与魅力。他的经历,不仅激励了更多的交大学子勇往直前,也为我们树立了一个优秀的榜样。他的故事,是对青春岁月最美好的诠释,也是对"两路"精神最生动的传承。

(作者:钱扬　点评:伊斯坎旦)

筑梦青春　扬帆起航

　　转瞬光阴，似水流年，三年的研究生生活转瞬即逝，二十多年的校园生活也即将画上一个圆满的句号。作为一名毕业生，在踏上新的征程之际，总会回头看看曾经走过的路。在这段时光中，若没有经过艰苦的奋斗，没有经过辛勤的付出，我们的人生将毫无意义，就如同茧没有经过痛苦的挣扎，永远不会变成美丽的蝴蝶，河蚌没有经过砾沙的一次次磨炼，永远不会孕育出晶莹高贵的珍珠一样。与本科阶段学习不同，研究生阶段褪去了本科四年的稚气，更多的是专业实践的学习以及思维的训练。研究生生活充实、美好却显短暂，回首三年阳光灿烂的日子，我思绪万千，有遗憾，但更多的是欣慰。

　　本科四年，认为只要不挂科就可以，于是我对学习得过且过，虽然没有挂过科，但成绩也只是平平无奇，而是将更多的精力和时间花在了参加各种社会实践活动。我创建了西华大学跑步协会，加入了移动直销队锻炼了我的交际能力，利用寒暑假到培训机构当兼职教师。但到了大三回过头来看时，发现大学成绩仍然是重要的一部分，身边很多同学都有论文、专利、各类创新创业大赛等成果，因此我认为我的大学生活并不完全是我想要的，学生生涯还不完美，于是决定考研。

　　在收集信息并与朋友、同学讨论后，我决定报考重庆交通大学。半年的辛勤付出换来了383的考研分数，并顺利经过复试，我以水利工程专业综合第一的成绩，顺利进入硕士阶段学习。

　　研究生入学后，我转变了本科时的单一认知，始终将学习放在第一位。我认识到英语六级的重要性，也认识到研究生三年不再是清闲的三年，为了早期通过英语六级，与室友阳磊约好每天按时到图书馆学习英语，功夫不负有心人，终于在入学第一学期即通过了英语六级考试。研究生三年获一等学业奖学金两次，国家奖学金一次和二等学业奖学金一次。而且我也拘泥于书本上的知识，更多地参与科研活动，在校期间共参加横向项目三项，纵向项目二项。

　　记得导师第一次布置科研任务，是英语六级考试刚结束那天。晚上接到老师电话，通知我们即将接手一个项目。第2年1月，项目正式开始。都说兴趣是最好的老师，可能是因为第一次接触真正意义上的项目，觉得自己终于可以大展身手了。刚开始时干劲十足，但对许多知识并不熟悉都是一边摸索一边学习,有时甚至直接将电脑搬到了老师办公室,方便直接询问老师。第二次项目是在疫情期间,数值模拟与画图全权由我完成,但本次项目似乎比第一次更加艰辛。因为我未返校,很多东西只能自己摸索,有些图片经过多次修改也没能通过老师的审核,但也正是因为这样的反复修改,使我对作图有了更深刻的认识。第三次项目由我负责并完成,并安排了一名同学辅助,参与从前期项目实地考察到项目验收的全过程,包括数值模拟、统计分析、作图、写报告、做PPT等。经过这三次逐步提升的项目,我更加深入地理解了我们专业,也更深刻地认识到研究生的意义。它不在于让你学习多少东西,而是让你懂得如何学到更多的东西,更偏向于方法的学习及能力的提升。

在学习之余,我积极参与学生工作。入学后,经过18名党员同志的投票表决,我顺利当选为研究生第二党支部书记,意味着我这三年需要为班级同学、为党支部的所有党员服务。由于2名支委都非常优秀,其他党员同志对我们的工作非常配合,且我自己本科期间参加了较多的学生活动,很快就进入了工作状态。三年来,我们总共发展了20名共产党员,为党组织注入了一股强大的新鲜血液。虽然工作也有过失误和疏忽,但都能够很快纠正并顺利开展各项事务。党支部工作也获得了校、院各级领导的认可,获批为校级党建工作样板支部创建单位,获校级先进基层党组织称号。

在学院党委的关心和支持下,我们创建了以服务为特色的党支部,服务党员、服务师生、服务社会。服务党员方面,我们尊重党员主体地位,保障党员民主权利,健全党内激励关怀帮扶机制,从思想、工作、生活、学习上关心党员,尤其帮助生活困难党员和就业困难党员解决实际问题,增强党员的归属感、光荣感、责任感,激发党员服务群众的内在动力。服务师生方面,我们在河海学院办公楼1楼与港航楼1楼设置了共享雨伞;作为毕业生支部,成立就业联系机制,由1名党员联系1~2名未就业同学,以引导和宣传等方式调动同学们的就业主动性,树立正确就业观。服务社会方面,我们组织党员参与疫情防控工作、脱贫攻坚志愿服务活动等。支部工作获得了学院领导和老师的一致认可。

充实而短暂的研究生生活,让我学会了如何平衡工作与学习的矛盾,让我学会了独立、学会了承担责任、学会了如何与他人融洽相处,学会了如何对待看待每件事,有了更强的独立思考能力。感触最深的主要有三点:第一,在许多事情或选择发生冲突时,要学会取舍,鱼与熊掌不可兼得,学会取舍才能不让自己陷入无尽的焦虑中。第二,无论做什么事情,要有计划性,在设定目标时都要结合自身实际,设立行之有效的目标,不能好高骛远;在执行时要有行百里者半九十的决心,只有当感觉到艰难时,才是自我得到提升的时候。第三,要学会"认输",从小我们接受的教育更多是要争当"第一",但当"第一"遥不可及时就不再努力,甚至自甘堕落。其实人的欲望是无穷的,切不可有过强的攀比心理,要知道人外有人天外有天,只有将自己作为自己的对手,才能实现良性循环,成为最好的自己。

研究生三年的生活马上就要画上句号。回首这三年有太多的留恋,但路走到今天,也只能算是短暂的行程,未来的路还很长。这三年研究生生活将是我未来人生路上宝贵的财富,只有永远保持激情,保持对世界的好奇,保持对未来的憧憬,将自己的人生理想与社会发展紧密结合,才能闯出一条实现自己人生理想的康庄大道。

点 评

李国际同学以 383 的考研分数,综合第一的成绩顺利进入了重庆交通大学河海学院水利工程专业硕士阶段学习,并顺利完成了研究生阶段的学习。他的这篇《筑梦青春 扬帆起航》,向我们解释了"一名研究生该如何度过研究生阶段的学习"。

从文章中不难看出,他是一位全面发展的优秀研究生。他在研究生阶段展现出了卓越的专业素养和强烈的责任心,在学业上,他始终保持着对知识的渴望和追求,以优异的成绩和出色的科研能力获得了多项奖学金,并参与了多个科研项目,充分展现了他的学术潜力和实践能力。他是一位新时代"两路"精神传承人。具有强烈社会责任感和使命感,他的成长和进步充分展现了当代研究生的风采和担当,不仅认真负责,而且敢于挑战自我,不断探索新的方法和思路。他通过参与项目的全过程,从实地考察到项目验收,不断提升自己的专业技能和团队协作能力,赢得了导师和同学们的高度评价。

李国际同学用自己的实际行动诠释了"青春无悔,奋斗最美"的真谛,虽然研究生生涯画上了圆满的句号,但未来的追求和憧憬不能停止。在未来的日子里,希望他继续以优异的表现,为社会的发展和进步贡献自己的力量。

(作者:李国际　点评:伊斯坎旦)

那就在山顶相遇

在脑海中很多次幻想过毕业的场景,没想到它如此匆匆地到来。曾以为研究生生涯犹如一座大山,如今竟也慢慢爬到了山顶。

回望来时路,我经历了许多次毕业,也爬过了许多座高山。每一次的开始都是众多好友相伴,一路走来同行的人却越来越少,有人站在山脚便望而退却,有人忽感无趣半路下山换一处风景,有人选择在山腰乘坐索道另辟新径。而我终究是独自坚持走向了这座山的山顶,站在高处发现,我并不孤独,有人早已在山顶等待,也有人向着更高的那座山走去。

山脚·众人跋涉入围城

我似乎比一般人开悟得晚许多,在人生的每一个阶段,我总是抱着遗憾进入下一个阶段。读高中时才意识到初中应该打好基础,也不至于高中时拼命苦学;读大学的时候又后悔高中没有掌握正确的学习方法,与目标院校相去甚远;到大四毕业那一年,也一直不知道自己的喜好是什么,应该从事什么职业。看着身边人都在全力准备考研,我想我也应该这样,于是日夜奋战图书馆,准备朝研究生这座大山奔去。好在虽然不知道自己的长远目标,但当前我依然会为了每一次考试、每一次竞赛全力以赴,终于获得了一次保研的机会。

有人说考研就是千军万马过独木桥,我虽然没有经历过完整的考研过程,但也算感受到了开场的阵仗。考研,不在于坚持,而在于不断坚持,这不就是登山的过程吗?每一步的攀爬、每一次的喘息,都像是人生旅途中的一段缩影,既充满挑战又富含深意。在这漫长的攀登之旅中,"顽强拼搏,甘当路石"的"两路"精神成为我最坚实的支撑。我最大的感受是,无论我们处于登山的哪个阶段,都要给自己一个明确的定位,清楚自己想要的是什么,自己未来的方向在哪里。很多人考研其实没有一个明确的目标,看很多同学在备战,于是自己也加入考研大军中,茫然中就开始复习;还有的人考研是出于找工作的需要,或者为了暂时逃避就业。而我认为,考研虽如登山,但要有一个正确的动机,以及一种积极的态度。正如"甘为铺路石"的精神所强调的,我们不是为了短暂的荣耀或是逃避现实,而是为了铺设自己未来学术与人生之路的坚实基础。在考研的过程中,我深知每一步都需要脚踏实地,就像铺路石一样,默默付出,为未来平坦的道路铺就。无论是深入研读专业知识,还是反复练习模拟试题,我都秉持着这种精神,不断克服考研中遇到的困难。每当遇到难题或是疲惫不堪时,我都会想起"两路"精神的指引,激励我不断前行,不断超越自我。

拿着研究生入场券的这一刻,就到山顶了吗?我认为这也只是研究生生涯的开始,如果说考上研究生伴随着选择与运气,那么读研就要花费十足的精力与耐心。这个短暂的过程中,需要潜心学习每一门专业课程,细致完成艰难的科研任务。这又何尝不是另外一座大山呢?当带着迷茫的心情站在山脚下,我想无论如何都要征服这座大山。

山腰·终日盘旋寻新径

急于求成,也许并不是一件好事。研究生生活,压力往往来源于自己。回想起自己撰写第一篇学术论文时,老师给了一个方向的创新点,我也只是浅浅阅读了少量的文献,就马上开始数据计算。就这样执着于自己埋头苦干,途中遇到问题也怕麻烦老师,不到一个月就形成了论文成果。不出所料,由于自己专业知识层面的浅薄,数据计算的源头就出现了错误,一切从头再来。我深刻反思了自己的行为,意识到研究生生活不仅仅是对知识的追求,更是对品格和精神的锤炼。"两路"精神中的坚韧不拔和勇往直前,正是我所缺乏的。学术之路需要脚踏实地、默默付出,才能取得真正的成果。

于是,我开始调整自己的心态和行为。我重新阅读了大量的文献,深入理解了研究领域的背景和前沿,并主动向老师请教问题,与同学们交流心得,不断寻找解决问题的方法。我不再急于求成,而是耐心地积累知识和经验,逐步提升自己的学术能力。

扎实的专业基础,是科研学术的第一步。有了第一次学术探索失败的教训之后,我感受到了自己专业知识的匮乏,决定要认真学习专业知识。随后的写作中,我积累了属于自己的文献阅读笔记,每读到一篇与我的研究领域相关的论文,我都会在阅读笔记中记录下其中的研究方法和重要结论。随着阅读文献的累积,我还会对自己的文献笔记分类,方便随时查找,时读时新。

学术探索的过程,也是一个互相交流的过程。每一次与老师的交流,我都能收获很多。在我向老师请教问题时,他会拿出一张 A4 纸,边用语言表述,边用文字写出,以方便我理解。我会将老师每一次给我解答疑问的 A4 纸保存下来,回去之后边回忆边记录下自己的理解,这样就形成了自己的一本问题册。之后阅读文献时,再翻阅问题册,常常会有一种恍然大悟的感觉。研究生期间,我参与过两次与专业相关的学术会议,每次参会,老师都要求我听完报告后,向汇报人提几个问题。有时为了提出一个专业的问题,我会认真又耐心地听完整场汇报,边听边记录重点内容,反复确认自己的问题是否正确,不知不觉中,这个问题或者整场汇报就深刻地印在自己脑海中,难以忘却。

在迷雾中摸索前行才是人生的常态。好不容易爬到半山腰,时间也来到了研究生的第三年,回头发现虽然自己已经积累了不少学术成果,但依旧对未来感到迷茫。我又一次来到人生选择的交叉口,一边感叹大好青春可选择的机遇良多,一边纠结于每种机遇背后的挑战和发展潜力。面对考公、求职、读博,座座大山幽幽小径,也许是山腰的空气过于稀薄,我时时会觉得喘不过气,只好低下头来,试图通过欣赏半山腰的花花草草疏解心情。低头沉思的时候,我会问自己究竟想过哪种生活,似乎依然向往校园的那一片净土,但又想急于摆脱寝室、食堂、实验室三点一线的枯燥生活。偶然的一次机会,我在另一所校园发现了一条适合我的小径,也许可以尝试在校园中换一个身份生活。

为什么不读博呢?很多人问过我这个问题。每一次夜深人静的时候,我也在床上辗转,思考自己读博这条道路。我试着想象如果读博,是不是也会日复一日地在实验室和寝室之间往返,终日沉醉于科研呢?最终是否又会面临事业和城市的选择呢?也许与现在攀爬的这座大山相似吧。我不是不敢尝试,只是想短暂地换一处风景。

山顶·山外有山人外人

毕业的这一年,即使在学术上取得了小小的成果,也找到了心仪的工作,但最初的那个疑问依然没有解开:我的人生目标究竟是什么呢?

我常常会与已经毕业的师兄师姐聊天,询问他们登上山顶的想法,但发现他们根本不作逗留,早已奔赴在人生的另一座高山上,各自领略别样的风景。在读博的那座高山上,他们正终日埋头实验,每一次收获的小小成果,都能为下一次的探究蓄满能量;在企业工作的那座高山上,他们正为每一次的绩效废寝忘食,每个月银行卡上的数字都是他们继续拼搏的动力。每一座山上的风景都与众不同,每一个人都在乐此不疲地追求着。

学生生涯的每一个阶段都带给我不同的感受。一路走来,从山脚、山腰和山顶上,每到一定的高度,我都看到了不同的风景。山脚下,怀着好奇的心情,我看到的是流水潺潺、鸟语花香;山腰上,即使有迷雾有曲折,但依然可以看到柳暗花明;山顶上,各色风光入眼,我看到的是天高地广。

我就站在这里,在这座山的山顶,凉风迎面吹来,头上的汗水也渐渐随风而去。我随意找了一块大石头坐下,用手轻轻感觉它粗糙的表面,感慨它在这山顶上不知经历了多少的风雨。接着,我转移了视线,看到远处又出现了许多更高的山峰,每座山脚下都有新的攀登者出现,我想我们终会在山顶相遇。

点 评

文章中回顾了高校生活的点滴,着重描述了研究生生活的挑战与成长,展现了对学术研究的热情与坚持,展示了其在学习和成长过程中的蜕变,树立了一个积极向上、勇于探索、勇攀高峰的交大学子形象。高校生活对于每个学生来说,都是一段宝贵的经历,它既是知识的积累,也是品格的锤炼。作者以"顽强拼搏,甘当路石"的"两路"精神为指引,不断前行,不断超越,化茧成蝶,成为我们学习的榜样。

该生的文章是一篇充满智慧与感悟的佳作,以"两路"精神为指引,在学术道路上不断前行、不断成长。我深信,在未来的日子里,她一定会以更加优异的成绩和更加饱满的热情,回报母校和社会。

(作者:梁梦晴　点评:王婷)

大风起, 云飞扬

无冥冥之志者, 无昭昭之明; 无惛惛之事者, 无赫赫之功。

——题记

青春带走了什么, 又留下了什么, 时光的河入海流, 终于我们分头走, 没有哪个港口, 是永远的停留……

岁月不居, 时光如流, 我也终于来到了大学生活的终点站, 很快便要与相处四年的朋友们依依惜别。值得庆幸的是, 我即将展开我的研究生生活, 同一宿舍的姑娘们也都有了自己的方向。回望前四年的大学生活, 记忆里好多事仍旧十分鲜活。至今我还记得报到那天, 阳光穿透银杏路旁的树叶, 彩旗矗立在公路两旁迎风飘扬, 可爱的志愿者们笑容明媚, 学生活动中心人来人往。记忆还在发烫, 转眼却已至离别。

初 来 乍 到

第一次来到重庆交大, 沿着 A01 教学楼往前走, 穿过偌大的食堂, 踏上操场的台阶, 站在足球场的草坪上。我对交大的初印象便是大, 大到我这个路痴更加找不着方向, 甚至军训期间必须和同学们结伴行走, 以免找不到回宿舍的路, 现在想来也很是好笑。

说到军训, 和大多数同学的军训时光不同, 那段时间因为膝盖受过伤, 不能长期站立, 被调去了勤务连。本以为勤务连的日子会很无聊, 可这里的每一个人似乎都身怀绝技。在结训后的每个夜晚, 我们都坐成一圈唱着歌, 吹着晚风, 消磨着 18 岁的夜晚。

很快军训结束, 学校社团的招新活动开始如火如荼地展开。看着百团大战上各种各样的社团, 我的内心早已按捺不住兴奋和激动, 和同寝室的姑娘们一起填写了精武协会的招新表格。接下来就是一轮又一轮的面试, 幸运的是, 我们全部被录取了, 交完会员费后还领到一个大柚子。在平常的社团活动中, 我们一起在周末的晚上去教学楼顶的协会训练场所压腿、踢腿、拳击,被师兄师姐们"折磨得死去活来"。可是就算如此,我们周末仍旧会坚持去B01教学楼的空地参加集训,去操场一隅互相练习散打。在社团里,和大家一起训练散打的时光,让我学会了团结合作,学会了坚持,身体素质也得到了锻炼。师兄说,遇到敌人第一反应是跑,虽然这让我感到些许失望,但在武协的日子依然给我带来了很多欢乐和收获。

大学的第一个中秋假,我们几个朋友相约去了欢乐谷,从素未谋面到相谈甚欢,几个少男少女迅速破冰,并建立起了生日小分队的友谊。在之后的时间里,我们相互庆生,出来玩耍,但遗憾的是这段友情因为一些原因并没有延续下去。这次分别也让我意识到每一段友情都需要精心呵护,每一个人的内心都渴望得到理解,这个世界上的人从来不是单一片面的,每个人都有属于自己的色彩。

如 鱼 得 水

进入大二以后,由于上一学年的绩点并不理想,导致我与很多奖项失之交臂,我开始认真思考自己上学目的是什么,对上一学年的学习状况做了深刻的反思和总结。

反思,自然是得从精神上彻底进行。在某个下午,我突然回想起大一的思政课。在有关"两路"精神的一堂课上,老师告诉我们,如果我们真心要做些什么,在我们的大学里留下些什么,就得有"不怕苦"与"甘当路石"的精神。这堂课弥补了我在精神上所存在的缺陷与不足,如醍醐灌顶,让我从思想上纠正了自己的错误,新的一年,准备以全新的面貌面对挑战。

这一学年,我和之前航模社的小伙伴们一起创建了我们学院的首个社团——重庆交通大学航模协会,创建过程实属不易。在上一年的暑假,我们几个航模队同学便申请留校,训练航模的飞行和组装,为之后的比赛做准备。在留校的一个月中,我们第一次深入接触到南岸校区。每天朝阳初升,一起在操场上进行试飞,傍晚时分,又转移至老校区的一片空地上练习,十几个人,日日如此。在那段日子里,令我记忆犹新的是一位同学飞行失误,将飞机掉落在主席台顶棚上,她对此感到十分难过内疚。于是我们几个人用胶带将几根竹竿甚至扫帚绑到一起,组成一根好几米高的长杆,在周围同学和老师们好奇的目光中,一起举起长杆,去"营救"落在主席台顶棚上的那架小飞机。成功取下后,她终于展颜一笑,我们也相视而笑。那一刻,为友情而努力的我们,被永远记录在那个夏天的主席台后。

同样是在这一年,我和队友们参加了一个大创项目。我们团队中无人具备参赛经验,多亏了指导老师不厌其烦,一遍又一遍地帮助我们做好大创期间的规划,给每个人分配任务。也是在那一个学期,我深刻地意识到自己在本专业知识上的匮乏,以及在计算机编程能力上的欠缺。为了在大创取得良好结果,我和几个小伙伴不约而同地选择了花更多的时间泡在图书馆里。在那个阳光灿烂的大二时光里,我们艰难地啃着一本又一本晦涩难懂的专业书。经过一年的努力后,绩点也不负我所望,排进了专业前十。至今,我仍旧感谢那段时光里的自己,教会了未来的我拒绝无效的焦虑,坚持着孤独又漫长的学术道路。

厚 积 薄 发

这一年里,我到了该考虑深造还是找工作的时间。由于之前承担了较多的科研项目,我深深地觉得自己在本专业的学习中仍然存在很多不足,希望能通过深造读研甚至读博,来攻克专业上的难题。

经过观察,这一年我也顺利成为入党积极分子,我不断学习的欲望更加强烈,也有了以攻克发动机动力系统问题为己任的使命感。同时我也开始为考研做准备,开始一天天地待在图书馆。我见过早上 7 点的李子湖,待过空无一人的图书馆,走过深夜接近 11 点的银杏路。当我真正沉浸在学习中时,我惊讶地发现原来热爱真的可抵世间一切。考研那段日子,治好了我的拖延症,我的赖床,当然也加深了我的颈椎病。当时我就想,如果不幸没有上岸,再来一年,比起学习一定是身体先垮掉,好在如今已没有这样的忧虑了。

尽管那段时间我过得异常忙碌,作为我们院辩论协会的创办者和主力辩手之一,我做了一个大胆的决定:继续参加第十四届交大杯辩论赛。由于我的学习任务繁重,白天几乎都在图书馆和各个教室之间备考,只有晚上的时间能够被用来准备辩论赛。这里也深深地感谢我的队友们对我的理解和支持,整晚我们都在交流各自任务,讨论攻辩的问题,一起修改辩论稿。在大家共同努力之下,我们几乎以压倒性的优势拿下那场比赛,我也再次获得最佳辩手的称号。这次辩论赛也在一定程度上缓解了我长期以来的学习压力,明白适当调节身心才能更好地投入备考之中。

大 展 宏 图

考完研后,我总算有了闲暇时间去做自己喜欢的事情,最喜欢的便是和朋友们一起去打球。我的爱好是篮球和羽毛球,这种喜欢无关球技,是极其单纯的对这项运动的痴迷。考研还带给我一个好习惯:早起。我现在已经习惯 8 点前起床的生活方式,因为时间充足,我又重拾对杂书的喜欢。中午趁大家吃饭的时间,我会悠闲地出现在图书馆一楼,阅读喜欢的各种书籍,偶尔也会跟着书上的教程做一些手工艺品。

最近我还听说了一句话:人生就是在适度内卷和间歇性的"躺平"中度过。我对此深以为然。当然,我并不是赞同青年人不必刻苦奋斗、努力钻研,恰恰相反,高质量的生命往往成就于慨然以赴、挺身向前。这里的"躺平"在我看来,更像是一种适度调整,是不必因为急躁的社会而日渐焦虑,不必因为一时的不顺而对自己感到失望,更不必让内卷成为生命的中心。奋斗的意义如果仅限于成为"卷王",未免有些狭隘,人生远不止一个方向,每一个人都可以恣意生长,叱咤四方。

金风玉露,春草青山,两两相宜。曾经从天南海北聚到一起的朋友们,如今,又要散落到广阔的世界中去了,但志合者,不以山海为远。"爷青回"还是"爷青结,"已然无所谓,只要在时间的荒原开垦成长的田垄,那就是青春。

又想起实习回来后的那个夜晚,微微小雨,我和同宿舍的姑娘们坐在操场的草坪上,在晚风亲吻中,轻轻唱着歌。我想未来很久,我都记得我们眼里共同的热爱。

点 评

"大风起,云飞扬"。标题气势磅礴,生动描绘作者在大学四年中的成长历程,也是作者自己对于自己未来的殷切期望。以"两路"精神铸造大学生活,坚韧不拔、积极进取的精神风貌跃然纸上。

文章开篇,作者以初到交大的情景引入,描述了自己对大学校园的新鲜感和军训期间的独特经历。在军训中,尽管作者因为身体原因被调到勤务连,但她并没有被无聊和单调所打败,而是从中找到了乐趣和成长。通过军训锻炼,学会团结合作和坚持,为日后的学习和生活打下了坚实的基础。

进入大二,以"两路"精神为契机,作者开始反思自己的学习状态,并积极参与各种活动项目。挥洒热血与汗水,奉献青春与激情,作者一路成长,也深刻体会到了专业知识的不足和计算机编程能力的欠缺,于是开始刻苦钻研,泡在图书馆里啃专业书。经过一年的努力,作者的绩点有了显著的提升,这也让她更加坚定了学术道路的决心,"两路"精神中坚韧不拔、勇往直前的进取精神与开头呼应,让我更感受到了"两路"精神的磅礴力量。

进入大三,作者面临着深造还是找工作的选择。由于之前积累了较多的科研项目经验,作者决定继续深造,攻读研究生学位。备考期间,作者付出了巨大的努力,也面临着身心的双重考验。然而,她并没有被困难所打倒,而是坚持下来,最终取得了优异的成绩。此外,作者还积极参与辩论赛,展现了她在学术之外的才华和魅力。

最后,回顾考研后的闲暇时光中,她重拾了对运动的热爱、对阅读的喜好以及对人生状态的独到见解,认为人生需要在适度内卷和间歇性"躺平"中找到平衡。

　　文章以生动的笔触和真挚的情感,描绘了作者在大学四年中的成长经历和心路历程。通过作者的经历和感悟,我们可以深刻感受到"两路"精神在青年学子中的传承和发扬。作者不断前进、追求卓越的故事,也可以成为我们每一个人生活中宝贵的启示和动力。

(作者:卢月林　点评:王婷)

博学中外，纵横四海

格拉斯哥大学、伯明翰大学、诺丁汉大学……这些耳熟能详的名校曾经是我遥远的梦。但现在，梦想照进现实，还有不到半年，我就要前往英国，攻读自己的应用语言学硕士学位。每每想到这些，我便激动不已，翘首盼望；回首过去，我不禁感动，不禁落泪。四年的努力，换来一纸文凭、几封 offer，又是谈何容易。

梦想之萌芽

高中时，一次偶然的机会看到了一部名为《中国合伙人》的电影，讲的是三个学习外语的年轻人大学毕业之后一同创业的故事。我反复观看十余遍，几乎能背下来里面的每一句台词。其中有一个情节，给了我非常深刻的印象。一位年迈的外语系教师上课时，讲到了美国的种族制度，他说：在美国，如果一个黑人和一个白人同时上车，那么白人一定会坐得离黑人远远的；在美国的华人应该是勤奋的，但是他们能受到公平的待遇吗？答案是不能。美国人认为华人抢了他们的饭碗，因此华人在美国也不受待见。这时，一位学生站了起来，对老师说：老师，您去过美国吗？您是从书本里看到的美国。而我马上要去美国，I will find it out by myself.这句话给我留下了深刻的印象，是啊，国外到底是什么样？到底和书本里的有什么不同？那时，我便下定决心，要去国外一探究竟，而感受国外文化最好的方式，便是学习语言。

梦想之机遇

幸运的是，2018 年，我被重庆交通大学外国语言文学专业录取了。

进入专业学习之后，我对外语的学习更是如痴如醉。我常常会陶醉于各位小说家笔下的世界。《弗兰肯斯坦》，世界第一部科幻小说，玛丽·雪莱在 19 世纪便能有如此天马行空的想法，如此精彩的文笔，如此紧凑的情节，让我不能自拔、如痴如醉；还有奥斯卡·王尔德，他的《道林·格雷的画像》给我留下了深刻的印象，作品主人公道林·格雷行为和心理上巨大的堕落让我不禁思考，是什么让一位绝世美男子沦落成为一个杀人犯？美真的是不可侵犯的吗？美一定要是永恒的吗？除了英国作家，我对奥地利、美国、俄罗斯等国的作家也饶有兴趣,奥地利作家茨威格所著的《一个陌生女人的来信》,女主人公对男主人的所作所为,为他默默承担的一切,让我体味到了爱的深沉与奉献。

我不仅畅游在书的海洋里,也抓住机会,去到国外实地感受西方的文化。

2019 年的夏天,我听说学校和加拿大、新加坡、波兰几所学校有暑期合作项目,当时激动不已,很想尝试。经过几番与父母老师讨论,自己反复权衡,最终决定去加拿大劳瑞尔大学,进行为期一个月的短期访学。

在劳瑞尔大学,我不仅有机会感受到西方教育课程和思想,也去参观了很多的景点,加拿大国家电视塔、大瀑布、多伦多动物园,这对我了解加拿大有很大的帮助。除此之外,在劳瑞尔大学住宿时,我被安排到和两位墨西哥同学住在一个房间,这也是我第一次和外国人有这么近的交流。我们聊了很多,对学业、生活、世界的看法。这些交谈打开了我的思路,开阔了我的眼界,使我意识到这个世界很大,不是只有学习、挣钱才是人生追求的目标。

见识了国外的教育,见到了独特的多民族融合的文化,我便更加坚定了出国读书的愿望。

梦想之奋斗

出国留学谈何容易,单是第一关获得 offer,便让我吃了不少苦头。首先,就是本科成绩。英国大学对国内双非院校的成绩要求比较高,很多学校要求均分达到 85 以上,这对我来说是不小的挑战,尤其是大三下学期,课程难度比较大,课程数量也相当多。我清楚地记得,当时的考试周,我在七天一共考了十门课程。不过,功夫不负有心人,我本科前三年的成绩还是保持在 87 分,这也为我申请学校打下了坚实的基础。

除了本科成绩单,雅思成绩对于学校的申请也至关重要。大三结束,我决定积极备战雅思。从 7 月中旬开始准备,到 8 月 21 日去青岛考试。一个月的时间,的确有些短,恰逢疫情,自己的备考计划被打乱,心态也因此出现了波动。可是自己也没有退路,九月就要开始申请学校,只好破釜沉舟,顶住压力。

记得考试那一天,青岛天气非常炎热,加之考场又没有开空调,心情紧张,根据防疫规定又不可以摘口罩,将近 4 个小时的考试,自己着实有点喘不过气。考试进行到写作部分时,大脑已经快速运转了将近 3 个小时,口罩里飘着一层层水汽,当时真的已经感觉要窒息。但我还是坚持考完了这一场。14 天后的中午 12 点,是出成绩的时刻。当我查询到我的成绩时,7 分! 7 分! 而且每一科小分也没有低于 6 分,这样,我便可以去申请很多学校,包括格拉斯哥大学、香港城市大学、伯明翰大学等。

9 月份,终于来到了申请季,我积极准备材料,准备迎接 offer 的到来。10 月的前 20

天,可谓是披荆斩棘,offer 收到手软,诺丁汉大学、伯明翰大学、格拉斯哥大学也纷纷向我抛出了橄榄枝。我的留学梦算是圆了一半。

可在当时,我对自己的雅思口语成绩还是不满意,便又报了 11 月 27 日在川外的考试。说来运气也是不好,再次赶上疫情。但这次,我没有受到影响,积极备考,努力迎战,每天练习口语,认真给自己纠正发音,并修改口语稿。终于,这一次的口语我拿到了 7 分,一个十分让我意外的成绩。但是我想,付出多少汗水,便会有多少收获,这 7 分便是我努力的最好体现。

梦想之不断前行

记得在准备雅思口语题的时候,有一道题目是:你认为成功的定义是什么?当时我说道:我认为成功的定义是不停追寻新的目标,是一系列的挑战。当考上大学之后,要去追寻更高的平台;当拿到 offer 之后,便可以去尝试各种各样的工作,从实践中检验自己所学的知识。

因此,在拿到 offer,结束雅思考试之后,我也没有停滞不前,而是去不断尝试新的事物。2022 年伊始,我回到我之前学习雅思的地方,担任了助教。这是我第一次的工作经历,得到相当多的收获。我的学生来自各个专业,包括美术、传媒、心理学、法学、二胡、小提琴、意大利语等。在带领学生练习口语的过程中,我不仅可以把我所掌握的雅思考试技巧传授给他们,也可以从他们身上学习到很多的知识,如法学中的再犯风险评估,语言学中的二语习得,抑或是音乐的表现形式等等,这应该就是教学相长吧。现在,我又到新东方重庆学校担任雅思助教,来到《中国合伙人》主角成东青的原型——俞敏洪的阵地,感受中国第一支教育产业股的力量。十年一轮回,当初电影里的人物和企业,现在竟也成为自己实习的地方,内心的激动溢于言表。

回首过去大学本科的生活,充满了惊喜,但是不留遗憾。9 月,我便会踏上去英国的航班,开启新的学习生活。我相信,明天总比今天更精彩!

点　评

这篇文章,如同一部感人至深的追梦电影。作者将自己的小小梦想播撒进名为人生的泥土,用勇敢追寻、不懈努力为水进行浇灌,字里行间都充满了独属于作者的情感与温度。

高中时期受到一部电影的启发,心中便埋下了对未知世界的向往与好奇。渴望走出国门,亲身体验不同文化的情感,如同初春的嫩芽,在作者心中悄然破土、生长。这份情感,推动着他不断努力学习外语,希望有一天能够踏上那片陌生的土地。进入大学后,作者更是全身心地投入对外国文化的探索中,他如痴如醉地阅读外国文学作品,仿佛与那些异国他乡的作者们进行了一次次心灵对话。那些文字中的情感与故事,深深打动了他,让他更加坚定了出国留学的决心。

不是因为可以圆梦才去行动,而是行动了才有可能圆梦。在申请留学的过程中,作者遇到了种种挑战和困难。但他没有退缩,而是坚定信念,勇往直前。每一次考试、每一次面试,都凝聚着他的汗水与努力。当他收到留学通知的那一刻,心中的喜悦与激动无法用言语表达。那种梦想成真的感觉,如同夏日的阳光,温暖而耀眼。

拿到通知后,作者并没有停下脚步,而是选择回到曾经学习雅思的地方担任助教,将自己的经验和知识传授给更多人。在这个过程中,他感受到了教学相长的乐趣,也收获了学生们的尊敬与感激。那种成就感与满足感,让作者更加坚定了继续前行的决心。

整篇文章中,作者笔下的情感表达真挚而动人,不仅仅是在讲述自己的追梦历程,更是在传递一种情感与力量,愿所有的追梦人都可以抵达自己心中的目的地。

(作者:张雯翔　点评:宋子荣)

揣好梦想上路

有些文章感慨昨日和明日，有些文章歌颂甜美的爱情，有些文章写给素未谋面，而今天的文章，则想书写从天黑到日落从未放弃的梦想。

流金岁月——"有意义"的事儿

大学之初，怀着憧憬步入校园，一开始是迷茫的，大抵是因为不了解自己该如何度过大学这几年的时光。是无拘无束、海阔天空，还是起早贪黑、披星戴月？每个人心中可能有不同的答案，但是四年过去了，思维方式随着知识的不断积累在不停地变化，如今的你会怎么选择呢？我，还是会做一样的选择。

记得刚开学的时候，学院通过演讲来竞选新生代表发言人，每个人都在撰写发言稿，大体内容是谈谈自己对大学的初始感受，以及想怎样度过这几年的大学生活。当时的稿子具体内容我已经记不清楚，但是有一段话，我历历在目："我想要去做有意义的事情，什么是有意义呢？《士兵突击》里许三多说过：有意义就是好好活，好好活就是有意义。"听起来好像是有点儿让人摸不着头脑，但是仔细想想，却给了我很大启发。无拘无束、放任自我，自然过得快活，但是好似是虚度光阴、毫无意义；披星戴月、风雨兼程地去做一些自己觉得有意义的事情，好像才不算枉费自己的青春岁月。

怀着最初的想法，我开始了自己的大学时光。最初的梦想之一，就是在大学中好好锻炼自己的能力。因此，我开始参加了一些社团，如国旗护卫队、院学生会等。让我受益最深的就是国旗护卫队，在队里的日子很快乐也很充实，结识了一群志同道合的朋友，也锻炼了自己的意志力。每天晚上9点到10点，利用课余时间过来训练，如雨的汗珠挥洒在操场上，看着每周一早上冉冉升起的国旗，我觉得一切都值得！目标明确的易兄，同爱打篮球的张兄，也成了大学生涯要好的朋友。还有院学生会办公室，在这里排演话剧"大学光影"，故事背景就是我从外省来渝求学，演出时台下阵阵掌声，大家开闪光灯唱歌的场景，都让我终生难忘。

披星戴月——不负青春韶华

最初的梦想之二，就是把学业搞好。这也就奠定了大学生活以"忙"为主基调。如果将个人所在场合的时间分配做一个热力图,图书馆、教室、自习室绝对是红黑色。

从大一开始,我便有了安排自己学习计划的习惯,前一天会把第二天要学的东西及时间安排列好。大学四年,我已经用了六个计划本,看着本子里每天学习的东西,便会有一种成就感。

在科学城校区的日子里,每天一大早起床,经过风景优美的李子湖,和湖里鱼儿问个早,就开始了一天的学习生活——学习高数、线性代数等这些课程的基础知识,去湖边背英语单词……这些似乎成了每天的循环。大学和原来不同的是没有了约束,不会有人盯着你去干什么,唯一驱动力就是最初的梦想。揣着自己的梦想去做事,我不愿称之为辛劳,更像是充实。几个学期下来,得益于自己的良好习惯,每个学期的专业成绩都名列第一,再加上参加的一些实践活动,综合排名也都是第一。这是给我的最好回馈,支持我继续前行。

通过与范学姐和一些热心学长学姐的交流,我发现大学不同于高中,尤其是本专业,需要锻炼自己的动手能力去解决一些实际的问题,而主要途径就是参加项目和竞赛,于是我开始了竞赛之路生涯。竞赛的强度是巨大的,但同样是丰富的。数学建模竞赛的经历培养了我的数学建模思维能力、编程能力及合作解决问题的能力;电子设计人赛的经历锻炼了我的动手能力和硬件设计能力;"互联网+"创新创业大赛锻炼了我创新应用、统筹规划的能力;大学生创新创业项目的推进锻炼了我分工合作、软件开发的能力等。每一个竞赛的备赛过程及开赛经历都不充满了艰辛:数模的三天三夜,电子设计大赛的四天三夜,智能车竞赛的耐力长跑,都让我精疲力竭。但是就是这样一次次突破极限,让我的能力有了质的飞跃。当然,在过程中有过焦虑、懊恼、悲伤、彷徨等负面情绪,但正所谓被光照的地方也总会有阴影,一路走来觉得一切都是值得的。

开花结果——一切值得

逐梦之初,并没有思考许多,只是想做好自己,不辜负大好时光。随着不断地前行,我发现自己可以争取研究生推免。于是,大三下学期我就开始了自己的推免之旅。

我从4—5月份开始了解自己心仪的院校往届的招生条件,准备自己的简历、综述、推荐信、证明材料等信息,并且不断地复习巩固专业知识。夏令营时投了一些学校,大部分石沉大海,当时稍微有些情绪上的波动,但是并未留给自己太多时间去难过,而是继续去准备下一次投递。经过一场场紧张激烈的面试,我最终取得了心仪院校的 offer,有天津大学、吉林大学、南方科技大学、西南交通大学、电子科技大学、厦门大学、华南理工大学等,最终选择了电子科技大学。

保研的经历给自己心灵上也带来了巨大的财富,从最初的迷茫,到中途的沮丧,再到后来收拾心情重新出发所得到的美满结果,恰恰印证了那句古诗:"长风破浪会有时,直挂云帆济沧海。"

感恩陪伴——谢谢一路有你们

大学四年生活马上就要结束,这一路下来遇到了许许多多的事情,十分感谢周围的人,给予了我很多帮助。

一路下来,总有一个人和我保持同步,一起奋斗。无论是图书馆还是自习室,我并不是自己一个人在努力,互相帮助、互相鼓励。

罗老师教授了我两门课程,也是我的大创指导老师、毕设指导老师和竞赛指导老师,在我失意彷徨的时候经常会和她交流,学习到了许多东西;许老师作为我的系主任,总是设身处地地为我着想,时刻关注我的动态并且和我交流谈心。

娅姐是我见过最可爱、最亲切的辅导员,会和每一位同学真诚沟通,这两年里,我给她增加了不少工作量。刘导作为大一、大二两年的辅导员,在思想上给予了我很多的指导。

还有就是那些朋友们,能够在最好的时光遇到你们,真的非常开心了!

时光如白驹过隙,转瞬即逝,我已经从最初懵懂的新生,成长为如今有责任、有担当的毕业生。回想过去,怀揣梦想似乎是一切故事的开端:开学之初,想要去做些有意义的事情;步入正轨,学习、竞赛、项目成为生活的主调;求学阶段,投递简历,准备面试占据时光的大半……在这个过程中,所有的负面情绪都化为成长的垫脚石。感谢这些经历,更感谢陪我走完这段的你们。也希望同学和朋友们能够始终怀揣梦想,走好大学四年。

点 评

这篇文章,深情而细腻地描绘了作者大学生活的点点滴滴,从最初的迷茫与探索,到后来的坚定与执着,再到最终的成功与感恩,每一个阶段都充满了真实的情感和深刻的体悟。

文章开篇即点明主题,强调了"有意义"的事情对于大学生活的重要性。作者通过引用《士兵突击》中许三多的话,巧妙地阐述了"好好活就是有意义"的哲理。随后,作者详细描述了自己参加社团、锻炼能力、搞好学业的经历,以及参加竞赛和项目、争取保研的过程,展现了一个勤奋、进取、勇于挑战自我的形象。

在描述自己的大学生活时,作者不仅展现了自己的努力和收获,也表达了对朋友、学长学姐、学校的感激之情。这种感恩之心,也让读者感受到了人与人之间的温暖和互助。同时,文章中的细节描写也让人印象深刻,如大学四年用掉的六个计划本、国旗护卫队的训练、"学院光影"的演练、数学建模竞赛的经历等,都让读者仿佛置身于作者的大学时光,共同感受着那些美好而难忘的时刻。

整篇文章语言优美、情感真挚、内容丰富,不仅展现了作者的大学生活,也传递了一种积极向上、勇于追求梦想的精神。在建设和养护川藏路的过程中形成与发扬的"两路"精神,传承了中华民族的优良传统,彰显了中国人民的坚强品格,是伟大民族精神的生动体现,也是中国共产党人精神谱系的重要组成部分。作者始终牢记自己的初心和梦想,不断努力学习、锐意进取,用实际行动践行着自己的信仰和追求,这与"两路"精神中的"顽强拼搏、甘当路石"相契合。而对老师、朋友、学长学姐的感激之情,则与"两路"精神中的"军民一家、民族团结"精神相呼应。这些精神品质不仅是作者在交大四年学习和生活中的真实写照,也是我们在新时代应该继续传承和发扬的优秀品质。

(作者:李卓　点评:宋敏)

怀真挚热爱　添年华葳蕤

夕阳光晕无力地铺开在火车上,沉重的躯壳在铁轨上窸窣前进,途经连绵的山野、葱郁的稻田,那些一晃而过的田野、河流、道路里,都是时间和距离。火车,就是远方。从郑州开往重庆的绿皮火车需要 18 个小时,八趟往返的列车带走了我的大学生活,岁月在身后留下了斑驳。从何而起,从何而终。幸运的是,我从懵懂中启程,身披霞光归来,总算对得起这一路的颠簸坎坷。

混着青草气息的空气浮动在菜地和农田间,小小一方世界是我的 18 年青春。远方对我而言是未知、是迷茫,是真正的远方。未来于我是什么样的?那个时候的自己,想象空间都很局促,是混沌中寻光,还是光亮中阔步昂扬,只有靠自己才能知道归属何方。试探中落脚,摸索中前进,迷雾中也有小小的希冀,万千星点,也有一束属于自己的光。

坚　　守

很喜欢毛不易《一荤一素》里的一句歌词:"太年轻的人,他总是不满足,固执地不愿停下,远行的脚步。"以梦为马,随处可栖;梦在远方,路在脚下。从接收到录取通知书的时候,我就暗下决心:既然选择去远方,就不要辜负这一路的辛苦。

所以,初入大学的我,是单纯、努力且执着的。穿梭在教室之间,认真于书墨之间,埋首书海,于卷帙浩繁间探索学业奥秘。在万千精彩中,我选择投身学业,按照自己的步伐前进,踏踏实实走好每一步;在形形色色中,我选择拓宽视野,花费更多时间在热爱的事物上,充实自己;在繁华千般中,我选择坚定果断,不再因为害怕而犹豫踌躇、浪费机会;在人生百态中,我选择即使走得慢一些,也要走正确的路;不论行走何方,我都选择不让自己后悔……

犹记得李子湖畔,书声琅琅。我曾在李子湖边度过了很多个清晨,伴着室友在晨读角背诵英语,独自一人期末复习功课,踱步湖边欣赏美景……早晨的湖面大多雾气笼罩,带着丝丝凉气,每次都能在这里看到一群朝气蓬勃、怀揣梦想的学生,用阵阵书声诉说内心的坚定。我们或许互为榜样、彼此激励,奋发激昂的精神互相感染。这一幅绝佳美景,或许多年以后也会历历在目,因为它让我清晰地认识到,奋斗路上,我们都不孤单。

教室桌前,寝室凳上,都有我奋笔疾书的影子。我很庆幸坚守着初心,在努力途中找到自己,不被外界光影斑驳所吞噬。大一大二的坚持,让我记住了自己的勇敢。好的开始是制胜的关键,这两年的努力让我充满信心,相信自己的努力坚持能够获得保研机会,似乎踮起脚尖,梦想就触手可及。

努力方能行稳致远,真诚才能自信满满。

否 定

当你走过了一段路,才会轻掸袍角灰尘,回头微微一笑:"一切痛苦不过尔尔。"但是当身处其中之时,却会觉得仿佛置身沼泽,周围一片黑暗,只有无边的寂静和沉陷的躯体,越挣扎越挣脱不开。

高中的时候,我们备战高考,刷题背书,直接比拼的是谁做对的题目更多、谁拿到的分数更高。而到了大学,仅仅带着高中思维——做最充分的预习、听最认真的课、刷最多的题,从而卷最高的绩点。这样做,当然没有问题。但是必要条件和充分条件之间总是有区别的,在研究生报考人数飙升、招生名额却有限的背景下,在竞争如此激烈的今天,想要拿到保研名额,成绩好只是必要条件。我深谙此点,所以总想着在有限的时间里多方面提升个人实力。

我的状态可以用"一边熬夜喝咖啡,一边又践行养生原则,熬最晚的夜,喝最烫的水"来形容。珍惜每一分每一秒却总觉得时间不够用,竞赛科研永无止境,还要兼顾学习和其他活动,身心状况在这种愈发焦虑的心态下越来越差。特别是大三,大家的压力到达了一个顶峰,空气中都弥漫着紧张。我看到周边很多同学因为压力太大而痛哭,但同时也不敢停下前进的脚步。对我而言,大三是一决胜负的一年,每一场考试都会左右我冲向终点的速度。所以我更为勤奋,就像一根绷紧的弦越拉越长。我会为了作业中的不完善而将其推倒重来,为了平时的课堂作业忙到晚上三四点,会为了考试中的一点失利就懊悔不已……用高压惩罚麻痹自己,整个人陷入一种恶性循环。忙着各种各样的事情,但大多数却如石沉大海,溅不起一点涟漪。这个时候,我就会陷入深深的自我怀疑:我所付出的努力是有用的吗?是我没有能力才一事无成的吗?我的坚持又有什么意义呢?这种消极情绪时常困扰着我,付出了许多,回报却寥寥无几,很容易让人产生厌倦。我总觉得自己被困在"内卷自耗"中无法自拔,神经在这种氛围下极度紧绷,让自己有一种深深的无力感。

漫无目的地前行,我时常否定自己:反正看不到前方的光,又何必给自己施加这么多的压力,浪费时间精力在没有结果的事情上呢?航行中,我也曾迷失方向,对于没有方向的船而言,什么风都是逆风。

改　变

经历过才会知晓遗憾和后悔,以前的我又是怎样的我?低迷、消沉、自暴自弃?用一些所谓的客观因素,让自己成为一切后果的牺牲品,值吗?不值。没有收拾残局的能力,就别放纵善变的情绪,我们总是要为自己的未来买单。我曾因一次次的放纵和叛逆选择岔道,行走远路,为了继续向着彼岸前进,只能付出更大的努力回归正道。所以,我不想让自己做出未来想起便后悔不已的事情,必须坚守本心,驶向前方。

于是我重新整理心情,不让消极的心态操纵我的情绪,让我自暴自弃失去攀爬的动力。终于,历经辛苦,我成为幸运的五分之一,前方的光好像离我更近了。确定保研名额后,我重整旗鼓,收拾心情继续出发。但每一步路都不轻松,新的挑战接踵而至。那个时候,我提着劲儿查找资料,密切关注各个学校资讯,撰写修改文书,梳理科研竞赛经历,并向多方投递简历。这个过程可以说是小马过河,没有任何经验,只能靠自己一点一点去尝试。

好在一路崎岖之后,奋斗路上开满了蔷薇,我拿到了自己心仪的 offer,总算是为这个篇章画下了满意的句号。可以说,保研这件事,是一个多维度考察、多因素影响的复杂事件。所以在保研的过程中,我也想以自身为例:不管是觉得自己稳操胜券还是没有找到方向,千万不能"躺平"。都走到这一步了,怎么能轻言放弃呢?同时,我也很庆幸,一路走来,遇见了许多良师益友,教会我成长,激励着我奋进,感恩一切。所以努力吧,美好总会如期而至。

每一个不曾起舞的日子,都是对生命的辜负。停步回望,原来走过的路已经那么遥远,曾经拥抱过那样美丽的春光。

茫茫宇宙之中,弥漫星辰无数,每一颗星星都必然有其不同的痕迹,不要求自己样样精通,却要时刻葆有对世界的好奇心。纵使不善言辞,但总是默默努力、善以待人,以独一无二却热忱清澈的方式表达情谊。我始终心怀热爱,并为之奔赴山海……

"哐啷哐啷……"我的下一班的绿皮火车又该开往何方?终点未止,旅程莫停。

点　评

作者通过对大学生活的回忆,展示了多姿多彩的大学生活。

"穿梭在教室之间,认真于书墨之间,埋首书海,于卷帙浩繁间探索学业奥秘。在万千精彩中,我选择投身学业,按照自己的步伐前进,踏踏实实走好每一步。"从进入大学开始,作者就在万千精彩中,选择投身学业。

学生的主要任务是学习。犹记得李子湖畔,书声琅琅。作者曾在李子湖边度过了很多个清晨,伴着室友在晨读角背诵英语,独自一人期末复习功课,用阵阵书声诉说内心的坚定。教室桌前,寝室凳上,都有作者奋笔疾书的影子,始终坚守着初心,不被外界光影斑驳所吞噬。

好的开始是制胜的关键。努力方能行稳致远。作者会为了作业中的不完善而将其推倒重来,会为了平时的课堂作业忙到晚上三四点,会为了考试中的一点失利就懊悔不已。同时还兼顾参加竞赛科研和其他活动。

一分耕耘一分收获。功夫不负苦心人,辛勤的付出获得了丰硕的成果。

愿每位学子都能够认真学习、刻苦钻研,在科学的征途中努力攀登,取得辉煌的成就。

(作者:司晨雨　点评:漆振羽)

一个普通人的自白

"想要摘星星的孩子,孤独是我们的必修课,我不怕自己努力了不优秀,我只怕比我优秀的人比我更努力。"每当我看到这段话时,就会想到交大的双福图书馆,二楼靠窗第二个桌子最里面的位置……

抉　择

初入大一时我和很多人不同,没有丰富多彩的社团生活,没有各式各样的团建活动,我把自己关在图书馆,只为了想转去心心念念的计算机专业。当时的目标很简单也很艰难,作为一名不是很擅长理科的理科生,作为一名数学、化学不怎么优秀的工科生,转专业是我所面对的第一个挑战。高数是摆在我面前的第一座大山。期末考试的前两个月我便开始了复习,每天把自己生活轨迹定在图书馆、教学楼和宿舍,清清楚楚地记得,我每天都会在双福图书馆二楼靠窗第二个桌子最里面的位置,第一个走进去,最后一个离开。三点一线规律的生活和面对高数及其他课程所掉的头发,换来了专业第八的成绩。可是我心里很清楚,这是我在这里能到达的极限。

寒假时收到了转专业的通知安排,但我并没有选择曾经执着的计算机专业,而是选择了在工科学校并不被人熟知的新闻与传播专业。我听到了很多人的劝解:"你怎么想去读那个专业?""离家3000多公里就为了工科学校的文科专业,值得吗?""你真的考虑好了吗?"但在父母和好朋友的支持下,我还是义无反顾地选择了自己的坚持。还记得当时漆老师对我的嘱托:"无论走到哪里,学习哪个专业,基础永远是最重要的敲门砖。不管以后的求学路遇到了欣喜还是困难,漆老师永远在这里鼓励着你,期待着你的好消息。"我带着许多不解与支持,来到了真正属于我的起点。我没有因为成功转专业而欣喜,而是在心里悄悄埋下一颗"我一定要做到最好"的种子。

坚　持

来到新的专业,很多老师都会问转专业的同学为何而来,我的答案一直很坚定:因为喜欢。也许在当时看来是可笑的,对于专业背景的未知,对于专业课学习的缺乏,使得"喜欢"变得单薄。离开了熟悉的环境,面对陌生的同学、老师和课程,每节课我都坐在角落里,去听那些我从未听过的知识。转眼间,接踵而来的考试,让我发现需要背诵和记忆的知识超出原本的想象。我又一次回到属于我的"地盘"——双福图书馆,二楼靠窗第二个桌子最里面的位置。总结知识点、分析题型、寻找答题方式……原本崭新的书本被我翻烂,细碎的知识像是被植进了头脑当中。结束了考试等待成绩的"审判",我戏剧地收到了来自刚刚老师的"问候":"我看你答题很仔细,都是背下来的吗?"刚收到消息,我愣了很久,随后自信地回复老师,"是的!"随即收到了转专业后老师给予的第一次肯定,也正是这小小的表扬,让我更加坚定了自己的信念。

于是,在大二上学期时,面对众多的课程,我的期末更加充实。十几门课程的考试是我大学生活所面临的第二座大山。我又一次开始了三点一线的生活,背诵的过程中,因为害怕分心和困倦,我把手机放在座位上,带着书本在图书馆三楼的小走廊边走边背,在天台上大声朗读,在图书馆外的路灯下重复默念。记不清多少次走上天台,记不得绕着那路灯转了多少圈,只知道没有过人的记忆天赋,重复与坚持,才是普通人不断提升自己的方法。

竞　赛

大二下学期,我开始有意识地准备保研,最重要的就是参与学科竞赛,因为疫情原因未能返校,所有的作品都需要自己独立完成。从文案的撰写,到策划案的资料搜集和创意构想,再到平面作品的不断修改,除了网络课程,每天还要处理参赛作品。随着疫情的好转,我联系到几个老朋友,开始了微电影的拍摄。从创意脚本的撰写,到拍摄地点的选择,镜头的安排,再到拍摄过程中的讨论……这样的创作过程充实着我每一天的生活。网课与比赛的同时进行,理论和实践的碰撞,让我第一次感受到广告学专业的魅力。它让我不断主动地去更新认知,不断去尝试新事物,也让我能够更从容地面对各种琐事。

最终,20 组涉及平面设计、广告文案、广告微电影、广告策划的作品,成为我对广告竞赛第一次尝试,并拿到了很多奖项。正是因为这一学期的努力,我拿到了专业成绩和综合测评专业第一的成绩。

保研,作为我大学期间最后一个需要逾越的大山,也随之开启。

焦　虑

正式进入保研准备阶段已经是大三下学期,面对不断增加难度的专业课程,面对从未接触过的专业知识,面对报考、简历等琐事,似乎每晚耳边都会听到那句戏言,"你怎么睡得着觉的?"在保研经历的 7 个月时间里,我觉得最重要的是心态的平衡。刚开始准备时,我时常手忙脚乱,专业课程无从下手,科研内容修改不停,简历文书乱成一团,哪怕制定好规划,也会手忙脚乱。我明白是心态上出了问题,不断地告诉自己戒焦躁、沉下心,踏踏实实地完成每一个规划,对每一个知识点负责,对简历上的每一个字负责,对每一篇科研论文负责,慢慢地习惯了这样充实的生活。保研的过程是不断发现自身不足、不断去弥补的过程。我能看到自己从刚开始答题的支支吾吾,到给出有逻辑、有内容答案的进步,也有面对知识点从反复背诵到真正地理解,心态也从焦躁不安变得平稳。在结果出来之前,我已经相信自己有能力去争取保研……

准备工作做好后,就是接踵而来的面试,考验的已经不仅仅是专业知识的掌握,更多的则是等待面试安排和等待老师提问的焦虑。面对问题的那一刻,已经不用去思考,因为一切问题已经没有了标准答案,只能凭借自己的知识储备而随机应变,唯一不变的只有自我介绍:"老师您好,我是来自重庆交通大学的兰旭……"

在填写志愿的当天,我收到了来自暨南大学的录取通知。在系统开放后,核对好自己信息,看到了拟录取的通知后,我并没有想象中的狂喜与解脱,只是和父母朋友说了句"考上了",就走下楼去了那家常去的餐馆。曾经想象中的或大声喊叫、或痛哭一场,在那一刻似乎没有了任何情绪波动,只觉得三年的努力值得这个结果。

感　谢

最后,在大学生活中,我最想说的就是感谢,感谢一直帮助我的学长学姐们,谢谢你们让我知道如何走这条名叫"大学"的路;感谢父母和家人,谢谢你们对我付出的一切;感谢我的老师们和朋友们,谢谢你们对我的期待和赞许,成为我一直坚持的理由;也感谢自己,谢谢自己做出的每一个选择、付出的每一分努力。无数个焦虑失眠的夜晚,无数个来来回回背题的身影,让普通变得光荣。

很庆幸大学生活能够按照自己的意愿进行。转专业、竞赛、保研,生活被这些执念所充斥,但我从不想问或是回答这一切是否值得,经历过,答案自在心中。

看过很多鸡汤,他们所描述的努力总是被我认为是隐藏的天赋。而真正了解了自己之后,才发觉努力不会白费。那个埋在人群中普通的自己、那个在图书馆二楼靠窗第二个桌子最里面的位置的自己、那个在路灯下转来转去的自己,也突然能够闪烁出那一点光芒,照亮未曾从别人口中听说过的,我的大学生活。

点　评

《一个普通人的自白》这篇文章讲述了一个普通大学生如何在大学通过不懈的努力和坚持,最终实现了自己的梦想。作者以时间为轴,将自己的大学生活划分为几个阶段,从初入大学时的迷茫和抉择,到转专业时的坚定和坚持,再到保研时的焦虑和等待,作者都能够以积极的心态去面对、去尝试。这种不畏艰难、敢于拼搏的进取精神,正是"两路"精神的重要体现。

在转专业的过程中,作者面对了来自各方面的压力和挑战,不仅要克服自己在理科方面的不足,还要面对周围人的不解和质疑。但是,作者并没有选择放弃,而是更加坚定了自己的信念,通过不懈的努力和坚持,最终成功地转到了自己喜欢的专业。这个过程充分体现了作者不畏艰难、敢于拼搏的精神。

在保研的准备过程中,作者同样经历了许多困难和挑战,不仅要面对不断增加难度的专业课程和从未接触过的专业知识,还要处理各种繁杂的琐事。但是,作者并没有被这些困难打倒,而是不断调整自己的心态,踏踏实实地完成每一个规划,最终成功地获得了保研资格。这个过程也充分体现了作者的进取精神和坚韧不拔的品格。

同时,文章也展现了团结协作、共同进步的团队协作精神。作者在描述自己的大学生活时,多次提到了老师、同学和朋友们的帮助和支持。这些人在作者遇到困难时给予了鼓励和帮助,让作者能够更加坚定地走向自己的目标。这种团结协作的精神,也是"两路"精神的重要组成部分。

(作者:兰旭　点评:李世辉)

致敬大学

余求学于巴渝大地,七载有余,为觅真知,首学为人之德,再行科研之道。斩荆棘、破蹉跎,得贵人相助,获知己二三、成果三四,今将毕业于南岸七公里,三千往事浮于眼前,不免感慨万千。

"饮其流者怀其源,学其成时念吾师。"首敬陈教授,令吾明研理、悟学道,教为人处事、授品德学识。学业将结,即赴前程,感于恩师勤于学、敏于行之道义,启于恩师善于思、讷于言之品性。吾受惠之其为人、为学、为事之奥义,细品之,实乃人生之幸矣!

"学贵得师,亦贵得友。"再敬重庆交大诸位师长,刘老师、蔡老师、段老师,及交通运输学院其他师长,解吾生活之困惑,明吾求学之迷惘。挑战杯、三下乡、职业规划,授业解惑,润物无声;促膝长谈,躬亲身授,尊师教诲铭记心田,而今扬帆起航,复以师训攻坚克难。

"平生感知己,方寸岂悠悠。"三敬求学期间的同窗挚友,敬共熬之夜、共饮之食。同窗众,风华正茂,济济一堂,共策共励,为业一方。挚友者,一檐之下,山水相逢,笑谈泪目,无需多言。纵是江湖缥渺,长路漫漫,形身可离散,情谊难忘怀。

"洛阳城里见秋风,欲作家书意万重。"终敬父母,敬父母二十余年之育,育褓褓之婴至求学巴蜀,育学语之童至独思笃行。此恩无所为报,定当尽心竭力以进取,唯愿吾亲久乐长安。

匆匆七年,千般恩情难言尽,万千思绪无以表。谨以此篇,聊抒胸臆。唯愿此生能携尊师训,学为人德,行科研道,共知己情,怀亲友恩,势将乘风破浪,直挂云帆。

点 评

当你起笔毕业论文的最后一章《致谢》,大学生活是否如电影般展现你的眼前?当你收拾行囊踏出校门的那一瞬间,是否回头看了看这陪伴你四年的大学校园?在大学里的每一天,终究会成为我们最美好的回忆。这篇《致敬大学》用词深情而真挚,字里行间流露出纪柯柯同学对求学之路的感慨与回忆,以及对于师友亲情的无限感激。

纪柯柯同学对陈教授的敬意溢于言表,不仅感谢恩师在学业上的悉心指导,更对其为人处事、品德学识的熏陶表示由衷敬佩。这种深厚的师生情谊,是求学路上最宝贵的财富。对于同窗挚友的感激之情也令人动容,他们共同度过的时光,无论是熬夜学习还是共享美食,都成为彼此心中最珍贵的回忆。这些同窗挚友的陪伴与鼓励,是作者能够走到今天的重要力量。对父母的感恩之情更是令人感动,他们二十余年如一日的养育之恩,让纪柯柯同学能够安心求学,追逐梦想。

　　《致敬大学》情感真挚,语言流畅,表达了对求学路上遇到的每一个人、每一件事的深深感激。同时,也体现了交大学子对未来的憧憬和决心,希望纪柯柯同学以更加饱满的热情和坚定的信念,继续前行,乘风破浪,前程似锦。

(作者:纪柯柯　点评:伊斯坎旦)

流金岁月
——献给无价的自己

　　总有那么一段时光，你可以肆无忌惮、没心没肺地放纵自己，肆意挥霍；总有那么一段时光，让你感觉最艰难，内心恍惚，感觉自己一事无成、一无是处；总有那么一段时光，你埋头拼搏，吃尽了苦头，也看到了希望；总有那么一段时光，你脚下的路开始变得顺畅，你脸上的笑充满阳光。这可能就是我的大学时光吧！

　　有时候常常在想，在过去的某个下午，在那个十字路口，如果我转向了左边，而不是如当时的右边，那么现在的我，会不会不一样？在那个青春洋溢的时节，在高考之后，如果选择的不是重庆交通大学，现在的我，会不会有不同的结局？可是，人生没有如果。人们却总会幻想在这大大小小的如果中，蒙蔽自己的内心，到头来发现，都是一场空。

　　如今，我的大学生活也即将画上句号，我可以很骄傲地说一句："我不曾后悔！"在此，谨以此文纪念那段属于我的流金岁月，并献给一直努力的自己。

勇 于 尝 试

　　时间回到2017年9月，度过了那个好像很长但又似乎很快的暑假，一转眼又到了开学季。离开家的前一天，我彻夜未眠，有欣喜，有期待，也有焦虑。漫漫前路，充满未知，等待我的会是什么呢？在辗转反侧中，伴随着清晨的第一缕阳光，我登上了开往学校的列车。

　　第一次离开父母，离开熟悉的家乡，来到陌生的校园，说能立刻适应肯定是假的。好在有室友们无微不至的关心，我们像一群没有血缘关系的亲人，每天形影不离，一起吃饭，一起学习，一起成长，一起进步。记得有一次，我们的寝室在六楼，而且没有装电梯，那天下着小雨，天气很冷，我们都不是很想出门。所谓"祸不单行"，饮水机的水也见了底（桶装水需要我们自己搬）。就在我们都很无助的时候，上午外出学习的寝室长像一个天使一样从天而降，不仅搬了桶装水回来，还给我们寝室的每一个人都带回了午饭。那一刻，她瘦弱的身躯显得异常高大，我也非常感动，这让我感受到了来自室友的关怀。室长当然也有对我们严厉的时候，就是每天督促我们轮流打扫卫生，这也让我们寝室在每一次卫生评比的时候都能得到优秀。此外，每到期末，我们寝室都会积极复习备考，最后都取得了优异的成绩。因此，我们寝室获得了"重庆交通大学书香寝室"，到后来还获得了"重庆市求真学问型特色文明寝室"。

为了更好地融入大学生活，我还加入了一些社团，其中让我付出和收获最多的，当属国旗护卫队。"护我国旗，扬我国威。"这不仅是我们的口号，更是我们的责任和使命。台上一分钟，台下十年功。每天晚上的踢腿和挥臂，和每周一早上雷打不动的升旗，我见过交大清晨六点的朝阳，真的很美。穿上军装，蹬上马靴，我很骄傲，我是国旗护卫队的一员。印象最深刻的是运动会，我作为国旗护卫队方阵的护旗手，走在了国旗护卫队方阵乃至整个队列的最前方，好像一下子被推上风口浪尖，在无数的摄影机下，伴随那声洪亮的"向右看"，我高举国旗走过了主席台，出色地完成了任务。翻阅相册，都是满满的回忆。希望国旗护卫队聚是一团火，散是满天星，发展得越来越好。此外，我还参加了信息科学与工程学院学生会和吉他社活动部，参与筹备了信息科学与工程学院迎新晚会和湖滨音乐节。每一次全新尝试，都是一次自我的突破。

确 立 目 标

再回首，心情有些凝重。在我看来，有些情绪无法用言语表达清楚，于是我放下笔走出了教室。漫步在雨后的校园，显得有些孤寂，步子沉重，心情也愈发凝重。看着脚下的落叶，回首昔日的往事，几多欢喜，几多忧愁。到大学已有一年多，在这段时间里，我经历了很多，也明白了很多。

大一入校，我因高考成绩优异，成为重庆交通大学 2017 级"英才班"的一员。转眼间一年过去，名次更迭，我入校时的专业第一也一去不返了。回想大一的碌碌无为，我陷入了自我怀疑：我真的就要止步于此了吗？大学对我到底意味着什么？我想要的又究竟是什么呢？好在亡羊补牢，为时未晚。我从网上了解到了一些推免的相关信息，并从此确立了下一个阶段的目标——推免。

过去属于死神，未来属于自己。既然目标已立，就当全力以赴。第一步，提升绩点和专业排名，大二上学期结束后，我的绩点一跃回到了专业第二；第二步，参加相关竞赛。我尝试了几乎所有的竞赛，如全国大学生数学竞赛、全国大学生英语竞赛、全国大学生数学建模竞赛、蓝桥杯程序设计竞赛、全国大学生智能车竞赛等。不求竞赛结果尽如人意，但求奋斗过程无愧于心，在这个过程中，我也找到了适合自己的方向。由于对硬件方面没有太多兴趣，因此我放弃了全国大学生智能车竞赛，专心于软件和算法的研究。在第一次参加蓝桥杯程序设计竞赛，就获得了重庆市二等奖的成绩，全国大学生数学建模竞赛也在紧张的准备阶段，但是我信心满满，因为我相信：只要有信心，便无难事！

全力奔赴

人的一生会有很多次告别,而每一次的告别都伴随着阵痛,这种阵痛叫作成长!再见,双福。你好,南岸!

这一次来到陌生的环境,没有两年前的紧张和焦虑,更多的是对于新环境的欣喜,繁忙的学业和紧张的竞赛筹备,也让我的生活更加充实。在原有基础上,我又参加了两个全新的竞赛——全国大学生机械创新竞赛和全国大学生交通科技大赛。新伙伴的加入也给我的推免之路注入了新的血液,焕发了新的生机。准备了大半年的全国大学生数学建模竞赛,也以荣获重庆市二等奖告终,一切正在有条不紊地进行着。

然而人算不如天算,突如其来的疫情打乱了这一切。美国大学生数学建模竞赛改到线上进行,蓝桥杯程序设计竞赛、全国大学生机械创新竞赛和全国大学生交通科技大赛延期,举办日期待定。这一切让我觉得缺少证明自己的机会。我曾经努力拼搏,但希望却消失在了黑暗的尽头。虽然有焦虑、有无助,但我依然没有和身边的同学一样,开始准备考研,而且继续全身心准备推免,因为我相信,我能赢。

最终,我成功获取了推免资格,美国大学生数学建模竞赛最终取得了荣誉奖(二等)(Honorable Mention)的好成绩,而获得"重庆市普通高校 2020 学年度创新能力提升先进个人"称号,更是对我竞赛取得的成果的极大肯定。

扬 帆 起 航

大学四年好比四季,春耕、夏耘、秋收、冬藏。到了大四,一切基本上也尘埃落定。成功推免至电子科技大学,光荣地加入了中国共产党,成为一名党员,并获得了第十二届"挑战杯"中国大学生创业计划竞赛重庆赛区金奖的好成绩。我认为这一切既是运气,也是"理所当然",推免成功更是我人生路上的新起点。

青春是铁打的营盘,我们是流水的兵。杨柳枯了,有再青的时候;桃花谢了,有再开的时候;可是在母校的四年时光,却一去不复返。只留有一份弥足珍贵的回忆,一种割舍不掉的友情,一段终生难忘的经历。如果说潘多拉的匣子是把希望留在匣子底部,那么我四年美好的回忆则刻在时光卷轴上。当闲暇无事的时候,能打开卷轴,重温大学中的点点滴滴、酸甜苦辣。

雄关漫道真如铁,而今迈步从头越。大学毕业不是结束,而是我走向未来的新起点。昨天毕竟短暂,明天才是永远。前方的道路依然会有很多荆棘,未来的日子未必就是风和日丽,但我坚信海阔凭鱼跃,天高任鸟飞,让我们一起期待明天会更好,期待母校的明天会更好!

点　评

春耕、夏耘、秋收、冬藏，不只是大学四年如同四季，人生亦是如此。读完何诗宇的《流金岁月——献给无价的自己》，我看到了一个成长的故事、一段无悔的青春。

共同进步、团结友爱的寝室，让作者快速适应了大学生活。在"国旗护卫队"的体验以及学生会、社团的尝试，带给作者的是不断的自我突破。有过迷茫，也有过凝重，但不断反思，直到确立新目标的那一刻，所谓的成长早已悄然而至。一场场竞赛之旅，让最后的推免，也在预料之中。在"两路"精神的熏陶下，作者秉持着"不怕吃苦、顽强拼搏"的信念，为这段波澜起伏的大学生活画上了圆满的句号，所有的努力，在最后结出了累累硕果。

每个人的大学生活都不一样，有的人甘当路石，献身志愿服务，让奉献的光辉洒在社会的各个角落，温暖人间；有的人顽强拼搏，致力于创新创业，用奋斗书写着青春的诗篇；也有人像作者一样，活跃在各种竞赛中，沉浸在学习的海洋中，不断提高自己。但无论怎样，这段只属于自己的流金岁月，都是宝贵的财富。

从高考的战场上冲出来，进入大学，是这段时光的起点；大学毕业，只是这段时光的终点，却不是人生的结束，而是走向未来的新起点。雄关漫道真如铁，而今迈步从头越，未来的生活未必就是风和日丽，但只要在未来闲暇无事的时候，打开这段时光卷轴，重温大学生活中的点点滴滴、酸甜苦辣，顽强拼搏的信念将指引作者继续前行，去创造一个更好的明天。

（作者：何诗宇　点评：易虹）

践行奋斗，传承创新
——亮丽的底色需要拼搏的青春

缘　　起

7月中旬，天气格外炎热，18 岁的女孩慢慢放下背上的送餐包，吃力地坐在 25 楼的楼道，汗水已将头发和后背浸湿。此时的她已经连续在德克士的前台站了 8 小时，经理让她步行去附近的小区送外卖。打开手机的一瞬间，她流下了眼泪——重庆交通大学旅游管理专业已录取。以为已经不能再继续求学的她，通过农村专项，迈入了重庆交通大学的大门。

探　　秘

2017 年 9 月 10 日，第一次的班级见面大会，带着激动与忐忑，一方面希望快点见到未来四年的伙伴们，另一方面又忐忑与大家日后的相处。30 多人的自我介绍，我听得是那么认真与入迷，紧接着就是选班干部环节，最终为旅游管理四班的班长，是我大学最骄傲的两件事中的一件。带着憧憬、带着希望，只愿能将班集体建设好，让这个大家庭变得更有凝聚力，紧紧抱成一团。"有一水儿湖蓝院服雪白的裙摆/招摇上台/有细白小腿和柔软的腰肢/是轻灵的嗓音/雄浑的朗诵/追逐手绢的女孩子/用橡皮绳翻过童年/背靠背我们用吉他吟唱杰伦的稻香。"团风赛使我们这个大家庭凝聚在一起，你看！双福学术报告厅外、湖滨的空地、B01 的教室外，那是一群可爱的人儿在追逐，散发着光芒，成为夜空中最亮的群星。经过大家不断地努力，旅管四班最终赢得了学院第一名、校级第二名的好成绩，班级也因此荣获重庆交通大学"五四红旗团支部"的称号。

经过团风赛，我们彼此更加熟悉、做事更加默契，群里斗图、发表情包、操场约歌、周末外出骑行，成为我们的日常。双福的夏天总是来得猝不及防，大一的夏天，我们完成了人生的大学军训，在八栋外的草坪留下了独属的军训合照；大二的夏天，我们为双福画上了圆满的句号，拍摄了一组组二分之一毕业照，仿佛我们毕业了，仿佛我们回到了第一次见面大会上，仿佛我们即将站在人生的十字路口……

旅游管理 1704 班是我在双福最美好的回忆，另一场回忆便是我可爱的大外联们。大二，我选择担任环境与资源保护协会外联部部长，但总会面临班级、社团与学习的三重"压力"选择，却也恰恰使我抗压能力、组织能力、表达能力迈上了另一个新台阶。尝试组织大型活动，一有空闲便抓紧时间学习看书，大二的忙碌生活也让我相信："人只有不断挑战那些所谓的不可能，才能蜕变，爬坡会比下坡好，因为爬坡证明自己在成长！"

双福的两年旅行，带着忐忑、果敢与拼搏！

追　逐

南岸的 9 月依旧炎热，传说中"破旧"的老校区，带着浓厚的人文气息与文化底蕴。图书馆是如此之大，外面的轻轨公交为校园增添着生活气息。初到南岸，像一名新生一样，完全不觉得自己已是一名大三的学生。9 月中旬，选择和同学一起去健身房锻炼，每周至少三次，为的是成为一个更好的自己。通过健身，我懂得了人应该不断追逐梦想，坚持自己热爱的事物，最大的收获便在于养成了健身的习惯。要明白，健身不是一种强迫，而是源于内心的喜爱。

大三的 10 月，想要挑战一个全新的自我，于是便选择了担任国际学院留学科助理，协助老师处理留学科的日常工作事务。我第一次担任翻译志愿者，带领留学生参加巴南的非遗活动"木洞山歌"排练；第一次和留学生一起交流、吃饭、谈心；第一次与老师、学长学姐们共同策划完成了国际文化艺术节活动，当天三号门的广场人潮涌动，看着大家分享美食、玩游戏、体验异国风光、欣赏节目演出，每个人的脸上都洋溢着笑容，瞬间成就感满满。在担任助理期间，也有幸结识了许多老师、学长学姐和留学生朋友们。我也不再害怕口语表达，因为面对这么一群留学生朋友，即使有时候无法准确表达，用最简单的单词，他们也会帮助我说出自己的想法。我终于明白，团结进取，以家人般包容的胸襟和互助的精神，促进共同成长进步，才是大学期间学习之外习得的优良品质和宝贵精神财富。

还记得在大二成为一名预备党员的时候，郑老师说："小娟儿在学业上还要继续努力，学业上还有很大进步空间。"也正因为如此，大二学年我才真正开始勤学苦练、居敬持志，最终在大二获得了国家励志奖学金，大三获得校级优秀学生二等奖学金，这无疑是对我学习成绩的肯定。此外，我学会了经常反思，反思自己的学习和努力方向。经过不断地思考，我发现自身在竞赛上毫无成绩，于是努力寻找各种机会，在大三和本专业的同学们参加了第九届全国大学生红色旅游创意策划大赛，获得西南赛区二等奖，也第一次经历了到参加学科竞赛的全过程。你要相信，只要足够努力，好运便会降临。

我们的大三，极其特殊，只有 9 月到 1 月，带着忙碌与憧憬，我开始了居家的"停课不停学"。

盛　放

选择考研，是我大学做过最疯狂的事。他们常说，疫情在家，是没办法好好投入学习的，而我却恰恰相反。2020年3月20日，我开始了考研备战。9月之前的我，早上6点40起床，上午学专业课，下午学英语，晚上接着学专业课，17—18点便是居家健身放松的时间，就这样开启了为期6个月的居家考研生活。

但另一方面，我又期盼着能够回到学校学习，要相信，偶尔换换学习环境对学习会有很大帮助。终于在9月，我回到了学校，开启了校园的考研生活。生活中其他的事都成了次要，教室、宿舍两点一线成为我的日常。回到学校学习最大的感受，在于学习效率在原来的基础之上提高了几倍，每天清晨与在食堂吃"加油早餐"，因为爱吃鱼，我成了食堂叔叔阿姨们口中的"鱼妹妹"。

考研的过程中，有疲惫、有艰难、有厌倦，每天最幸福的事就是吃饭、睡觉。同时，我也学会了劳逸结合，当自己的状态不适合学习时，我会停下来反思，改进学习方案，每周花半天放空自己，出去逛街、看电影或者去健身房。就是这一次又一次的及时休整，让我学会了坚持与释然。考研的这一年，我明确告诉自己："现在，你又有了一次机会，去干，就好了！"选择考研，更多的是想要挑战自己，看自己能不能突破极限。事实证明，我成功了！最后我以第一名的成绩被录取。

考研是我大学最骄傲的第二件事。实践证明，努力就会有收获，能坚定投入学习的人，身上会散发着光芒。你要相信，一步一步，脚踏实地，慢慢地就会靠近自己的目标！

我相信，大学的校园生活将成为我人生的一笔宝贵财富，即使有不完美，但我仍然感激那个敢于挑战、勇于摸索、不畏艰难的女孩，独自一人翻越了一座又一座险峰，品尝着生活中的酸甜苦辣。希望未来的我们每个人都能健康生活、学会学习；拥有责任担当和实践创新；如果有机会对生活说一句话，我会这样说："生活，咱们抱抱，然后一起携手往前！"

点　评

作者在忐忑、果敢与拼搏中参与了一系列生活及专业学习实践。从担任国际学院留学科助理，到国家励志奖学金的获取，以及考上硕士，从不安到笃定，作者一直以来都严于律己，实现力争生活、工作和学习三个层面上的不断进步，为身边的同学们树立了榜样。

作者在文中说，即使有不完美，但我仍然感激那个敢于挑战、勇于摸索、不畏艰难的女孩，独自一人翻越了一座又一座险峰，品尝着生活中的酸甜苦辣；希望未来的我们每个人都能健康生活、学会学习，拥有责任担当和实践创新。一直以来,如作者般辛勤奋斗着的交大学子们,都在大学四年的生活中,用双手谱写着自己的奋斗道路。虽然路途坎坷,但他们依旧执着地从懵懂到提升,用不断孕育、发展壮大着的"顽强拼搏、甘当路石"的"两路"精神感召和指引着自己,创造着大大小小的成就。生活不总是一帆风顺,也并不总是崎岖坎坷,需要去塑造、去努力、去改变,但归根到底,不能失去了奋进的态度与信仰。正如作者所说,人只有不断挑战那些所谓的不可能,才能蜕变,爬坡会比下坡好,因为爬坡证明自己在成长。

(作者:汪小娟 点评:黎昱睿)

后记

漫漫人生路,最美莫过于青春。

珍藏青春精彩,留下最美记忆,激励后辈学子,这是重庆交大的优良传统。在学校领导的关怀指导下,由党委学生工作部(处)、宣传部牵头,在 2021—2023 届毕业生中开展了传承弘扬"两路"精神,积极投身强国建设——"我的大学印迹"主题征文活动,共收到投稿作品 3000 余篇。作品内容丰富、体裁多样,有对学习生活的记录、对求职就业的回顾、对人生理想的畅谈,也有参加学术科研、创新创业、志愿服务、党团活动、社会实践的心得体会等。经学校组织评委初审、专家复审,最终遴选出了 65 篇作品汇编成册。本作品集分为"艰苦奋斗精神篇""开拓创新精神篇""默默奉献精神篇""顽强拼搏精神篇""自强不息精神篇"五大类,涵盖了同学们在重庆交大的学习、工作、生活等多个方面。每篇文章都书写着同学们对大学生活的无比怀念,对母校的深情厚谊,对未来的美好憧憬,展现了人人有责、人人奋斗、人人成长、人人出彩的生动画卷,母校也为同学们的成长成才感到欣慰和自豪。

在作品的编撰过程中,总主编多次关心指导,党委学生工作部(处)、宣传部、各学院及相关部门给予了大力支持,主编对全书大纲和整体思路进行了设计,各位编委对文稿进行了润色点评,成书过程中,也得到了重庆市交通委员会的大力支持,在此一并表示感谢。

奋斗的青春最美丽。

愿重庆交大学子继续传承弘扬"两路"精神,永远前进在奋斗的路上,奋力书写为中国式现代化挺膺担当的青春篇章。

本书编委会
2024 年 7 月